VIDA QUE TE QUERO VIVA

Diário de um padre de periferia e sertão

PAULO GABRIEL

Prefácio
Leonardo Boff

Apresentação
Aleluia Heringer

VIDA QUE TE QUERO VIVA
Diário de um padre de periferia e sertão

Belo Horizonte

2024

© 2024 Editora Fórum Ltda.

É proibida a reprodução total ou parcial desta obra, por qualquer meio eletrônico, inclusive por processos xerográficos, sem autorização expressa do Editor.

Conselho Editorial

Adilson Abreu Dallari
Alécia Paolucci Nogueira Bicalho
Alexandre Coutinho Pagliarini
André Ramos Tavares
Carlos Ayres Britto
Carlos Mário da Silva Velloso
Cármen Lúcia Antunes Rocha
Cesar Augusto Guimarães Pereira
Clovis Beznos
Cristiana Fortini
Dinorá Adelaide Musetti Grotti
Diogo de Figueiredo Moreira Neto (*in memoriam*)
Egon Bockmann Moreira
Emerson Gabardo
Fabrício Motta
Fernando Rossi
Flávio Henrique Unes Pereira

Floriano de Azevedo Marques Neto
Gustavo Justino de Oliveira
Inês Virgínia Prado Soares
Jorge Ulisses Jacoby Fernandes
Juarez Freitas
Luciano Ferraz
Lúcio Delfino
Marcia Carla Pereira Ribeiro
Márcio Cammarosano
Marcos Ehrhardt Jr.
Maria Sylvia Zanella Di Pietro
Ney José de Freitas
Oswaldo Othon de Pontes Saraiva Filho
Paulo Modesto
Romeu Felipe Bacellar Filho
Sérgio Guerra
Walber de Moura Agra

Luís Cláudio Rodrigues Ferreira
Presidente e Editor

Coordenação editorial: Leonardo Eustáquio Siqueira Araújo
Aline Sobreira de Oliveira

Rua Paulo Ribeiro Bastos, 211 – Jardim Atlântico – CEP 31710-430
Belo Horizonte – Minas Gerais – Tel.: (31) 99412.0131
www.editoraforum.com.br – editoraforum@editoraforum.com.br

Técnica. Empenho. Zelo. Esses foram alguns dos cuidados aplicados na edição desta obra. No entanto, podem ocorrer erros de impressão, digitação ou mesmo restar alguma dúvida conceitual. Caso se constate algo assim, solicitamos a gentileza de nos comunicar através do *e-mail* editorial@editoraforum.com.br para que possamos esclarecer, no que couber. A sua contribuição é muito importante para mantermos a excelência editorial. A Editora Fórum agradece a sua contribuição.

Dados Internacionais de Catalogação na Publicação (CIP) de acordo com ISBD

G118v	Gabriel, Paulo Vida que te quero viva: diário de um padre de periferia e sertão / Paulo Gabriel. Belo Horizonte: Fórum Social, 2024. 296 p. 14,5x21,5cm ISBN impresso 978-65-5518-698-7 ISBN digital 978-65-5518-700-7 1. Diário. 2. Pedro Casaldáliga. 3. Injustiça social. 4. Brasil. I. Título. CDD: 305 CDU: 316-3

Ficha catalográfica elaborada por Lissandra Ruas Lima – CRB/6 – 2851

Informação bibliográfica deste livro, conforme a NBR 6023:2018 da Associação Brasileira de Normas Técnicas (ABNT):

GABRIEL, Paulo. *Vida que te quero viva*: diário de um padre de periferia e sertão. Belo Horizonte: Fórum Social, 2024. 296 p. ISBN 978-65-5518-698-7.

À memória de:

Ricardo e Aurélia, meus pais. Deles aprendi a viver com dignidade.

Pedro Casaldáliga, irmão, mestre e amigo. Fiel testemunha de Jesus de Nazaré.

AGRADECIMENTOS

Agradeço aos amigos Durval Ângelo, Maritxu Ayuso, Leonardo Boff, Antônio Souza Capinan, Aleluia Heringer, Rodolfo Alexandre Cascão Inácio, Chico dos Bonecos, Jeferson Felipe Cruz e Antônio Canuto por se disporem a ler os originais. Animado por eles decidi tornar público este diário.

Gratidão imensa a Frei Betto. Grandeza de alma e generosidade de irmão, só essas qualidades podem explicar tamanha dedicação na leitura do texto. Com paciência infinita, leu detalhadamente cada parágrafo, corrigiu gramaticalmente os erros, sugeriu ideias, fez perguntas, analisou criticamente o conteúdo e a forma. Sua colaboração foi um verdadeiro curso sobre a arte de escrever. Obrigado, irmão!

Deus me atraiu à verdade através da beleza; para caminhar na direção do bem não há caminho mais direto que a beleza. [...]

Ao longo da vida tenho escrito tanto, e com tanta intensidade, que escrever e amar chegaram a ser para mim a mesma coisa. Já não me preocupa se o que escrevo é belo ou profundo; só se sou sincero ao escreve-lo e, por conseguinte, se nas palavras que rabisco há algo e quanto de mim. Sei que quando me digo, de alguma maneira –a única possível- digo ao próprio Deus. E esta é a razão pela qual o dom de escrever é tão maravilhoso.

(*El olvido de si*. Pablo d'Ors. Biografia de Charles de Foucauld)

SUMÁRIO

PREFÁCIO
Leonardo Boff 13

APRESENTAÇÃO
Aleluia Heringer 17

ESPANHA
MOSTEIRO DE "SAN LORENZO DE EL ESCORIAL"
1971-1972 19

BRASIL
RIO DE JANEIRO
1973-1975 21

BELO HORIZONTE
1976-1980 31

SÃO FÉLIX DO ARAGUAIA
1981-1990 53

BELO HORIZONTE
1991-2002 195

SÃO FÉLIX DO ARAGUAIA
2003-2011 229

BELO HORIZONTE
2011-2018 239

CHAPADA DO NORTE
VALE DO JEQUITINHONHA
2019-2021 273

PREFÁCIO

Este diário – *Vida que te quero viva: diário de um padre da periferia e sertão* – assemelha-se às *Confissões de Santo Agostinho*, o grande bispo africano de Hipona do século IV. Seu autor, o Pe. Paulo Gabriel, é agostiniano e sua congregação religiosa o tem como o seu grande inspirador.

O diário, por natureza, é um livro para ser escrito para si mesmo diante de Deus, mas o Pe. Paulo Gabriel, por insistência de muitos, fez bem em abri-lo para todos. Aí descobrimos seu parentesco com o gênio de Hipona: o *cor inquietum*, o coração inquieto, sempre à procura de Deus nos meandros da vida e, especialmente, em seu lugar privilegiado de revelação: no mundo dos pobres.

Jovem, com 21 anos, quis vir ao Brasil, não aquele do turismo, mas ao Brasil das grandes maiorias condenadas e ofendidas das periferias e do interior profundo de nosso país. Primeiro inseriu-se num bairro pobre de Rio de Janeiro e de Belo Horizonte. Depois, por muitos anos, viveu na prelazia de São Félix do Araguaia-MT, animada por um bispo pastor, profeta e poeta, Dom Pedro Casaldáliga.

Foi aqui que o Pe. Paulo Gabriel encontrou seu irmão de alma, de espírito, de poesia e de mística. Dom Pedro foi seu mestre e arquétipo inspirador de como viver o evangelho da libertação entre peões, indígenas, pequenos agricultores no contexto conflitivo do latifúndio ganancioso, opressor e, por vezes, assassino. Foi aqui que seu fascínio por Cristo foi posto à prova, anunciando a verdade e a justiça a preço de correr risco de violência e de ameaças de morte, mas denunciando o assassinato banal de inocentes peões e de indígenas, resistentes e defensores de seus territórios.

O Pe. Paulo Gabriel é um exímio poeta, sensível ao encantamento do mundo e também à dor humana. De forma admirável, soube combinar poesia com luta, êxtase com sofrimento. Para ele, como para todos os verdadeiros poetas, Alguém Maior os toma e os transporta para uma outra dimensão "extática". É desta experiência que irrompe a poesia como necessidade da alma e como voz que surge das profundezas da terra ou da dor lancinante do injustiçado.

Toda poesia do Pe. Paulo Gabriel revela esta característica. Era o laço que o unia espiritual e poeticamente com Dom Pedro Casaldáliga, outro grande poeta na linha dos maiores da língua espanhola, no estilo de São João da Cruz.

A vida do Pe. Gabriel foi atribulada por muitos trabalhos, viagens sem fim e até com a animação e a coordenação de seu grupo religioso, eleito várias vezes como Vicário Provincial.

No entanto, há um traço que merece ser ressaltado. Embora vivendo nos fundões de nosso país ou nas longas viagens de ônibus, sempre estava às voltas com a literatura, seja religiosa, seja secular. Grandes nomes como Garcia Marques, Grahan Green, Jorge Amado, Adélia Prado, Pablo Neruda, Saramago, entre outros tantos, eram frequentados por ele. Sabia unir o chão duro da realidade conflitiva com a elevação produzida pela literatura.

Como poeta, sentiu toda a dor e a angústia do mundo, de onde alimentava sua espiritualidade, mas também sua inspiração poética. Não se furtou às contradições da condição humana. Com sinceridade confessa: "Sinto-me isolado, abandonado. Nem sei mais se acredito nalguma coisa ou não creio em nada. Nesta hora nem sei se estaria disposto a dar a vida por alguém". Mas reconhece: "Mas só se chega à perfeita alegria, à fé madura, à esperança inquebrantável, ao amor verdadeiro depois de ter passado pela noite escura, pela ausência do sentido de tudo, depois de ter descido aos porões da vida, ao próprio inferno". Ele percorreu esse caminho escuro, caminho dos místicos e do próprio Cristo nos tormentos da cruz. E saiu ressuscitado.

Em sua trajetória espiritual, procurou sempre o lugar mais baixo, o caminho mais pedregoso com formas para ele mesmo ir melhorando, amolando as arestas de sua personalidade, na busca do caminho da santidade.

Como consequência desta sua opção, no auge de sua vida, já avançado na idade e com as limitações da humana existência, procurou o lugar mais longínquo e pobre para atuar com pastor, profeta e poeta, o Vale do Jequitinhonha, na paróquia Santa Cruz de Chapada do Norte. Lá vive numa comunidade de jovens religiosos agostinianos que compartem com ele essa aventura humana e espiritual.

Deixa neste diário um testemunho comovedor para todos quantos arriscam e entregam suas vidas à vida dos que menos vida têm: "Quem nunca se aproximou dos pobres e se colocou no meio deles como um deles, não poderá conhecer a riqueza que há neles. São pobres mas sabem partilhar tudo. Deus age no meio dos pobres com uma força que nem a hierarquia da Igreja imagina".

Somos gratos ao Pe. Paulo Gabriel por nos ter aberto este livro, escrito para ele mesmo e para Deus. Saímos de sua leitura cheios de santa unção e na certeza de que a herança de Jesus de Nazaré ainda suscita espíritos generosos e grandes. Valem suas últimas palavras: "Quem luta pela paz e pela justiça não morre mesmo se o matarem. Seus passos deixam pegadas e sempre haverá um coração limpo e humano que as siga. Sempre há, sempre houve e sempre haverá. Amém".

Leonardo Boff
Janeiro de 2022

APRESENTAÇÃO

Permaneci arrebatada por dias ao concluir a leitura do diário do amigo, irmão, poeta e frei, Paulo Gabriel. Se me perguntares o que provocou esse estado, eu não teria um trecho, uma década, ou cidade a destacar. O relato em primeira pessoa é um grande todo de uma vida construída em duros e "diários" enfrentamentos existenciais, daí ser um diário. É uma saga, uma obra completa. O leitor será exposto a uma vida de verdade, protagonizada por um homem com um grande ideal de adolescência e juventude que ele persegue até a sua maturidade. A vida do homem tecida junto a tantas outras vidas tem dor, alegria, dúvida, amor, angústia. Tem cheiro de terra, tem cores diversas, além das manhãs e tardes. A pobreza, a morte e o infortúnio são partes da mesma moeda da vida intensa e comunitária, das festas e das alegrias. Acabo por acreditar que seus parceiros e parceiras de história são pessoas feitas com outras fibras.

Talvez resida aqui algo possível de se destacar, dado o contraste com o nosso afastamento da vida *off-line*. A vida de Paulo Gabriel é o oposto das vidas de plástico, onde nada acontece, nada atravessa.

Apesar de abordar conteúdos densos, próprios da alma humana e da realidade brasileira, a leitura é agradável, fluida e cativante. Salta aos olhos a importância histórica do registro, pois o cotidiano tem como pano de fundo o Brasil com suas belezas e mazelas em um período histórico que tentam apagar. Registra-se, de forma honesta e transparente, a vida religiosa, a Igreja e os agostinianos.

A leitura toca e traz muitos ensinamentos de todas as ordens: evolução e amadurecimento da/na fé; a alma humana em sua inteireza. É bonito ver na longa duração a constância em buscar a plenitude, um estado harmônico e ideal, que se mostram somente como momentos e não como algo definitivo. Como humanos, identificamo-nos com essa busca.

O padre da periferia e do sertão é inquieto ao longo de toda a narrativa. O homem se reprograma ao longo do tempo, buscando ser fiel aos seus votos, princípios e valores, apesar de todas as fragilidades e recaídas (será que são, ou é a própria condição humana?). É honesto ao demonstrar sua debilidade, e isso ressalta sua humanidade.

A profusão de citações e autores é alento na interpretação da realidade. Sempre na companhia dos livros, grande parte clássicos da literatura, há no "diário" um diálogo entre aquilo que se está lendo, sua interface com o mundo e o cenário pacato do interior esquecido. Aquilo que seria pequeno demais para ser considerado torna-se grande e poético na escrita de Paulo Gabriel.

Há uma metodologia para tratar com as pessoas ou para a organização de comunidades. Em janeiro de 1976, já possuía algumas ideias iniciais para começar o trabalho pastoral e que podemos replicar para todo tipo de encontro e trabalho. Seria: encontro pessoal e permanente com o povo, relacionamento humano; análise da realidade, conhecer bem as necessidades do povo onde se vive e trabalha. Isso exige estudo e pés no chão; formar equipes. Com essa simples dinâmica, Paulo Gabriel nos ensina a partir do local onde as pessoas estão.

Há uma proximidade com *Grande sertão: veredas* (Guimarães Rosa), *A queda do céu* (Davi Kopenawa) e *Torto arado* (Itamar Vieira Júnior). Estes retratam, de algum modo, o mesmo povo (indígenas, quilombolas, agricultores) e sempre as mesmas injustiças e indiferenças.

O leitor fará muitas viagens com esse peregrino. Visitará realidades diversas e desfrutará da riqueza dessa vida. Terá despertado em si a incessante busca pela interioridade e o silêncio: será que foram encontrados?

Aleluia Heringer

ESPANHA
MOSTEIRO DE "SAN LORENZO DE EL
ESCORIAL"
1971-1972

30 de outubro de 1971

Li hoje, na revista *Vida Nueva*, a reportagem sobre a sagração episcopal de Pedro Casaldáliga no dia 23 de outubro de 1971 em São Félix do Araguaia, MT, Brasil. Na matéria da capa está a foto dele à beira do rio Araguaia. Numa mão segura um remo indígena e, na outra, tem um chapéu sertanejo, de palha. A manchete da capa me impactou: *"Un obispo poeta, un obispo profeta"*. A reportagem é de Teófilo Cabestrero.

À medida que ia lendo a matéria, meu coração vibrava e algo inesperado me invadiu. Tive a clareza, por um instante, de que era nesse lugar tão distante e, desse jeito tão evangélico, que eu gostaria de ser sacerdote. Pobre no meio dos pobres, lutando pela libertação.

Será apenas um sonho de juventude?

10 de setembro de 1972

Decidi ir para o Brasil. Tenho 21 anos e muitos sonhos na alma. Meu coração inquieto se abre para a vida e para o desconhecido com a força que vem da juventude.

Talvez minha vida signifique muito pouco no turbilhão deste mundo, mas hoje sei que o que importa mesmo é a atitude que eu adote frente a ela.

De um lado estão os que sempre exigiram mais de si mesmos, jamais satisfeitos, sonharam ir longe, e deram a vida na luta por ideais que possivelmente nunca atingiram plenamente. Comprometeram sua vida com Deus, com as grandes causas e com eles mesmos. Porque arriscaram, viveram no fio da navalha, e suas vidas abriram o caminho para um futuro mais humano.

No outro lado estão os conformistas, pensam que tudo está bem e nada os motiva a lutar por mudanças profundas na sociedade, nunca souberam o que é sonhar. Estão tão seguros na vida, que jamais terão que lamentar um fracasso. Mas não será a vida deles um fracasso total?

Já fiz a minha escolha!

15 de novembro de 1972

Hoje completo 22 anos. Nos próximos dias irei para o Brasil.

Às vezes me assalta a dúvida: terei feito a escolha certa? Mas interiormente sinto a segurança de não me ter equivocado.

Se não quero deixar correr minha vida inutilmente, se quero estar ao lado dos que sofrem e que são injustamente explorados, se quero ser humano entre humanos, devo caminhar lado a lado com os últimos da sociedade, os preferidos do Pai.

BRASIL
RIO DE JANEIRO
1973-1975

10 de janeiro de 1973

Cheguei ao Rio de Janeiro dia 15 de dezembro do ano passado. Levo só alguns dias no Brasil, suficientes para não poder fazer julgamento nenhum sobre coisa nenhuma. Ideias contraditórias se misturam em minha cabeça. A incerteza do desconhecido que meses atrás me preocupava desapareceu. Experimento, porém, a nostalgia do que deixei, do que foi meu mundo durante 22 anos. É assim que me sinto agora.

Olhando para o futuro percebo que fiz a escolha certa. A injustiça, a exploração, o sofrimento são aqui coisas reais. A Igreja tem que fazer opção profética, deve definir-se.

Me sinto como todo ser humano que pensa: dividido entre o ideal sonhado e a realidade concreta.

Das primeiras impressões quero preservar que nunca devo estar de volta, instalado e acomodado. Oxalá não perca a sensibilidade e o entusiasmo para entregar minha vida por aquilo que acredito, olhar sempre para adiante. Minha missão é levar a esperança a quem perdeu a esperança. Missão profética: não calar nada por medo, denunciar em nome de Deus todo pecado, injustiça e opressão.

Sinto já tão nítido em minha consciência o grito de dor de tantas pessoas que me parece impossível ficar parado. Não é suficiente falar, agora é o tempo da ação, é a vida humana que está em jogo e é Deus machucado em cada vida humana ferida.

2 de março de 1973

Pela senda da interiorização, caminho rumo à liberdade. Hoje posso plantar uma flor no meio do asfalto sabendo que é inútil regá-la para que floresça, o que se precisa é arrancar o asfalto.

Quando a poesia toma conta de mim deixo de ser eu. Ou será que o meu eu mais profundo se apossa de mim e então sou eu na pura essência? Quando isso acontece a emoção se impõe e passo a viver outra dimensão da realidade. Depois desço ao mundo dos mortais, mas sei que aquela experiência é real. Quem nunca experimentou o poder da poesia pode debochar do que estou dizendo. Tem coisa mais mesquinha que rir dos poetas? Como explicar que há pessoas que por graça divina são capazes de criar mundos novos e atingir novas dimensões da vida? Sinto pena dos que vivem presos à crua realidade, incapazes de sonhar. Mas sigo criando, não tenho outra escolha.

17 de março de 1973

Talvez o mais importante para o ser humano hoje seja ser capaz de refletir sobre si mesmo e sobre a realidade que o cerca. Sou consciente do mundo em que me tocou viver: fascinante e cruel, sei o que me enriquece e o que me limita.

Precisamos de homens e mulheres singelos, quixotes, pessoas centradas no seu ideal de vida, como Gandhi.

Quando nasce uma pessoa humilde, decidida a buscar o bem comum, sem interesses pessoais, renasce a esperança na Terra.

Quando um homem é perseguido porque busca apaixonadamente a verdade, no fim do caminho ele terá sempre razão.

9 de abril de 1973

Não vim aqui para ser agitador ou subversivo. Quem quiser me ver assim se equivoca. Minha vocação é anunciar a verdade integralmente, se alguém se ofende é porque denunciou-lhe a maldade.

Mas ai de mim se calo a verdade! Comprometer-me agora é dever de consciência, do contrário, que sentido tem o Sermão da Montanha? Não posso entender um cristianismo que vive de costas à realidade e ao sofrimento humano.

Um ideólogo sem compromisso me parece falso, um comprometido sem ideias me parece ingênuo. Precisamos de pessoas que façam a síntese entre o pensar e o agir.

Às vezes vejo tão claro e tão longe que sinto medo. Não entendo como temos convertido a mensagem do evangelho em algo tão sem vida! Creio que estou no caminho certo e o Senhor me guia, mas tenho que repensar constantemente minhas opções. Quem põe como ideal de vida o evangelho terá que romper com muitos convencionalismos e discordar de posturas normais, terá que descobrir esse sinal oculto de amor que existe em cada coisa e amá-lo intensamente para que possa crescer até a plenitude.

É necessário unir missão e pessoa. Coerência sempre.

11 de maio de 1973

Quem descobriu cedo seu ideal de vida e se entregou a ele de corpo e alma, não abandona o caminho nos dias difíceis, mesmo quando as forças fraquejam e a gente se sente sozinho na estrada.

É preciso ter bom alicerce para não ver as realidades negativas com lentes de aumento. Mesmo não encontrando sentido nas coisas, a esperança nos redime e o fracasso nos torna mais humanos.

Poeta é quem penetra no silêncio e nos segredos do mundo e da vida, e descobre que existe a esperança e acredita na verdade. Só pessoas assim serão símbolos críveis para as futuras gerações.

18 de junho de 1973

Sei que receberei muitos golpes na vida até chegar a ser o que desejo ser.

Vai chegar o dia em que deverei anunciar a mensagem para a qual me preparei, e quero fazê-lo com voz limpa e nova.

Quando uma pessoa descobre a originalidade do evangelho e o anuncia a partir da fonte, ele transforma o Universo. Há um longo caminho a ser percorrido até chegar a ser eu mesmo. Há algo dentro de mim que me faz ser o que não quero e luto contra isso diariamente.

Mas chegará o dia do anúncio, preciso libertar-me de tudo o que me amarra.

Estarei então maduro para a morte?

25 de julho de 1973

Nesta tarde a verdade é uma: estou triste e vazio, nada é capaz de saciar minha ânsia indefinida. Talvez seja ânsia de infinito! Nada me acalma, só no verso encontro amparo e consolo. Apesar de tudo sei que há na realidade uma razão de ser, mas meu coração hoje está desassossegado e nada o sacia. Talvez isto seja bom!

Quando um homem crê plenamente no Deus da Vida não pode olhar o passado com saudade, não pode lamentar-se diante do presente, não deve sentir medo frente ao futuro.

Quem luta pela paz e pela justiça não morre mesmo se o matarem. Seus passos deixam pegadas e sempre haverá um coração limpo e humano que as siga. Sempre há, sempre houve e sempre haverá. Amém.

29 de dezembro de 1973. Profissão Religiosa definitiva

Hoje passei algumas horas com os amigos da favela do morro São João. Quis que este gesto, neste dia da minha entrega definitiva a Deus, fosse um sinal externo de uma opção íntima.

Nasci para caminhar junto ao Deus vivo presente nos pobres que só tem a força de seus braços e para os quais todas as portas se fecham.

"O ser humano se mede pela quantidade de silêncio que pode suportar consigo mesmo!" – Nietzsche.

Nos momentos definitivos da vida olho para dentro e calo, não sei manifestar com gestos externos minha alegria. Hoje assumi publicamente querer mais a Deus que a nenhuma outra coisa neste mundo e disse que era para sempre. Será Ele meu ponto de partida e chegada, absoluto. Faço de minha vida algo disponível, aberto, sem cercas e portas. Ela deverá ser habitada por todos.

Salmo escrito e rezado por mim no dia da Profissão Solene:

Abro meus braços ao vento como o amanhecer os abre!
Senhor, Tu estás em cada coisa que existe e respira,
mais ser que as mesmas coisas.
Meu coração também se abre ao Universo,
quero deixá-lo correr entre estrelas, água, lodo e pedras,
quero deixá-lo amassar como se amassa a farinha branca,
quero ser dono dele para poder doá-lo.
Sou débil como o arrepio do vento em noite clara,
os inimigos do povo podem me perseguir até destruir-me,
conheço suas mentiras e torturas,
disfarçados de homens justos
diante da nação se apresentam como distribuidores do bem e da verdade
enquanto os pobres morrem na rua abandonados.
Não tenho medo deles porque vivem falsamente,
mas eu sou simples como a água e só Tu podes me manter de pé.
Quero ser puro e ver a realidade com olhar limpo,
dá-me força para não me perverter mantendo viva no meu peito a esperança.
Quero levar a luz entre minhas frágeis mãos para anunciar-Te dignamente.
Quero que minha palavra seja Tua palavra.
Quero ser fiel a mim mesmo e consequente até o fim e sempre!

COM MOTIVO DA NOSSA PROFISSÃO SOLENE

Adolfo Chilán e Paulo Gabriel à comunidade Nossa Senhora da Consolação do Rio de Janeiro.

Com frequência nos temos perguntado nestes dias que sentido pode ter para nossa comunidade que dois dos seus membros se decidam a viver na pobreza, na castidade e na obediência.

Depois de um ano partilhando dia a dia nossa vida, cremos um dever nosso neste momento dirigir-vos a palavra, simplesmente para dizer-vos o que hoje fazemos.

Não queremos que este compromisso seja um ato isolado de nós dois, sem transcendência para a vida da comunidade. Queremos que seja o começo de uma nova visão de nossa presença como homens e como cristãos neste contexto próprio da Consolação.

Nossa palavra indefesa, inquietante e esperançosa, será nossa lembrança deste dia. Não queremos justificar nada, só queremos partilhar.

O QUE FAZEMOS

Sempre na história houve homens e mulheres dispostos a viver radicalmente o evangelho. Isto na Igreja chamou-se Vida Religiosa.

Pessoas com grande vivência de Deus foram fiéis ao chamado do Espírito e expressaram sua vivência religiosa tão profunda que outros homens os seguiram. Um destes homens foi Santo Agostinho. Ele entendeu o evangelho como uma vivência de Deus na unidade: "O primeiro porque viveis em comunidade é para ter uma só alma e um só coração em Deus". Nós somos agostinianos.

A forma de viver hoje a Vida Religiosa se concretiza nos votos de Pobreza, Castidade e Obediência. Para muitos, palavras como estas são sinônimo de alienação e mediocridade. Talvez às vezes o foram, para nós hoje estão carregadas de sentido e de exigência, de libertação e de espontânea alegria.

O que hoje fazemos é consagrar definitivamente nossa vida ao serviço de Cristo e das pessoas. E isto, porque algum dia experimentamos Sua presença íntima que penetra e transforma todo nosso ser.

Convencidos de que é o Senhor que nos chama, apenas tentamos dar uma resposta total e sincera a este chamado. Isto nos leva a um esforço constante por identificar-nos com Cristo: "Total abertura filial para o Pai", "Amor universal a todos, amigos e inimigos", "anúncio alegre de um futuro feliz para o nosso mundo" e "compromisso de fazer mais visível e concreta esta realidade atual chamada Reino de Deus". Isto foi o que fez Maria, mulher aberta ao Espírito e tantos outros homens e mulheres na história.

Nós dois, com a esperança e a fé de quem dá um pulo no vazio, e por outra parte se abandona em Deus, queremos com nosso compromisso totalmente livre, pois ninguém nos obriga, contestar o falso senhorio dos ídolos do nosso mundo: "Dinheiro, Sexo e Poder".

Não temos motivo nenhum de orgulho nisto, pois é o Senhor quem chama e dá a força.

Será nossa POBREZA fome de Deus com desprendimento de si próprio. Fazer disponível nossa vida e nossas coisas para todos. Tentar juntar nossos *pés num compromisso de solidariedade aos de qualquer homem, sobretudo aos pobres e oprimidos, marginalizados e esquecidos. Prestaremos nossa voz a quem não pode falar sua dor, porque não sabe ou não o deixam. É esse um dever que nos vem de nosso aceitar a Cristo, pois Ele fez o mesmo. Queremos ser pobres para acabar com a pobreza. Queremos desonrar o dinheiro como poder que escraviza. Devemos pedir justiça e não aparecer, mas ser de fato pobres.*

Teremos como luz ao Senhor e nosso prêmio será a felicidade de anunciá-lo.

Será a CASTIDADE o sinal de amor a Deus como entrega total a seu serviço, como capacidade para amar mais profunda e universalmente. Não é ausência de amor, e sim plenitude do amor. Devemos estar abertos ao amor de todos sem exclusão de ninguém.

Nossa capacidade de amar se orienta e encontra sua resposta na comunidade de vida e amor que todos formamos.

A OBEDIÊNCIA não será um mero cumprimento de leis impostas desde fora, e sim comunhão com o Senhor, concretizada na comunidade.

É nossa obediência ter descoberto que precisamos todos de todos e que só em unidade nos realizamos.

Exige uma grande sensibilidade humana para descobrir e aceitar a vontade de Deus nos acontecimentos, na voz dos nossos irmãos e nas angústias e alegrias da comunidade.

Sabemos que o compromisso por nós hoje assumido é exigente e compromete nossa vida. Só porque temos confiança no Senhor e acreditamos na comunidade que formamos, é que fazemos nossa Profissão Solene com a alegria e a humildade de quem tudo o espera de Deus e dos irmãos.

5 de abril de 1975

Hoje fui ordenado diácono. Servidor da comunidade.
Devo crescer em duas dimensões:
– Entregar-me totalmente às pessoas: saber escutar com as mãos, com os olhos, com todo o meu corpo, acolher a todos, dando atenção plena a quem me procura.
– Crescer interiormente. Meia hora diária de interiorização e oração.

15 de novembro de 1975

Hoje sou ordenado sacerdote. Ontem à noite fui deitar tranquilo, tudo pronto para a ordenação no dia seguinte e, de repente, tomou conta de mim uma angústia como nunca tinha experimentado. A questão era:

amanhã se realizará o que você sempre desejou, vai ser padre porque você quer. Mas isso é desejo seu, não é vontade de Deus.

E o pavor foi crescendo semelhante a angústia de Jesus no horto das oliveiras, até Ele ser capaz de dizer: "Pai, faça-se Tua vontade e não a minha". Foi mais de uma hora nessa incerteza interior, até o momento em que conscientemente assumi o que estava sentindo, e disse a mim mesmo: "se não for a vontade de Deus que eu seja sacerdote e, for apenas desejo meu, amanhã não me ordeno". Assumi isso com todas as consequências. As mais imediatas seriam enfrentar a vergonha de ter que desmarcar a ordenação quando já estava tudo pronto, as mais complexas, desistir de um projeto de vida para o qual me preparara desde a infância; mas assumi renunciar, se não fosse esse o projeto de Deus para minha vida. Foi ter decidido isso e me veio uma paz tão grande que tive a certeza interior de que Deus confirmava a opção. Assim como Ele exigira de Abraão o sacrifício do filho para provar sua fé, Ele me exigia renúncia total a qualquer desejo pessoal. Para mim ficou claro: fé absoluta só Nele. Uma alegria profunda tomou conta de minha alma. Deitei sereno e feliz, consciente de que era Ele quem guiava minha vida e minha opção. Isso iria exigir de mim identificação com a mensagem, viver o que anuncio.

Que eu desapareça para que Ele apareça, anuncio a Ele, não a mim mesmo.

Ser simples, humilde, nunca me distanciar ou afastar do povo.

Neste poema que distribui à comunidade está meu programa de vida como sacerdote.

> *ESTAREI SEMPRE COM VOCÊ*
> *O Senhor me chamou pelo meu nome desde sempre,*
> *tirou-me dentre o povo simples,*
> *do meio da minha casa,*
> *fez-me sair da minha terra e eu não pude esconder o rosto e fugir.*
> *Disse-lhe que era medíocre e inexperiente,*
> *desconhecedor dos segredos do mundo e da vida,*
> *mas Ele fez-me entender que não sou eu e sim Ele*
> *quem orienta e guia a história.*
> *Disse-me através da realidade em que vivo*
> *qual era a minha missão ao ser enviado.*
> *Ele me disse:*
> *não adianta você ser eleito sacerdote*
> *para celebrar ritos vazios de verdade.*

*De nada serve celebrar o amor se o amor não existe,
nada vale celebrar o perdão se o perdão não existe,
nada significa falar de libertação se a opressão continua.
O que quero é o bem do meu povo
disse-me o Senhor.
Meus sacerdotes justificam com seus gestos
atitudes que me horrorizam e angustiam,
dói-me a dor que meu povo sente,
dói-me o desespero dos humildes desta Terra.
Tua missão será, disse-me o Senhor,
experimentar-me e conhecer-me,
testemunhar a paz e a coerência.
Serás o servidor do meu povo
levando a esperança aos excluídos,
anunciando a reconciliação e a unidade.
Serás livre como a águia,
forte como a rocha,
digno como a teimosia dos pobres.
Uma luz acenderás no coração do meu povo abandonado!
Não quero ódio nem vingança;
a verdade se constrói na intimidade
e na solidão profunda do deserto.
Tão horrível é para mim a injustiça dos poderosos
como o ódio no coração dos oprimidos.
A libertação que eu quero chegará como o vento,
e como chegam as ondas à praia,
ninguém poderá impedi-la.*

*E Eu estarei sempre com você,
Porque sou o Deus que salva,
O Deus íntimo, o Deus vivo!*

BELO HORIZONTE
1976-1980

30 de janeiro de 1976

Getúlio foi um grande amigo que fiz no Rio de Janeiro. Revelou-me o mundo da favela do Morro São João. Neste poema minha gratidão emocionada. Recebi em Belo Horizonte a notícia de sua Páscoa.

EPITÁFIO PARA GETÚLIO
Soube da tua morte ontem à tarde, irmão!
Dizer-te que estou triste é dizer pouco porque todo meu corpo grita e chora.

Getúlio,
Amigo,
dentro estás!

Pronunciar teu nome é dizer pobre abandonado
nasceste no mato e no meio da poeira e nem data de nascimento tinha tua identidade.

Nasceste ou foste desterrado?

Passaste fome como todos os teus amigos
aprendeste a dignidade sem ter ido à escola
tiveste que suar para viver e soubeste desconfiar dos prepotentes.

Amaste teus companheiros de caminho e de desterro!

Agora Getúlio falaremos do vivido
vamos recordar agora que estás morto.

Lembras nosso primeiro encontro?
Foi n uma tarde de abril lá na favela do morro São João onde moravas.
A dor do povo nos aproximo e juntos sonhamos mundos novos a partir da miséria.

Juntos construímos o que depois seria tua casa,
lentamente conseguimos chegar a conhecer-nos
e tu te tornaste para mim lugar comum de encontro.

Depois fomos partilhando nossas vidas,
a pobreza e a violência da favela,

tantas mentiras disfarçadas
como as daquele fantoche deputado que em tempo de eleições subia até
a Vila.
Te lembras do senhor Antônio?

Homem de bem, pisoteado!

Eu sorvia tua dor e tua raiva
e tu sorrias porque alguém de longe chegava perto para ouvir-te.

Vieram depois os problemas internos,
sem a Associação de Moradores era a comunidade um barco à deriva.

Os dois vimos tiroteios com crianças pelo meio,
conhecemos as meias palavras, os silêncios expressivos,
tu falavas do tempo em que foras tesoureiro e eu te perguntava:

"Que pode guardar um tesoureiro de favela?"

Eu sei que construíste uma escada de cimento para subir o morro
e colocaste luz para ver mais clara a miséria,
introduziste água para cinco mil pessoas em 1968 e levantaste uma escola.

Lembras aquele dia em que juntos partilhamos tua mesa?
Jorge, Ana e tantos outros vieram ao teu barraco aquela tarde.
E quando levamos Mauro ao hospital imóvel.
quase morto?

Voltou um ano depois curado
caminhando
humanizado.
Recordas quando íamos à 13ª Região Administrativa
para falar com quem sistematicamente pretendia ignorar-nos,
para reivindicar os direitos básicos e nos faziam esperar horas a fio?

Mas tu eras somente um homem e começou a doer-te o peito e o coração parava.
Tivemos que buscar um hospital, mas não havia no Rio de Janeiro hospitais para todos.

Da Santa Casa ao Getúlio Vargas e do Getúlio Vargas para casa,
assim semanas inteiras.

A partir daí já sabíamos de cor o rito:
Getúlio está doente.
Getúlio melhorou,
Getúlio não consegue respirar,
Getúlio já trabalha.

Aqui sinto a necessidade de parar e perguntar-te: "E tu como me vias?"

Nunca ias à igreja, mas conhecias de cor o sofrimento,
nunca me chamaste "padre" éramos amigos.

Foste sábio como um ancião! Soubeste quase tudo da vida.
Como renascia a esperança cada vez que subia para ouvir tanto silêncio!
Eu sentava no chão, na cama ou na cadeira
e Ana me oferecia café de um jeito inesquecível.

Em dez metros quadrados vivíeis todos.

E tudo ali acontecia.

E na parede continuarão escritas por dez gerações frases que libertam:

"Contra toda escravidão" você proclamou um dia
e assim ia nascendo o sonho da "justiça"
como palavra original
definitiva!

Mas tu morreste ontem à tarde irmão sem avisar
como morrem sempre os pobres,
e o mundo sem sabê-lo ficou despido de esperança.

Faz agora um mês eu parti e na despedida me disseste:
"Quando vieres ao Rio vem a visitar-me".
Posso Getúlio visitar-te quando voltar ao Rio?

Um dia puseste óculos e todo mundo riu na favela.
Parecias um doutor e tu disseste:

"Com estes óculos se vê melhor a realidade".
Ficarão no teu barraco como um símbolo:

com estes óculos Getúlio viu o mundo.

Que se pensa amigo da vida depois de ter morrido?
Não é grande demais para você a eternidade?
Não sei por que eu imagino que para os pobres
o céu deve ser grande e incômodo como terno novo para quem nunca
o vestiu!

Falei contigo Getúlio daquilo que é nosso segredo,
tu me revelaste com teu silêncio sereno o mistério que é viver e a alma
de teu povo.

E agora que já tudo passou
Getúlio
sabes por que morreste?

Morreste porque eras apenas um número
na programação organizada do Governo,
a vida aqui tem preço irmão e a tua valia menos que uma condecoração
nalgum pescoço.

Assim prosseguiremos
até não haver mais Getúlios sobre a terra,
então se realizará meu verso:
"Já não há pobres na Pátria idolatrada" dirão as estatísticas
"todos morreram"!

Getúlio
se é verdade que sobre as tumbas se assumem compromissos e nascem
sonhos
faz que cresça minha indignação junto da tua para viver com dignidade
a vida que me resta!

10 de fevereiro de 1976

"Uma verdadeira atitude revolucionária só pode dar-se com uma radical conversão interior".

Começo meu ministério sacerdotal na paróquia Cristo Redentor, no Barreiro de Cima. Aqui também é casa de formação para futuros religiosos no período da filosofia. A comunidade está formada pelos padres Jeremias Vega, pároco; José Rodrigues, responsável da formação e eu, destinado para ser pároco no lugar do padre Jeremias Vega, que deve voltar para Espanha.

Estou feliz. Intuo que devo caminhar rumo à interiorização. Frequentemente vivo na superficialidade. É preciso abrir caminhos no interior do coração humano para descobrir novos espaços de libertação no meio do povo.

Está desvalorizada a palavra. Tem gente que enche a boca dizendo "Paz", "Justiça", "Liberdade", mas vive de costas à realidade.

O maior pecado de nossa sociedade capitalista é ter conseguido esvaziar a interiorização. É necessário, porém, abrir caminhos rumo ao centro de si mesmo e ter tempo para a contemplação. O compromisso com a libertação se cozinha no interior. *"É preciso endurecer-se mas sem perder a ternura jamais"* como disse Che Guevara.

Tenho algumas ideias iniciais para começar o trabalho pastoral:
- Encontro pessoal e permanente com o povo, relacionamento humano.
- Análise da realidade, conhecer bem as necessidades do povo com que vivo e trabalho, isso exige estudo e pés no chão.
- Formar equipes.
- Três linhas de ação: pastoral liberadora, respeito e valorização da religiosidade popular e diálogo e comunhão com todas as Igrejas e religiões.

8 de março de 1976

Depois de dois meses no Barreiro de Cima, quero fazer uma revisão e colocar algumas ideias em ordem.

Percebo que estou crescendo na construção de mim mesmo e a nova realidade da periferia, realidade operária, está me levando a novas descobertas. As situações novas possibilitam o crescimento pessoal.

Coisas das quais sempre falei, mas que conhecia apenas pelos livros, aqui começo a experimentar. Por exemplo: sempre acreditei que a verdade está no povo e que a transformação da América Latina será feita a partir do povo e com o povo. Agora estou vivenciando isto com uma intensidade não imaginada. Fico admirado da vivência e profundidade das pessoas simples. Quem nunca se aproximou dos pobres e se colocou no meio deles como um deles, não poderá conhecer a riqueza que há neles. Os pobres sabem partilhar tudo. Deus age no meio dos pobres com uma força que nem a hierarquia da Igreja imagina.

Agora percebo a maldade intrínseca do capitalismo. Conseguiu criar um tipo de sociedade que mata tudo o que o ser humano tem de bom. À medida que a gente se integra na sociedade capitalista, se torna egoísta, competidor, isolado, egocêntrico. O povo do bairro, gente vinda do interior de Minas Gerais, conserva ainda as qualidades da roça: disponibilidade, partilha, amizade, ajuda mútua.

As gerações futuras não conseguirão entender como o cristianismo foi capaz de conviver, aprovar e até canonizar a sociedade capitalista, cujo ponto de partida é o egoísmo. Isto é radicalmente oposto ao evangelho.

Preciso fortalecer-me interiormente, amadurecer para poder enfrentar situações futuras sem quebrar-me. Isto exige renúncia e liberdade.

Com os seminaristas convivo bem, somos irmãos. Deus me está dando mais do que preciso e mereço.

19 de março de 1976

Leio *A Igreja que nasce do Povo*. Preciso ser aluno da vida. Quanta teologia aprendida à margem da realidade! Deus me fala pela vida e pela realidade.

Estes dias estou triste. O Pe. Jeremias Vega, de acordo com o combinado, deveria deixar a paróquia e eu assumir como pároco, mas ele se nega a sair e eu não posso agir. É preciso saber esperar. Confesso que me custa. Tudo no universo caminha devagar. Ser o que estou chamado a ser, disso se trata. A missão de cada coisa é ser o que é. O pássaro que canta junto à janela simplesmente é pássaro e canta. A árvore onde o pássaro se apoia é árvore e nisso está a sua glória. E eu estou aqui, à procura de mim mesmo, aprendiz da vida.

Sobre a amizade:

Dizer amigo é falar a palavra verdadeira, é ficar nu diante do outro e não se envergonhar.

Dizer amigo é falar de fidelidade considerando o outro digno de minha intimidade. Têm palavras que de tanto usá-las perderam sua força: amigo, irmão, liberdade.

A palavra *amigo* não pode ser dita a qualquer um, ela nos remete ao sagrado. A amizade se conquista.

20 de abril de 1976

Como o Pe. Jeremias Vega não sai da paróquia e não me deixa agir, optei por celebrar a Semana Santa no Vale de Jequitinhonha, em Francisco Badaró, onde vive o Pe. Marcelino Barrio, agostiniano de nosso Vicariato. Movido pela compaixão ele foi, já idoso, para essa região economicamente pobre, mas muito rica em religiosidade e cultura. Nesses dias da Semana Santa vivenciei a hospitalidade, a felicidade simples da vida, a acolhida generosa.

Intuo que minha missão é viver no meio do povo simples, nesta realidade me conecto com minha própria origem.

Amadureço a ideia. Falo a alguns amigos da proposta de vivermos no meio do povo, rezando, evangelizando, morando numa casa simples. Aprender com os pobres a viver com poucas coisas. Sei das minhas mazelas e da minha mediocridade, mas tentarei. Aos poucos perco o medo e me liberto de certo triunfalismo.

25 de abril de 1977

Chegam até mim todos os dias os dramas de um povo que passa fome, frio, dorme na rua e é maltratado pela polícia e esquecido pelo governo. Um povo que nasceu para ser livre e está condenado a viver na mais dura miséria. Em Deus encontra forma para não morrer.

Me digam, o que fazer diante desta situação?

27 de abril de 1977

Hoje visitei no Barreiro de Baixo a sede do *Jornal dos Bairros*. Fui recebido por Nilmário Miranda, um dos jornalistas que fazem o jornal. A casa alugada é muito simples. Um grupo de jovens voluntários desenvolve as mais variadas tarefas. Nilmário me pediu para distribuir o jornal na igreja, aceitei encantado. O objetivo deste é documentar a realidade da região e denunciar os problemas próprios dos bairros de periferia: transporte, saneamento básico etc.

Será um bom instrumento para reivindicar melhorias para o povo da nossa região.

5 de maio de 1977

A dor, a tragédia, o sofrimento e a melancolia são essenciais para a criação poética. Estes momentos para mim são fecundos, descubro dimensões novas da realidade e vivo a tristeza intensamente. Não é pessimismo, não nego a esperança, todos os sentimentos são humanos. Nada mais humano que sentir tristeza e dor diante do sofrimento.

18 de agosto de 1977

Estive dois dias em Vitória. Fiz contato com gente muito boa. Conheci as Comunidades Eclesiais de Base, suas limitações e seus sonhos.

Conheci jovens inquietos que sonham com uma sociedade nova, socialista. Falamos muito sobre isto nesses dias em Vitória.

Penso que teoricamente o socialismo é a forma de organizar a sociedade mais compatível com a fé cristã. Entendido o socialismo como Santo Agostinho nos propõe na Regra de Vida: "*A cada um dar o que precisa conforme as suas necessidades e que cada um trabalhe e contribua com a comunidade conforme as suas possibilidades*". E para evitar confusões acrescenta: "*É melhor precisar pouco do que ter muito*".

Refleti bastante. Devo vencer em mim certas atitudes triunfalistas, sobretudo pelo fato de ser considerado pela esquerda um padre comprometido. Devo ser mais acolhedor, vencer a timidez e trabalhar a dimensão afetiva, saber amar sem possuir, sem manipular.

20 de setembro de 1977

Em minha vida sinto falta do silêncio!

16 de outubro de 1977

Estive pela primeira vez na região da Prelazia de São Félix do Araguaia no Mato Grosso. Foi comigo Eduardo Mourão, jovem de Belo Horizonte; terminou os estudos na universidade e optou pelo trabalho popular no bairro. Somos bons amigos. Fomos a Ribeirão Bonito para a celebração do primeiro aniversário do martírio do Pe. João Bosco Penido Burnier, e nos solidarizar com essa Igreja.

O Pe. João Bosco foi um jesuíta que trabalhou no CIMI (Conselho Indigenista Missionário) ao lado dos povos indígenas de Mato Grosso. Ao voltar de um curso de formação em Santa Terezinha, decidiu acompanhar o bispo Pedro Casaldáliga na viagem até o povoado de Ribeirão Bonito. Ao chegar lá, foram informados de que duas mulheres estavam sendo torturadas na delegacia de polícia. Os posseiros, na defesa de suas terras, tiveram um confronto com os policiais e fugiram, escondendo-se na mata. Os policiais prenderam a mãe e a esposa de dois deles e queriam que falassem onde eles se escondiam. Dom Pedro Casaldáliga e o Pe. João Bosco se dirigiram à delegacia para pedir clemência. Foram recebidos agressivamente e, um dos soldados, Ezir Ramalho, disparou contra o Pe. João Bosco, ferindo-o de morte. Foi no dia 11 de outubro de 1976. Levado para Goiânia, morreu lá no dia 12, festa de Nossa Senhora Aparecida, padroeira do Brasil e de Ribeirão Bonito.

Um ano depois, a comunidade inaugurou o Santuário dos Mártires da Caminhada, construído onde antes estava a delegacia de polícia, local em que o Pe. João Bosco foi baleado.

Penso que o jeito de viver ali a fé é o único caminho para o evangelho. Ouvi e aprendi muitas coisas: a repressão do governo, a singeleza do evangelho, a contestação a uma sociedade capitalista e de consumo, a dignidade dos indígenas, a verdade de um cristianismo vivido como dom, e a generosidade do povo.

Isso eu vivi em Ribeirão Bonito!

10 de novembro de 1977

Estou cansado. Experimento o vazio. São esses os momentos nos quais poderia se vivenciar a dor da morte e chorar. Sinto-me isolado, abandonado. Nem sei mais se acredito nalguma coisa ou não creio em nada. Nesta hora nem sei se estaria disposto a dar a vida por alguém.

São estes os momentos definitivos, que possibilitam passar a um nível superior na consciência e na vivência, mas que triste é tudo, e a dor pesa.

"*Um dia eu me irei
e ficarão os pássaros cantando*",
nostalgia do poema de Juan Ramón Jimenez e do poço branco da minha infância cavada por meu pai com a ajuda de minha mãe, grávida de mim.

15 de novembro de 1977

Hoje se completam dois anos da minha ordenação sacerdotal. Celebrei a eucaristia na igreja Cristo Redentor. Um homem do povo disse algo que me alegrou: "*os padres desta paróquia estão preocupados com a vida das pessoas e seus problemas*". Na minha fala salientei que somos servidores da comunidade, que não nos posicionamos do lado dos poderosos e sim do lado dos pobres e humildes, e que neste momento histórico a Igreja deve ser um espaço de reunião, encontro, partilha e comunhão. Disse também que não somos mais importantes que ninguém, mais um no meio da comunidade e que os serviços são muitos e cada um deve assumir sua vocação, é o Espírito que faz crescer. Somos frágeis, precisamos do povo assim como o povo precisa de nós.

Será que estou sendo fiel ao que assumi na minha ordenação? A pergunta me traz paz.

Brotam no coração algumas ideias:
- *"Eu provo aos que amo"*, diz o Senhor, *"quero purificar-te como o ouro no cadinho"*.
- Isto eu quero: optar pelo evangelho, viver só dele e para ele, fazer dele meu amor, minha paixão, noite e dia!
- Sempre desejei ser mártir. Hoje percebo que isto é puro triunfalismo, a busca da afirmação e da admiração. Penso que aqui se esconde o desejo inconsciente de ser aceito e admirado pelo grupo. Preciso renunciar a isto.

Por outra parte percebo que o martírio é a forma mais digna de morrer para um cristão. Quem opta radicalmente pelo evangelho é muito provável que morra mártir.

Vou superando certas ingenuidades, mas me falta interiorização. Começo a ter ideias próprias e a própria visão da realidade. Muito tenho ainda a caminhar.

18 de janeiro de 1978

Há três homens que admiro intensamente: Charles Chaplin, Che Guevara e Pedro Casaldáliga.

Expressões definitivas da dignidade humana.

22 de março de 1978

Estou vivendo uma experiência única. De repente percebo que todas as lutas e bandeiras até aqui defendidas me parecem sonhos de menino e me sinto vazio e sem razões para viver.

Terei amado?

É como se eu tivesse ficado pequeno para mim mesmo. Agora me parece que nunca amei a Deus e nunca me comprometi com ninguém. E aqui estou. Não é mais possível ser o que até agora fui e não sou ainda o que estou chamado a ser. Não posso me acomodar, mas hoje me sinto derrotado.

Começar de novo com nova consciência, não há outro caminho. Ei de ver a luz de novo, o sorriso de uma criança me emocionará e saberei falar com as árvores e os livros. Voltará a sensibilidade a tomar conta de mim e eu terei palavras novas e voltarei a acreditar no ser humano e saberei descobrir a dignidade humana no olhar dos pobres deste bairro e de novo serei humano.

Em certos momentos da vida há pessoas que nos devolvem com seus gestos a fé e a esperança. Mercedes Sosa eterniza em sua música a grandeza humana. Pedro Casaldáliga me mostra na sua autenticidade que é possível pautar a vida pelo evangelho. Há outras pessoas que me iluminam. São suas vidas luzeiros na noite quando a noite é longa.

28 de março de 1978

Às 7h30 fui ao hospital São Paulo. A filha de Elizete e Jorge Defensor leva quinze dias internada. Seis meses de vida e o perigo da morte a espreita. O casal vive num barraco improvisado, coberto de lona, num terreno baldio ao lado do colégio Santa Rita, no Barreiro de Baixo, e as irmãs agostinianas que dirigem o colégio, ao saber da situação, me avisaram e fui visitá-los. A criança estava desnutrida e febril.

Jorge Defensor é aquele rapaz que foi torturado pela polícia suspeito de ter roubado um rádio de pilhas. Ficou paraplégico. Fui com um jornalista da *IstoÉ* ao hospital São Francisco de Assis, no bairro Concórdia de Belo Horizonte, onde estava internado e vigiado pela polícia. Ao apresentar minha documentação de padre, liberaram a entrada, fomos direto no quarto onde estava internado Jorge Defensor, afortunadamente nessa hora estava sozinho, o repórter fez fotos, o entrevistou e saímos sem ser incomodados. O caso foi denunciado na *IstoÉ* e teve grande repercussão. O governador Aureliano Chaves demitiu o secretário de segurança e prometeu a Elizete que resolveria o caso deles e que lhes daria uma casa. Nada disso até agora aconteceu.

Às onze horas me avisam dizendo que seu Zé, que cuida de nosso quintal, acabara de morrer no meio da Rua Castor. Fui às presas e lá estava ele esticado no chão. Sem saber ao certo se estava morto ou não, o levei no fusca da paróquia ao hospital Santa Rita. Estava morto, infarto fulminante.

Mal tinha chegado em casa e a mãe de Wilson, Dona Rosa, me procura chorando porque seu filho Ednaldo, ao qual eu tinha visitado e batizado no hospital uma semana antes, também tinha morrido. Foi preciso pedir um atestado de pobreza para poder enterrá-lo. Humilhante, muito humilhante!

A morte pisou hoje minha vida. Como não se indignar diante desta realidade? Os dois morreram por serem pobres, e a filha de Elizete talvez morra também de pobreza e injustiça.

São muitas mortes para um homem num único dia!

O JARDINEIRO

Às onze horas da manhã, "Seu Zé" estava esticado no meio da rua,
digno, calado como sempre,
morto!
Morreu lutando,
o coração cansou depois de Cristo ter ressuscitado,
era Páscoa!
Cuidou muitos anos de nosso quintal,
amigo das flores e dos cachorros,
sempre com seu cigarro de palha na orelha
e um sorriso largo em sua boca!
Descendente de escravos,
ainda tinha no olhar as feridas do passado,
ao avistá-lo via nele os negros do filme "A Cabana do Pai Tomás".
O levamos ao hospital Santa Rita
e um médico jovem foi gentil conosco
e mesmo tendo chegado morto
nos deu o atestado de óbito como se tivesse morrido no hospital,
Luiz Sergio se chamava.
Outro médico foi covarde e se negou a atender-nos!
Compramos calças novas para ele e o amortalhamos no hospital.
Foi a primeira vez na vida que vesti um morto!
Fiquei sabendo então que os pobres quando morrem
devem ser enterrados com calças novas e bem limpos
para poder entrar na vida eterna.
Deve haver muitas roseiras e cachorros do outro lado da vida
e "Seu Zé" continuará cuidando dos jardins celestiais
enquanto fuma enormes cigarros de palha!

18 de maio de 1978

Eu pensava que ter saúde era o normal na vida. No tempo que vivemos, é privilégio. As pessoas do bairro, na sua maioria operários da Mannesmann e empregadas domésticas, esperam meses para marcar uma consulta e, quando conseguem, muitas vezes já é tarde demais para alcançar a cura.

Eu achava que comer duas vezes ao dia era óbvio. Atualmente quem come duas vezes ao dia ganhou na loteria.

Que todo ser humano deve ter um lugar para morar eu considerava imprescindível. Venha viver aqui neste bairro e verá outra realidade.

Ao constatar a dureza do dia a dia na luta pela sobrevivência, estou aprendendo do povo a teimosia, a coragem e a esperança.

19 de maio de 1978

Tirei o dia para fazer uma avaliação mais profunda da minha caminhada.

Constato que o contato com os grupos de esquerda está me ajudando a perder uma visão ingênua da realidade. Por outra parte tenho dito a eles que a imagem que transmitem é de pessoas muito racionais. Parece que lhes falta o sentimento, o afeto, a sensibilidade humana. Tudo é programado, avaliado, calculado de forma fria e objetiva. O povo parece apenas um objeto. Para bem da verdade devo dizer que esta atitude não pode ser aplicada a toda a esquerda, mas a algumas pessoas com as quais tenho contato. Também encontro gente da esquerda com sensibilidade humana extraordinária.

A impressão que me dá é "tudo para o povo, mas vendo o povo como algo abstrato". Para mim o povo é o Zé Geraldo, Lya, João Crisóstomo, operários que trabalham em três turnos nas fábricas da Região Industrial e fazem da sua fé compromisso na luta pela conquista dos direitos dos trabalhadores.

É fundamental a relação afetiva e não apenas o que convêm estrategicamente.

Descubro, pois, que devo harmonizar a relação afetiva com as pessoas concretas (e isto nem sempre vejo nos grupos da esquerda) e, ao mesmo tempo, preciso me alimentar de toda a riqueza crítica que estes grupos possuem.

Penso que é possível o diálogo entre cristianismo e marxismo. Podemos nos encontrar na práxis, na ação, mesmo que haja motivações diferentes, o objetivo é o mesmo, a superação das relações capitalistas. O marxismo não é o definitivo nem o absoluto histórico, mas supera a visão capitalista que se baseia na exploração.

O encontro com estes grupos me leva a explicitar mais claramente a minha fé. Hoje vejo que a fé para mim não é algo apenas herdado, mas uma dimensão vital que dá sentido ao meu compromisso. Sinto a fé como um dom do Pai e agradeço por ela.

Descubro em mim atitudes que não percebia: faço afirmações radicais sem consistência, excluo os que pensam diferente, tenho certo sectarismo e preconceito com relação a algumas pessoas. Por outra parte começo a me sentir mais livre e intuo que na construção de uma nova sociedade são muitas e diferentes as tarefas, não se deve olhar a realidade por um prisma só, é preciso olhar globalmente.

Em nível pessoal devo amadurecer na simplicidade, ser mais humano, criar comunhão com as pessoas concretas, ter laços afetivos. As pessoas não se reduzem apenas às ideias.

Admiro nos amigos da esquerda o compromisso, o sacrifício, a doação às causas que dão sentido a suas vidas. Eu que fiz um compromisso público de viver pobremente sou mais burguês que eles. Às vezes constato que Jesus e o evangelho não são para mim tão importantes como são para eles Marx e as causas que os movem para transformar a sociedade. São admiráveis a entrega e o engajamento deles nessas lutas.

12 de julho de 1978

– Saber expressar meus sentimentos.
– Falar com profundidade e com sentido.
– Valorizar cada pessoa pelo que ela é e não pelo que possui.

17 de julho de 1978

Avanço no processo do desabrochar humano.

O Pe. Félix Valenzuela, irmão de comunidade, me define como "um homem sensível, austero, com a bondade à flor da pele e amigo dos amigos até as últimas consequências, homem comunitário".

Ao mesmo tempo, uma amiga da comunidade me fez descobrir, com dor, algo que não tinha compreendido de mim mesmo: "sou sensível, mas sou analfabeto na expressão dos sentimentos". De fato, sou contido nos gestos, mal sei amar com os braços, os olhos ou a palavra. É claro que isto é fruto de minha timidez e de uma formação no seminário que anulava os sentimentos. Fui para o seminário ainda menino, com 11 anos de idade, nessa fase da vida em que o carinho do lar precisa alimentar a alma de ternura, eu era lá apenas o número 145, anônimo e perdido num conjunto de 300 crianças.

Sofro por isto, diante de pessoas desconhecidas me sinto atado.

18 de julho de 1978

Participei de um Capítulo Provincial, assembleia de todos os religiosos do grupo, para definir objetivos e metas a serem alcançados nos trabalhos que o Vicariato desenvolve na educação e nos seminários. Espero que seja o primeiro e o último. Dor, tristeza e lamento, é isso o que senti.

Passamos quinze dias discutindo leis, documentos, palavras vazias. As pessoas, sua dor e a realidade da periferia passaram de longe. Poderia não existir a realidade sofrida da humanidade e continuaríamos discutindo nossos assuntos internos.

10 de setembro de 1978. Santiago de Chile

Estou participando de um encontro de formação da CLAR (Conferência Latino-Americana dos Religiosos).
- Aprender a planejar. Método, estruturas, dinamismos.
- Os problemas tem sempre várias soluções, é preciso análise e discussão.
- Há dois níveis: racional e afetivo. Se estamos em níveis diferentes, não vamos nos entender.
- A oração mantém a fé, aumenta a esperança e torna concreta a caridade.
- Uma boa análise da realidade ajuda na hora de fazer opções.

5 de outubro de 1978

Um homem do bairro me procurou para conversar. Me disse que o patrão da empresa onde trabalha lhe ofereceu subi-lo de cargo e melhorar seu salário se se oferecia para se aproximar de mim, ganhar minha confiança e denunciar-me. Não aceitou a oferta por sua amizade comigo, se negou a fazer de Judas. Neste tempo sombrio, em plena ditadura, se necessita muita coragem para não se dobrar diante dos que tentam comprar a própria consciência. Negar-se a colaborar com os opressores é expor-se a perder o emprego e até a vida.

Todas as ditaduras são detestáveis e fazem do medo, das ameaças e da tortura armas poderosas para reprimir e amordaçar o povo.

Da minha parte estou tranquilo. O que tenho a dizer o digo sempre abertamente.

14 de outubro de 1978

Meu envolvimento com os movimentos populares e minha aproximação com os amigos da classe média sintonizados com estes movimentos me levam a perceber o seguinte:
- A Igreja tem uma atitude muito paternalista com relação à luta do povo. Está na hora da Igreja somar forças com outras forças de oposição ao regime, mas sem ela assumir a liderança,

tendo, sim, uma contribuição específica como Igreja, mantendo a própria identidade.
– O pessoal jovem da esquerda que vem morar nos bairros populares para fazer trabalho político ou social tem muito claras as ideias, sabem de cor e salteado o que devem ensinar, mas não vêm preparados para ouvir ou aprender do povo. Antes de doutrinar deveriam se deixar ensinar pelo povo, do contrário, tropeçam naquilo que criticam. Isto serve também para o trabalho pastoral. Antes de falar, saber ouvir, devemos aprender do povo. O pessoal que vem de outra realidade para os bairros populares tem que vir despido, aberto e sem preconceitos, não pode chegar impondo ideias. É preciso encarnar-se na vida e no sofrimento do povo para poder depois dizer a própria palavra. Isto leva tempo. Todos nós, lideranças da Igreja ou dos grupos políticos, devemos ser forças que ajudam o povo a caminhar, mas quem tem que marcar a direção é o próprio povo.

20 de janeiro de 1979

Acompanho como assessor e como amigo um grupo de jovens da JOC (Juventude Operária Católica). São jovens da periferia, filhos de operários da região industrial. Muito diferentes dos jovens da classe média que vêm morar na região para fazer trabalho político. Os jovens da JOC pensam e agem a partir do mundo concreto e real do dia a dia, vários deles filhos de famílias vindas do interior de Minas à procura de um futuro melhor na cidade grande. Para mim está sendo uma descoberta e um desafio. São muito organizados, levam à risca os compromissos, valorizam muito a formação através do método ver, julgar, agir. Tem uma consciência crítica bem acima da média. Unem a fé e a vida, querem uma Igreja engajada nas lutas do povo.

Estou fazendo bons amigos: Antônio Goiaba, Imaculada, Marília, Toninho, Saboia, Hans e Dalva, entre outros. Eles vão me introduzindo na realidade destes jovens de periferia, operários, que sonham com um mundo mais justo e que valorizam muito o estudo e a formação.

3 de maio de 1979

No dia 1º de maio celebramos a Missa do Trabalhador na Praça da Cemig. Participam todas as paróquias da Região Episcopal da Cidade Industrial. Esta missa se tornou um espaço de resistência no atual contexto político.

Na noite anterior ao 1º de maio, foi invadida pela polícia militar a sede da Cúria Regional e roubaram os folhetos da celebração e fizeram a maior arruaça. Invadiram também a sede de vários organismos populares.

Escrevi este poema:

PRIMEIRO DE MAIO
No meio da noite
quando os operários dormiam
à espera do dia do grito, da luta e da justiça,
os assassinos do DOPS, do SNI e da Polícia
invadiram o GETEC, o CET, o Jornal dos Bairros e o CCO,
e roubaram, saquearam, destruíram
a vida do povo mimeografada,
diagramada e publicada
com amor e com constância.

Levaram máquinas, papéis, documentos, arquivos, telefones,
tudo destinado a apodrecer
nos porões da morte e da opressão.

No meio da noite,
quando eles abriam as portas do povo
para roubar seu pensamento,
na mesma hora do mesmo dia,
seu companheiro e mestre na arte da tortura,
– Fleury –
bebia água até afogar-se no mar.

A morte avança já,
irreversível,
começa pelo chefe,
vai logo descendo,
outros cairão,
todos vítimas de torturadores invisíveis!

8 de maio de 1979

Até agora a Igreja assumiu por opção e necessidade a história e a luta do povo, suas reivindicações e problemas. A Igreja preencheu um vazio que caberia aos sindicatos e organizações populares, banidos

pela ditadura. Agora, na medida em que começa a haver certa abertura política e as organizações voltam a agir, surgem duas atitudes na Igreja, a meu ver erradas:
- Há os que pensam que a Igreja deve estar à frente de tudo quanto é reivindicação, assumindo assim o papel que cabe aos sindicatos e outros organismos do povo. Claro que a Igreja deve somar, mas nunca substituir.
- Há aqueles que, ao perceber que a Igreja perde protagonismo nas lutas do povo, acham que deve voltar para a sacristia, fazendo apenas o específico do culto e dos sacramentos. Promovem uma espiritualidade que é apenas espiritualismo desencarnado. Este perigo já é visível.

O desafio é grande. A síntese é necessária: estar na realidade apoiando as lutas do povo e alimentando uma espiritualidade própria, sua missão religiosa de celebrar a vida a partir da fé. Uma espiritualidade liberadora.

No mais profundo das minhas opções está a fé em Jesus Cristo. É este o meu ponto de partida e de chegada, a minha motivação mais pura. Se perdesse esta fé, me sentiria vazio e perdido. Ela é minha alegria e minha força.

15 de maio de 1979

Participei de um Círculo Bíblico na casa de Dona Arlete. Há mulheres maravilhosas, engajadas, comprometidas, sementes do mundo novo. Uma delas é Luísa Falliero. Fiz este poema inspirado em sua vida, homenagem a tantas mulheres desta periferia.

LUÍSA DO POVO
Mulher do povo,
profeta da justiça, mãos com dedos fortes,
calejados.
Lavadeira a mão seis dias por semana
num tempo de eletrodomésticos e sabão em pó!
Todo dia,
às oito da manhã te vejo descer ao trabalho
pela rua Olinto Meirelles.

Na cabeça a trouxa de roupa limpa
alvejada como a alma dos poetas.
És equilibrista perfeita

nesta época de insegurança e medo.
Teu olhar firme,
o passo certo,
a palavra pura,
renovada,
infundem coragem e levam à luta.
Te vejo voltar à noite,
preparar o jantar simples,
aprontar-te rápida,
pegar o texto de reflexão mimeografado a álcool
e reunir-te com o teu grupo e Dona Elza
no porão de Dona Arlete.
Lá,
todas reunidas dais forma à vida,
ao amor,
à história,
anunciais o futuro do mundo,
reconciliais o bairro,
construís a Igreja.
Aos domingos te fazes toda contemplação na práxis
e a alegria se espalha no teu rosto humano de mulher sofrida.
As palavras saem com força,
irreversíveis,
és toda profecia,
e tua voz emociona e convence a céticos e teólogos.
Luísa,
Luísa do povo,
Luísa do Brasil 1979,
Luísa sem anistia e sem Constituinte,
Luísa que nada entende de economia nacional
nem escuta as bobagens de Delfim Neto na TV,
tu és mais perigosa que Prestes, Brizola e Arraes
para este governo ditador!

19 de junho de 1979

Hoje tenho claro que devo ir para Mato Grosso, para trabalhar na Prelazia de São Félix do Araguaia, com Dom Pedro Casaldáliga, bispo dessa Igreja. O dia que isso se concretizar será o ponto de chegada de um longo processo e, ao mesmo tempo, será o ponto de partida de uma maior radicalidade de vida, mais simples, mais pobre, mais livre.

Para mim está claro, agora falta a decisão da comunidade. Tenho certeza de que o Espírito do Senhor vai iluminar o governo do Vicariato. Se o governo decidir que é bom irmos para a missão de São Félix do Araguaia, estamos dispostos a ir os padres Francisco Morales Cano, Valeriano Martin Casillas e eu, os três freis agostinianos, jovens e com muito desejo de viver no meio do povo. Confio no Senhor, creio que ele fala pelo discernimento da comunidade. Assumo a decisão, seja ela qual for.

8 de outubro de 1979

Reunidos os freis agostinianos do Vicariato Nossa Senhora da Consolação do Brasil na Assembleia Vicarial em Belo Horizonte, ficou decidido que a partir do próximo ano o Pe. Valeriano Martin Casillas e eu estamos liberados para irmos para Mato Grosso para trabalhar na Prelazia de São Félix do Araguaia. Estou imensamente feliz.

Relendo agora as poesias de anos atrás, percebo que é Deus quem guia meu caminhar e que na escrita fui evoluindo do intimismo para o compromisso real com a história do povo.

Agora vou dar mais um passo rumo à radicalidade do evangelho, algo que sempre busquei desde que saí da casa dos meus pais aos onze anos, até a opção pelo Brasil aos vinte e dois e, agora, mais este que me leva a um compromisso maior com a história do povo e sua libertação.

Obrigado, Senhor, porque não desisti de caminhar e de lutar pelo que acredito.

SÃO FÉLIX DO ARAGUAIA
1981-1990

3 de março de 1981

Quando a 25 de fevereiro, às 20 horas, Valeriano Martin Casillas e eu saímos de Belo Horizonte a caminho de São Félix do Araguaia, MT, estávamos começando a concretizar o sonho de muitos anos, tão esperado e desejado: partir para o sertão misterioso, idealizado e, no meio do povo da roça, camponês, sertanejo, reaprender a vida, os gestos simples, interpretar os silêncios, os segredos do rio e da chuva e dar forma nova à história vivendo entre os pobres o evangelho.

A saída do Barreiro de Cima foi dura. Durante cinco ano fui pároco da paróquia Cristo Redentor e vivi no meio desse povo operário, de periferia, fervoroso numa devoção tradicional e verdadeira. Juntos fomos abrindo espaço para uma nova forma de ser Igreja, engajada nas lutas populares por saúde, educação, saneamento básico e moradia digna. Deixar um povo conhecido, uma comunidade viva, amigos, companheiros de lutas e de fracassos é algo que pesou na alma. Só a certeza interior, a vontade de me entregar, a confiança de que é Deus quem age na vida da gente, é que me deram força para não olhar para atrás.

A viagem foi longa, longa mesmo, quatro dias de estrada. Fomos de ônibus de Belo Horizonte a Goiânia, lá pegamos a viação Xavante, perto de Iporá o ônibus atolou e ficamos a noite toda à espera de podermos continuar viagem. Mesmo com tantas adversidades, o clima no ônibus era de calma e bom humor. Numa estrada toda de terra, percebi que de Barra do Garças a São Félix do Araguaia, numa distância de 700 quilômetros, tudo era mata e meus olhos se encheram de emoção.

Chegamos a São Félix do Araguaia no sábado às quatro horas da manhã. Para não acordar as pessoas da equipe pastoral, deitamos no alpendre da casa até às seis. Nosso primeiro sono em São Félix do Araguaia foi no chão olhando as estrelas, ouvindo o latido dos cachorros, o miar dos gatos e o canto dos galos anunciando o novo dia.

Seguimos logo para Santa Terezinha, aonde chegamos no domingo, dia primeiro. Houve de tudo no caminho: horas de alegria e confiança, momentos de tristeza profunda, quase medo, mistura dos sentimentos mais contraditórios. O resto, coisas à toa: dias sem quase comer, ônibus quebrado na estrada cortada pela chuva, e a paciência do povo diante da adversidade.

Coincidentemente chegamos no dia em que começavam as comemorações pela vitória do povo de Santa Terezinha frente à fazenda Codeara. Nove anos atrás houve um conflito, a fazenda cercou literalmente o povoado e para entrar havia que passar por uma cancela onde tinha um vigia da fazenda armado. O povo se organizou e um grupo de vinte homens se entrincheirou atrás do morro e atacou a tiros o trator da fazenda que trabalhava dentro da cidade. O funcionário fugiu e o trator ficou para atrás abandonado. O governo miliar acusou o Pe. Jentel, que morava no povoado, de ter incitado os posseiros a resistirem, e os jagunços da fazenda desencadearam uma longa perseguição aos posseiros. Estes ficaram mais de um mês escondidos na mata.

Depois de meses e de muitas idas e vindas do Pe. Jentel a Brasília, a fazenda teve que tirar a cancela e o povo sentiu-se libertado, agora podia entrar e sair livremente. Ao resistir conquistou o direito de permanecer na terra. O 3 de março passou a ser celebrado em Santa Terezinha como o dia da vitória.

A acolhida foi extraordinária na sua simplicidade, as pessoas nos abraçavam efusivamente, queriam saber nossos nomes, de onde viemos e porque tínhamos decidido morar na região.

Nas celebrações ouvimos as narrativas do povo resistindo ao latifúndio, e ao escutarmos a Palavra de Deus percebemos a semelhança entre as lutas do povo hoje e a caminhada do povo da Bíblia. O texto bíblico foi a passagem do Êxodo, onde Javé diz *"ouvi os clamores do meu povo e vim para libertá-lo"*.

Sumiu toda tristeza.

Hoje tivemos a missa concelebrada. Pedro presidiu a celebração e nos apresentou ao povo. A Prelazia celebra este ano os dez anos de sua história e por isso vieram pessoas de toda a região e pude experimentar o que é viver a gratuidade da festa, a alegria espontânea de estar juntos sem ter necessidade de muitas coisas para ser feliz. Total gratuidade.

Existem em Santa Terezinha os conflitos políticos próprios do Brasil. A Prelazia fez opção clara a favor dos posseiros, dos indígenas e dos pobres. Concretizar esta opção em propostas políticas partidárias gera divergências quanto às táticas e estratégias. Há agentes de pastoral que consideram fundamental criar o PT na região, já outros opinam que é melhor apoiar-se no PMDB, que é o partido forte e de oposição na região, e estudam criar a chamada "Corrente Popular" do PMDB.

Preciso de tempo para conhecer o povo. Vou ter que mudar em muitos aspectos, esta realidade vai exigir de mim muita pobreza e muita liberdade.

Na equipe pastoral, como em qualquer grupo humano, há conflitos para serem trabalhados, conversados, amadurecidos. O grupo dos agentes de pastoral lida bem com a análise da realidade, mas tem dificuldades para o relacionamento pessoal, e os envolvimentos afetivos entre os homens e mulheres da equipe deixam o bispo Pedro muito abalado.

Mudei de lugar, mas não mudei de povo.

4 de março de 1981

Quarta feira de Cinzas. Na celebração uma ideia se impôs: conversão, mudança de vida, chamado à justiça, caminhada para a Páscoa. "Somos pó, somos filhos de Deus".

À tarde, o caminhão da prefeitura deixou na rua os postes da luz. Em breve teremos luz elétrica em Santa Terezinha.

À noite a comunidade se reuniu na igreja para ver o filme *Terra dos Índios*. É bonito ver o povo reunido, sentado do chão como uma só família para divertir-se quando é festa, para rezar quando é domingo, para lutar quando a opressão ameaça.

O filme não terminou porque estragou o projetor que Francisco Marques, conhecido como Chico dos Bonecos, usa para estes eventos, mas ninguém ficou magoado. O filme apresenta a luta e o sofrimento dos povos indígenas para preservar a terra que lhes pertence.

Chico dos Bonecos é mineiro de Belo Horizonte. Deixou a capital e veio ser professor na região do Araguaia. Mora em Cascalheira, numa república, junto com um grupo de jovens idealistas e sonhadores, vindos de Minas e São Paulo, comprometidos com a educação popular e libertadora. É um artista no manejo das marionetes. Alma franciscana, encanta adultos e crianças com sua arte.

Terminamos o dia batendo um papo em casa Pedro, Valeriano, Canuto e eu. Na conversa, nossas primeiras impressões da região e os desafios das eleições no próximo ano.

5 de março de 1981

De manhã tive uma conversa com Terezinha e Tadeu, os dois são agentes leigos de pastoral aqui em Santa Terezinha. Jovens, vieram de São Paulo, aqui se conheceram e constituíram família. Têm dos filhos, Daniel e Tuca. O assunto da nossa conversa girou em torno às decisões tomadas pela equipe pastoral. Em janeiro a equipe decidiu que o Pe. Valeriano Martin Casillas e eu viéssemos para aqui e o Pe. Antônio Canuto fosse para São Félix do Araguaia, dado que lá é o centro e ele conhece toda a região. Mas o povo não quer que ele saia e ele também não quer deixar Santa Terezinha. Começam a aparecer os problemas de fundo, os conflitos humanos na equipe. É necessário ouvir muito, pois cada um tem sua verdade.

À tarde o bispo Pedro, o Pe. Canuto, o Pe. Valeriano e eu saímos para visitar as famílias. Passamos por mais de quinze casas. Em todas elas o mesmo povo, o mesmo coração: grande, acolhedor, humano.

Vi situações terríveis: crianças com a barriga inchada por causa dos vermes, pessoas idosas sozinhas, mulheres magras moendo arroz no pilão, casas de palha, e a gente sentindo-se impotente diante dessa realidade.

E na consciência do povo os mitos e os medos: a vaca falou "este ano ouro, no que vem choro". As pessoas acreditam que há um aparelho que vem de longe e suga o sangue porque todo mundo crê que há uma raça de gente que só vive vinte anos e se alimenta do sangue das pessoas para viver mais.

Saudade dos amigos que deixei em Belo Horizonte. Eles tinham que estar aqui para partilhar toda esta riqueza com eles.

6 de março de 1981

De manhã saímos pelo outro lado da cidade para conhecer o povo do lugar. Em todas as casas a mesma toada, o pessoal não aceita que o Pe. Canuto saia de Santa Terezinha. Lembrei do Barreiro de Cima, quando eu anunciei minha saída, foi a mesma história.

Diante do impasse, o bispo Pedro propôs reunir a comunidade de Santa Terezinha e ouvir o povo. O encontro foi à noite. Os lampiões acesos iluminavam a capela, o povo se amontoava nos bancos e no chão. O bispo Pedro expôs as razões pelas quais a equipe pastoral decidira que o Pe. Canuto fosse para São Félix do Araguaia, o povo explicava por que o Pe. Canuto devia continuar em Santa Terezinha. O jogo não desempatava. Aí se levantou Dona Oda, encarou o bispo e disse: *"esses dois padres que estão aí podem ser muito bons mas não valem uma perna do Canuto".*

Diante de argumento tão rotundo todo mundo riu e o bispo Pedro, depois de escutar o povo, decidiu irmos juntos para São Félix do Araguaia e tomar uma decisão definitiva depois de ouvir de novo a equipe pastoral.

À tarde fomos conhecer a roça e visitar a casa do senhor João Nunes. Quando estávamos no canavial, por volta das três da tarde, de repente começou um vento forte e o canavial inteiro parecia um animal ferido. Eu experimentei a sensação de ser mais natureza que gente.

Depois de beber garapa e chupar cana, voltamos à noite para casa.

O que as pessoas esperam de nós? Que sejamos corajosos para enfrentar a luta do povo, que estejamos próximos das pessoas e sejamos mais um no meio da comunidade.

Às vezes volta a saudade do povo do Barreiro de Cima. Aqui as pessoas não me conhecem ainda e eu não as conheço, falta o processo normal para criar intimidade, isso leva tempo.

10 de março de 1981

No domingo passado, dia 8, o bispo Pedro e eu viemos para São Félix do Araguaia. Dormimos em Porto Alegre do Norte. Foram muitas horas de viagem, e para variar, o ônibus quebrou na estrada. Enquanto o ônibus era consertado deu para ler *"Arena conta Zumbi"*.

Intuo que tanto Pedro como eu sentimos que há entre nós uma afinidade espontânea, uma empatia natural. Fé, compromisso, poesia, realidade da região foram os temas da nossa conversa. Ele se abriu e colocou suas grandes paixões: o ecumenismo, o desejo profundo de que a Igreja seja evangélica, simples, pobre; a paixão pelo povo, a graça do martírio, a fé na vida e na ressurreição, o respeito total pelo caminhar do povo.

Relembramos trechos de poemas dele e meus, contemplamos a beleza deste céu e a grandeza exuberante da mata e da floresta. Como diz o povo: "Deus é grande, mas a mata é maior". E olhando pela janela do ônibus, a pergunta inevitável: como é possível que haja neste país problemas de terra? A injustiça visível na cerca do latifúndio.

Algumas exigências que a nova realidade me faz:
- Atenção às coisas concretas da vida, resolver as necessidades básicas: lavar a roupa, fazer o almoço, arrumar a casa.
- Ser mais livre para dizer o que penso e mostrar-me como sou. Pedro me dá lições nisto.
- Não me apressar nem me desesperar quando as coisas caminham devagar.
- Saber me expressar com clareza, vencer a insegurança.
- Viver a vida com paixão, encarnar-me na vida do povo, alimentar a fé na oração e na partilha, integrar harmonicamente todas as dimensões da minha personalidade.

16 de março de 1981

Na reunião da equipe pastoral, ficou decidido que diante da situação apresentada pela comunidade de Santa Terezinha, Valeriano e eu fiquemos em São Félix do Araguaia e o Pe. Canuto siga lá. Para mim, tudo bem.

Amanhã começamos o planejamento. Tenho muitas ideias na cabeça e muita vontade de acertar. Creio que terei que reinventar a forma de viver meu sacerdócio. Preciso conhecer a fundo o universo deste povo e os conflitos desta realidade: terra, índios, comerciantes, peões, garimpeiros, latifúndio etc.

21 de março de 1981

Ontem tiramos o dia para tomar pé da realidade pastoral da comunidade de São Félix do Araguaia. A Prelazia está dividida em regionais. Vimos coisas concretas: liturgia, sacramentos em geral, celebrações, catequese, dimensões da vida interna da comunidade. Elaboramos alguns critérios pastorais.

Ficou acertado entre nós que eu assuma a comunidade da Catedral e da Vila Santo Antônio, e o Pe. Valeriano e o Pe. Geraldo Rosania assumem o sertão. O Pe. Geraldo faz parte da equipe de São Félix do Araguaia e mora no povoado de Santo Antônio do Rio das Mortes.

Para este ano há duas prioridades: preparação e treinamento das lideranças e o trabalho com a juventude.

Na parte da tarde chegou a São Félix do Araguaia Aninha, agente de pastoral em Ribeirão Bonito, dizendo que há greve na escola de Cascalheira. Assumiu uma nova direção e os pais não aceitam ser excluídos da participação nos rumos da educação dos filhos. A polícia cercou a escola e criou um clima de terror.

Não foi só isso. No dia seguinte onze policiais invadiram a casa de Eva e "Zezinho mecânico" com intenção de matá-lo. A polícia suspeita, sem provas, que Zezinho teria assassinado um pistoleiro quinze dias atrás. Esse pistoleiro teria sido contratado pelo fazendeiro para matar Zezinho. O fato é que havia muita gente interessada em eliminar o pistoleiro. Zezinho sempre foi uma liderança popular firme e corajosa. Decidimos espalhar a notícia por toda a região, fazer que o fato seja conhecido e providenciar a saída de Zezinho da região até que as coisas se acalmem.

É Semana Santa. O povo está amedrontado em Ribeirão-Cascalheira.

23 de março de 1981

Fim de semana intenso: visitas às famílias, celebrações e muita escuta. Constato um caos generalizado: na política, nas relações afetivas, na dimensão social. Vale o dito: "este povo está abandonado". Mesmo assim é um povo corajoso, alegre, acolhedor, humano. Só ouço falar de sofrimento.

Apesar de tudo isto, eu estou em estado de felicidade, se é que esse estado existe.

Pedro Casaldáliga e eu vamos intimando e nos conhecendo. Ontem à tarde voltávamos os dois de visitar várias famílias e no caminho de casa nos pegou um temporal. A rua estava cheia de lama e nós empapados até os ossos. De repente uma menina saiu correndo da sua casa e nos deu um guarda-chuva enorme da Votec. Ficamos emocionados.

Não temos notícias de como está a situação em Ribeirão-Cascalheira.

O Pe. Valeriano saiu hoje pela primeira vez para as comunidades de Luciara, Chapadinha, Pontinópolis e Santa Cruz da estrada.

Ao meio-dia a notícia correu pela rua como pólvora: mataram o Orlando.

Orlando era um jovem que apareceu em São Félix do Araguaia vindo de São Paulo e trabalhava de mecânico. Bom no ofício, mas muito mulherengo. Mexeu com a filha do senhor Otaciano, um homem muito respeitado, patriarca da família. Foi obrigado a se casar com ela. Morando na casa do sogro se envolveu com a irmã mais nova da esposa. O caldo esquentou. Certo dia, num dos botecos da beira do rio, falou para todo mundo ouvir: "já comi as mulheres, agora vou comer os homens". Aí o dia virou noite, as pedras tremeram, o caos se instalou na cidade. O povo se perguntava: não tem um homem na família para lavar a honra? E tudo parecia estar fora de lugar. Foi quando o filho mais velho do senhor Otaciano pegou as rédeas do destino e disse: pai, o senhor já está de idade, eu vou resolver isso. E deu três tiros às oito da manhã em frente ao Centro Comunitário, eu estava lá e ouvi os tiros. A polícia disse para o assassino: suma no mundo, fez o que devia ser feito, e a cidade voltou a respirar aliviada. O bispo Pedro e eu fomos ao velório, e como não há morto ruim, as poucas pessoas que o velaram, de um jeito ou de outro, encontravam algo bom para comentar.

Também fomos visitar o senhor Otaciano. Estava sereno e com a consciência tranquila, dever cumprido.

A morte, a vingança aqui é algo natural. Quando a gente vê isto num filme ou nos livros de Jorge Amado ou nas novelas do surrealismo mágico de Gabriel García Márquez, acha exagero, mas é a pura realidade.

O que revolta mesmo é perceber que aqui a vida humana não vale nada. Tanto faz matar um boi ou um ser humano!

26 de março de 1981

Ontem foi a festa da "Anunciação". Na oração da manhã refletimos sobre a graça de Deus que age no mundo, o desejo de fazermos a vontade do Pai, o "sim" diário, concreto.

Fui comprar a carne no açougue de Agostinho. Tinha chovido e a rua estava escorregadia, perdi o equilíbrio e bati a bicicleta com a bicicleta de Raimundinho no entroncamento que há em frente da Catedral, eu vinha pela rua principal segurando a carne amarrada num barbante e Raimundinho vinha pela Avenida José Fragelli, os dois caímos no meio da lama, mas eu segurei firme a carne mantendo a mão levantada para não perder o almoço do dia. Os dois rimos e fomos embora.

A Marcinha, criança de três anos, quando me viu no chão falou: "o pato caiu, o pato caiu". Não conseguia dizer "o Padre caiu".

À noite, com um céu escuro como nunca vi e sem luz elétrica na rua, fiz a Via Sacra na Vila Santo Antônio. Ao voltar para casa veio a chuva e ao passar diante da casa de Valentin, no bairro da Lagoa, as vacas estavam deitadas no chão no meio da rua, impossível de serem vistas e, ao trombar com elas, deram um pulo; eu caí da bicicleta e elas saíram correndo. Foi um dia de quedas e tombos.

27 de março de 1981

Começo a identificar dimensões fundamentais que dão sentido e identidade a minha caminhada de fé:
- Vejo nas pessoas reais, concretas, a presença de Deus; superação das dicotomias. Amo Deus, sentido último da minha vida, amando radicalmente o povo. Cada ser humano é a imagem concreta de Deus.
- A fé liberta. Libertação em todos os níveis: religioso, social, político, afetivo.
- A experiência do amor gratuito de Deus. Tudo é Graça.
- A certeza de que o Reino de Deus se constrói nas mediações históricas e nas lutas de libertação.
- A cruz faz parte da caminhada.
- A certeza de que após a cruz vem a Páscoa!
- A escatologia como horizonte. A história vai para adiante mesmo com as incertezas históricas (Teilhad de Chardin). Sempre a esperança.
- A bondade é maior que a maldade. Saber descobrir esta bondade, às vezes, ofuscada pelas nossas mediocridades e os nossos medos, esse é o desafio.

29 de março de 1981

Hoje é domingo. Tínhamos planejado um encontro com as lideranças da Vila Santo Antônio para iniciar a dinamização do trabalho pastoral. As seis da manhã começou a chover intensamente.

Rezo com a irmã Irene Franceschini a oração da manhã. A irmã Irene pertence à Congregação de São José, faz parte da equipe pastoral de São Félix do Araguaia e mora conosco, freis agostinianos e o bispo Pedro Casaldáliga. O salmo 117 me emociona: *"Dou graças ao Senhor porque Ele é bom"*. E o salmista enumera as experiências pessoais nas quais viu a proteção de Deus. E não só suas experiências, também a experiência coletiva: *"A casa de Israel pode dizê-lo"*.

Esta experiência de que Deus é bom e o único necessário se torna verdade aqui na minha caminhada. Este lugar é um lugar teológico. Aqui tenho que me enfrentar com a própria verdade, sem fugas possíveis. E quando não há possibilidade de fugir, ou se amadurece ou se perde o rumo na estrada. A solidão me faz bem, sem este espaço interior não se avança na liberdade pessoal. É uma solidão fecunda, povoada de nomes, "a solidão sonora" de São João da Cruz.

O salmo continua: *"Deus é minha força"*. Em Deus assumo até as últimas consequências as contradições da realidade.

1º de abril de 1981

É o Dia da Mentira, mas nossa conversa hoje foi séria.

Passamos a manhã organizando um esquema para retirar "Zezinho mecânico" do lugar onde está escondido. Os jagunços estão atrás dele. Zezinho é uma liderança dos posseiros em Ribeirão-Cascalheira. Houve um conflito entre os donos da fazenda e os posseiros e ele teve que se esconder na mata. Depois de duas horas de conversa decidimos que alguém da Cascalheira o leve até a ponte do rio Xavantin, como a estrada está cortada pela chuva, alguém de São Félix do Araguaia o recolhe do outro lado e o traz até aqui. Tudo isto de noite. De manhã cedo Dom Tomás Balduino, bispo de Goiás e piloto, sairá com ele de avião para um lugar seguro.

Chegam notícias de que a meio prazo a repressão vai voltar. Os rumores são de que a guerrilha do Araguaia está se organizando de novo e esta região poderia ser um lugar de apoio. De forma que é possível que no futuro tenhamos problemas.

E é o Dia da Mentira!

6 de abril de 1981

O plano para a saída de "Zezinho mecânico" deu certo. De manhã saiu com Dom Tomás Balduino. Fomos nos despedir dele no aeroporto, estava emocionado.

Passei a tarde visitando a comunidade da Vila Nova. Observo o linguajar do povo, suas ideias, seus conceitos tão diferentes dos meus. As pessoas falam de coisas concretas, da vida do dia a dia, lavar roupa no rio, pescar para garantir o almoço, os meninos que estão adoecendo, eu, porém, fico em altas teorias libertadoras. Preciso de uma conversão mental, faz parte da encarnação na realidade, colocar os pés no chão.

Me chamaram para batizar uma criança que já tinha morrido, abandonada no hospital. Antes ou depois teremos enfrentamentos sérios com os médicos. O doutor Luiz e o doutor Cecílio nem sempre atendem quando chamados para uma emergência, priorizam seus negócios, só atendem prévio pagamento, seja em dinheiro ou bens.

Ontem foi dia de planejamento. As lideranças da Catedral definiram as prioridades da Igreja: opção pelos mais fracos, responsabilidade coletiva, o padre é mais um no meio do povo, com sua missão específica, porém igual a todos.

Não me sinto mais estranho, já conheço as pessoas e vamos criando intimidade.

A lentidão do sertão não é monotonia, a toda hora surgem novidades.

Fico impressionado de como aqui se fala de todos e de tudo. Tudo se sabe, tudo se comenta, não há segredos, e ao narrar os fatos cada um acrescenta ou tira da história o que lhe interessa.

Pedro viajou para Roraima, vai ficar uma semana fora.

As cartas que me chegam reforçam nossa amizade, me animam e nos sentimos unidos na mesma caminhada.

Cresço no compromisso com as coisas simples, cotidianas. Passei a manhã lavando a roupa, fazendo a feira, preparando o almoço. No cardápio: arroz, feijão, salada e tucunaré assado. Bom demais.

Aqui em casa, com o resto da equipe, precisamos crescer na partilha pessoal, só falamos do trabalho. Precisamos mais tempo para rezar juntos, maior abertura pessoal. À noite acontecem papos legais, muito bons. Ao relembrar os primeiros anos da Prelazia e os apertos passados, todos lembram fatos engraçados. Rimos muito ouvindo José Pontin contar a sua prisão e o tempo na cadeia. Ele, o Pe. Jantel, Tadeu, Terezinha, todos da equipe pastoral, foram presos no conflito da Codeara e da Bordon e ficaram na prisão em Campo Grande alguns meses. Lulu, liderança dos posseiros em Serra Nova, e Adauta Luz Batista, jovem muito consciente de Luciara, também foram presos junto com eles. Entre as anedotas estava o fato de que, ao serem amarrados pelas algemas de dois em dois, era um constrangimento enorme ter que ir ao banheiro acompanhado do outro algemado, e a partir daí a imaginação corria solta.

Tornar-me mais livre, mais humano, mais servidor, atrás desses valores ando.

7 de abril de 1981

Continuo visitando o povo da Vila Nova, isto me dá um conhecimento prático, concreto, real, da vida do povo. Vou de casa em casa, penso passar por cada casa ao menos duas vezes ao ano. As visitas são longas, lentas, o povo sertanejo alonga a história, conta "causos", recria a vida. Me acompanha minha vizinha "Maria Fininha", mulher boa como nunca vi, mulher de bom senso e de um equilíbrio natural maravilhoso, ela nem imagina o bem que me faz. Como conhece a todos, a visita fica mais espontânea.

12 de abril de 1981

Domingo de Ramos.

Às seis horas saía o sol sobre a Ilha do Bananal e o povo caminhava a pé, cortando os ramos pelo caminho, indo para a Vila Santo Antônio, onde teve lugar a benção, no Clube das Mães. Havia muita gente. O "Zé Galinha" chegou montado no cavalo, já que não encontrou um jumentinho. Zé Galinha ganhou esse apelido porque quando chegou à região, vindo do Nordeste, vendia galinhas, agora ele faz parte da comunidade e vende leite. Todos os dias a Irmã Irene deixa a vasilha na porta da casa, e cedinho Zé Galinha nos fornece um litro para tomar no café da manhã.

No fim da celebração, ao voltarmos para casa o povo exigiu que uma criança, simbolizando a paz que Jesus veio trazer, montasse o animal.

Pela estrada as pessoas passavam levando a carne, carregando milho, vendendo os peixes, lutando pela sobrevivência.

Minha pergunta era: como é possível que a Igreja tenha anestesiado a força revolucionária de Jesus? Que exigências traz para nós anunciar o Reino de Deus nesta realidade de morte? Esta realidade me força a ser radical.

Aparece em casa dona "Maria Viúva", vizinha, vive sozinha, é analfabeta e está doente. Foi ao hospital, mas pela terceira vez não foi atendida. O doutor Luiz diz que só atende se o caso for muito grave. Vamos ter que organizar a comunidade e enfrentar este problema, não é tolerável tanto desprezo pela vida dos pobres.

Estou lendo o livro *Yo creo en la esperanza*, de José Maria Diez Alegria. Ele é um padre jesuíta espanhol, professor na Gregoriana de Roma e fundador da Associação de teólogas e teólogas João XXIII.

Ao ler o livro experimento a paixão por Jesus Cristo e seu Reino. Percebo Ele dentro da história deste povo.

Continuo sentindo a necessidade de radicalizar na simplicidade e na opção pelos pobres. A História com H maiúsculo acontece na periferia, longe dos poderosos. É no meio dos pobres que nascerá a nova sociedade. Nisso eu creio.

14 de abril de 1981

Foi inaugurado hoje em São Félix do Araguaia o Banco da Amazônia. Dias atrás chegou o convite para o bispo abençoar o banco, mas ele está viajando.

Às nove da manhã chegaram as autoridades para a inauguração. Apareceram em casa cinco delas. Perguntaram pelo bispo. Como ele não estava, conversaram comigo. Todos eles eram altos, fortes, elegantemente vestidos, autoridades acostumadas a mandar e ser ouvidas. Um deles falou por mais de quinze minutos. Fiquei calado, ouvindo e esforçando-me para não ser cínico ou grosseiro. Confessou-se católico e defensor dos pobres. Quando terminou de falar, disse a ele que a posição da Prelazia com relação a esse tema era clara: não vendemos Deus para quem tem como seu Deus o lucro e o dinheiro, muitas vezes às custas da exploração do povo. Ele se alterou um pouco, disse que lamentava os radicalismos e que quando entram pelo meio opções políticas é ruim para a Igreja, mas ele queria ouvir pessoalmente a negativa. Disse-lhe que nossa opção parte do evangelho e que logicamente a fé tem implicações políticas. Lamentou muito nossa negativa e insistiu que gostaria de falar com o bispo.

Me surpreendi da minha serenidade, fiquei calmo, lúcido, objetivo.

Depois fiquei sabendo que no seu discurso confessou-se católico, apostólico, romano e que deseja ajudar os pobres.

Será que ainda alguém neste Brasil de 1981 acredita que os banqueiros estão interessados em ajudar os pobres? Será que Deus dá a sua bênção a um banco onde se exploram os pobres? Teria Jesus abençoado o banco em Jerusalém ou teria dito: "sepulcros caídos"?

Tiveram depois da inauguração um churrasco. Mataram quatro vacas. Mattos, amigo próximo, esteve lá e trouxe para mim um pedaço de carne assada. Brincou comigo: "os homens" mandaram para você. A turma me gozou a tarde toda.

15 de abril de 1981

Duas dimensões da minha espiritualidade:
a) A *liberdade*. Para que sejamos livres, Cristo morreu. Nada nem ninguém pode nos oprimir. A liberdade é a capacidade que a gente tem de viver no amor.
b) *Jesus, centro da minha vida, Senhor da história*. Jesus humano, o seguimento de Jesus. O homem Jesus que ama o Pai e acolhe a todos sem exclusões. Preciso encarnar estes valores em minha vida.

Olhando o céu estrelado nesta noite tropical penso: preciso radicalizar o compromisso até as últimas consequências, homem de esperança. Mas confesso que me sinto imensamente triste olhando a realidade da Vida Religiosa. Nós que assumimos diante do povo viver no serviço total, na pobreza, na fé, sendo *alter Cristus*, somos homens medíocres. Quando constato a "mundanização" em que caiu a Vida Religiosa fico aterrado. São hoje muitos dos conventos lugares onde vivem homens burgueses: os primeiros a ter TVs a cores, aparelhos de som ultrassofisticados, móveis da última moda, empregados para fazer a comida dos senhores, arrumar a cama, limpar o quarto, viagens de avião, milhões no banco e casas de campo com piscina. Isto é escandaloso. São instituições chamadas à morte, formas de vida que devem ser combatidas para que elas não acabem com a Vida Religiosa, que é o seguimento de Jesus na fé e na radicalidade da cruz.

Voltar às origens, levar a sério o evangelho, ao pé da letra, como dizia São Francisco de Assis. A Vida Religiosa ou é profecia ou não será Vida Religiosa. Uma verdadeira conversão passará necessariamente pela retomada do carisma inicial que implica uma verdadeira experiência de Deus, pela vivência de uma autêntica e fraterna vida comunitária e pelo serviço e compromisso com os mais pobres da sociedade, apostolado nas fronteiras da existência.

Aqui o evangelho faz sentido. Esta realidade vai me libertando de todo o supérfluo.

17 de abril de 1981

Cada pessoa não é um ser completo e acabado, é parte de algo maior. Eu me descubro prolongado em outras vidas, e é tanta a identificação com elas que creio que elas são eu mesmo. Isto é fruto da amizade. Vivo em profunda sintonia com a Isabel Ayala, Félix Valenzuela, Marina di Polto, Pedro Casaldáliga, amigos que me completam. Juntos somos um. A relação é de plena liberdade e Deus no centro, como identidade maior.

18 de abril de 1981. Semana Santa

São dias de muita participação religiosa. Os mistérios da fé vividos na realidade concreta do povo: a Ceia do Senhor e o lava pés na Quinta-Feira Santa, e enquanto Pedro e eu assumíamos o compromisso do serviço lavando os pés, as pessoas iam se identificando: pedreiro, lavrador, faxineira, sapateiro, professora.

Na Sexta-Feira Santa meditamos na Cruz de Cristo, que hoje se torna realidade na cruz do povo, a paixão foi encenada pelos jovens.

No Sábado Santo foi bonito demais. Viemos desde a Vila Santo Antônio até a Catedral com as velas acesas na noite sertaneja. Cristo é luz no meio da noite deste povo, no meio da noite deste Brasil. E a oração belíssima: *"Nesta noite santa em que Cristo passou da morte para a vida... alegrem-se todos os povos"*. É Páscoa, a vitória sobre a morte, mas só se chega a ela na luta diária, na monotonia do cotidiano.

No fim da celebração, partilhamos na igreja o que cada um levou: bolo, pão, café, refrigerantes. São Paulo reviveria a ceia das primeiras comunidades. Verdadeira Páscoa.

20 de abril de 1981

Às seis horas da manhã peguei a viação Xavante rumo a Belo Horizonte. No próximo domingo será lançado no Barreiro de Cima o livro *Poemas de Periferia*, publicado pela editora Vega, meu primeiro livro de poesia. Nele recolho as experiências vividas no Barreiro de Cima. Quero rever os amigos, uma parte de mim ainda vive em Belo Horizonte.

Chegando a Goiânia fui para a casa dos agostinianos da Província de Castela. Para mim é a casa de Lázaro, Marta e Maria. Ali tomei banho, descansei e continuei a viagem. Situada no centro de Goiânia, é uma casa rica, isso me leva a meditar que o lugar da Vida Religiosa é a periferia, os bairros populares. A Vida Religiosa só tem sentido nos lugares de missão ou na dimensão contemplativa. São as duas dimensões radicais de uma igreja que quer viver profeticamente.

29 de abril de 1981

Estou na rodoviária de Belo Horizonte, voltando para São Félix do Araguaia. Muitas emoções vividas nestes dias: o carinho do povo, alguns conflitos pessoais resolvidos, êxito no lançamento do livro. Descubro que "escrever é a forma mais profunda de amar". Quando alguém se aproxima e diz: "Isso que o senhor escreveu é o que eu sinto, me emocionei lendo seus poemas", isso é gratificante.

Quando estava de saída, já no ônibus, chegou nossa cozinheira Ana e me deu mil cruzeiros para ajudar nos trabalhos da missão. Eu fiquei emocionado. Sei muito bem que ganha um salário apertado e ainda sabe partilhar. É um gesto que a redime de qualquer deslize na vida.

Animado, inicio o caminho de volta.

4 de maio de 1981

Iluminado pela luz de uma lamparina de querosene ouço cair a chuva nesta noite escura.

Os agentes de pastoral e membros da equipe Leopoldo Belmonte, popularmente Léo, e Vera, o bispo Pedro e eu passamos o dia preparando a reunião que teremos com as lideranças. O objetivo é formar lideranças conscientes e há boas perspectivas.

Eu que nunca tive problemas de saúde, aqui começo a perceber que sou menos forte do que imaginava. Devo assumir isso como parte da pobreza, sem dramatismos, aqui doar a vida começa por doar a saúde.

O Doutor Cecílio, médico, por escrever "atesto que Dona Maria Ferreira é inválida" cobrou mil cruzeiros. Ela anda em cadeiras de rodas e vive das esmolas do povo. Esse homem não tem consciência, rouba o pão dos pobres.

Continua a chuva caindo forte nesta noite sertaneja e sem luar.

De Belo Horizonte me chegam notícias dizendo que o livro se vendeu bem. Oxalá sirva para despertar as consciências adormecidas. Sinto que devo continuar escrevendo poesia.

5 de maio de 1981

Na oração da manhã lemos um trecho dos sermões de Santo Agostinho. *"Cantai ao Senhor um cântico novo"*. Comentando esta frase, Santo Agostinho afirma que um canto novo só pode ser cantado pelo homem novo. Pensei: quais são os traços que devem identificar esse homem novo que queremos ser e que buscamos construir nesta América Latina? Antes de mais nada, deverá ser um homem livre, fraterno, capaz de conviver com todos os seres da criação, um homem simples e sensível, capaz de penetrar na intimidade e no coração das pessoas, um homem crítico e lúcido, corajoso, um homem profundamente religioso, aberto a Deus e comprometido com a mudança da sociedade, homem coerente e solidário com as lutas do povo. É assim que eu quero ser para poder cantar o "canto novo". Passei o dia resolvendo coisas práticas: consertei a bicicleta, fiz comprar, coloquei a contabilidade em dia e preparei a primeira reunião com as lideranças. Partindo do documento *Puebla para o povo*, queremos dar uma visão geral da caminhada da Igreja e explicar o porquê das opções atuais.

À tarde Pedro passou mal e ficou ruim mesmo. Teve uma espécie de desmaio, ficou branco e suando muito, deitou uma hora. Todos levamos um susto. Graças a Deus depois se recuperou.

No dia 16 virá o governador Frederico Campos. Indicado pelo presidente Ernesto Gaisel, é um governador biônico, filhote da ditadura. A cidade está cheia de soldados e os boatos correm soltos. A conversa na rua é que vão acabar com os comunistas da Prelazia. Quais as difamações que eles divulgam? Roubamos dinheiro, apoiamos a guerrilha, temos conflitos afetivos na equipe pastoral. A verdade é que o povo já não está dando crédito a tanta baixaria.

Terminei de ler o livro *O beijo da mulher aranha*, de Manuel Puig. Fascinante, extraordinário.

6 de maio de 1981

Pouca gente no primeiro encontro do curso para as lideranças. As pessoas ainda não acreditam que o curso vai em sério.

Comecei a ler *Cristologia desde América Latina*, de Jon Sobrino, e *Maíra*, de Darcy Ribeiro.

7 de maio de 1981

Hoje não parei no dia todo. Dedico as quintas-feiras para visitar os doentes. Estive na casa da velha Juliana, aos 90 anos vive sozinha num quarto de dez metros quadrados, sem janela e com teto de zinco, um forno insuportável.

Encontrei no hospital uma mulher de Santo Antônio do Rio das Mortes. 34 anos e 9 filhos. Pagou 30 mil cruzeiros para fazer a ligação das trompas. Agora não tem como voltar para casa.

Na parte da tarde estive na casa de Quintino, Maria de Lourdes e Mariinha. Eles participam da comunidade e valorizam o trabalho da Prelazia. Percebi que o critério que deve guiar minha ação pastoral é sempre a defesa da verdade e da justiça mais que os critérios políticos do que convém dizer ou não convém dizer. A verdade nem sempre é estratégica.

Povo este que gosta de contar histórias, sempre a caminho, nada definitivo, sem terra fixa, sem mulher fixa, sem religião fixa, tudo provisório.

9 de maio de 1981

Ontem tivemos uma reunião com os oleiros da cidade, são mais de 50. O gerente da fazenda Agropasa não quer deixá-los fazer os tijolos num lugar que ele alega ser da fazenda. Os oleiros não aceitam e argumentam que não há certeza de que a terra seja da fazenda. Saí da reunião pensando que urge fazer um trabalho com os pedreiros, os oleiros e os lavradores, as três profissões mais comuns na cidade.

Continuo lendo *Cristologia desde América Latina*. Uma certeza: o único absoluto é Jesus de Nazaré, ele dá sentido à história humana, à minha própria história. No centro "a cruz" e a "Páscoa". A leitura teológica que faço da realidade e de minha própria vida me mostra a realidade do sofrimento a cada passo, mas me enche de esperança. Vivo intensamente minha vida, em paz profunda e em luta constante.

13 de maio de 1981

Hoje São Félix do Araguaia celebra os cinco anos de sua emancipação política. Até 1976 pertencia a Barra do Garças, cidade situada a 700 quilômetros daqui. De manhã cedo houve desfile dos meninos da escola, foi bonito. Na organização só os grupos de poder da cidade: o PDS, os fazendeiros, os comerciantes.

Na hora dos discursos no palanque o prefeito, o delegado de polícia, os fazendeiros, os vereadores e os comerciantes. Chamaram um representante da Prelazia, mas ninguém apareceu, nosso lugar é no meio do povo. O representante do Sindicato dos Trabalhadores Rurais de São Félix do Araguaia, Osvaldinho, homem simples e muito esclarecido, quando chamado também não foi.

Nos discursos a demagogia própria destes acontecimentos. Eudorico Paraguaçu, no *Bem-Amado*, fica atrás desta turma. Um deles ao discursar disse que a emancipação de São Félix do Araguaia foi graças ao "senhor plebiscidio", referindo-se ao plebiscito. Outro anunciou no carro de som na rua que chegaria na cidade o "senador biônico", achando que isso era um elogio. Alguém correu atrás para cortar o som e evitar maiores vexames.

Depois de 20 dias pelo sertão, Valeriano chegou. Voltou feliz, animado, foi muito bem acolhido pelos moradores, conheceu mais de perto a realidade local e felizmente não quebrou a bicicleta.

À noite ficamos sabendo do atentado que sofreu o Papa João Paulo II. A comunidade pediu para rezar uma missa por ele. Foi uma oportunidade para explicar ao povo qual é a missão do "enfrentante maior" da Igreja, e como o pastor está exposto à perseguição e ao martírio. E na Igreja da Prelazia, que alguns acham subversiva, rezamos pelo papa, primeiro irmão a sustentar a nossa fé.

14 de maio de 1981

Hoje saímos para fazer o retiro espiritual a Irmã Irene, Inês, leiga que mora em casa e trabalha como agente de pastoral, Valeriano e eu. Fomos para a beira do lago dos Ingleses, natureza envolvente, e o Araguaia ainda se mantendo exuberante antes da seca que se aproxima. O objetivo era revisar nossa caminhada, rezar, partilhar a vida. O diálogo foi profundo e espontâneo, sentimo-nos felizes, cada um pode ser o que é, grupo humano, adulto.

Decidimos no fim da tarde fazer isto todos os meses.

16 de maio de 1981

Estou lendo na REB o diário de Clodovis Boff narrando sua experiência de um mês no Acre-Purus. Encontro afinidade nas emoções, descobertas e afirmações que ele faz. Vivo algo muito parecido neste outro lado da Amazônia.

Há um aspecto que me chama a atenção. A teologia, diz ele, é feita de escutas: "A Palavra de Deus, a Tradição, os Sinais dos Tempos".

Iluminado por estas palavras e avaliando minha práxis, parece-me que estou excessivamente preocupado em fazer com que a comunidade funcione, e paro pouco para ouvir e perceber a verdade escondida na vida do povo. Sinceramente, a preocupação maior parece ser "organizar bem a sinagoga".

Há um trecho que o sinto como próprio e por isso o transcrevo:

"O que me faz, finalmente, vir ao povo lascado daqui? Por que centenas de militantes e grupos inteiros da sociedade, especialmente da própria Igreja, se engajam pelos pobres e oprimidos? A grande maioria colhe incompreensões,

outros prisões, até torturas e morte. Poderiam ficar tranquilamente no seu lugar social como beneficiários do sistema.

Suspeito de que esta conversão ao povo encerra um mistério, não totalmente explicável pela razão analítica, nem pela dialética marxista. Penso sinceramente que só uma leitura teológica da história pode fornecer-nos as verdadeiras razões. Por exemplo: se diz que a conversão ao povo garante os próprios interesses dos burgueses, pois se dão conta de que as camadas populares constituem o novo sujeito histórico emergente, condutor da história do amanhã. Pergunto: que benefícios concretos salvaguardam os burgueses de hoje? A revolução não vai se realizar no espaço de uma geração. Por que amar o invisível, aquilo que ainda não é, se não temos agora benefícios concretos? Esta razão, mesmo sendo razão, não é suficiente para tanta abnegação. Outros pensam que esta viagem ao povo representa a reserva ética e o sentimento de solidariedade que ainda habita o coração humano. Creio que já estamos mais próximos da verdade. Trata-se de uma dimensão do coração. Não no sentido menor, sentimentalista, pois este possui respiração curta, mas no sentido nobre de compaixão, solidariedade e identificação com os que não tem. Repugna ao homem ser em todo momento lobo para o outro homem. Mas continuo a pensar que esta razão sozinha não é capaz de sustentar o compromisso de toda uma vida, uma entrega que implica o sacrifício de todas as energias, e o sacrifício da própria vida como ocorre com muitos. Deve haver uma mística por detrás, mística de um sentido supremo, é outro nome de Deus, seu verdadeiro nome.

Destarte não existe ateu de boa vontade. A teologia chama ao Deus vivo na história: 'energia de nossas forças, sentido da caminhada dos homens, de Espírito Santo'. É ele que está tomando os homens, empurrando-os para a periferia, fazendo-os companheiros dos sofredores do mundo. O Espírito não gosta de auto se denominar na história, nem sequer pretende ser a razão suficiente e convincente dos homens em seu compromisso de luta e libertação. Não importa. O que importa é que mais e mais os homens encontrem o caminho do povo, dos índios, dos posseiros, dos pobres e lutem com eles. Para um teólogo significa: é Deus que se está revelando na história como sentido imperativo e urgente. A fidelidade se mede pela capacidade que cada um desenvolve de poder ouvir e seguir este imperativo. Este é o sentido secreto que faz com que os homens encontrem coragem para dar sua vida, sua fama, seu saber em serviço da causa dos humildes".

Até aqui Clodovis Boff.

Realmente ele tem a capacidade de explicitar os sentimentos mais profundos da gente. Creio que foi o Espírito de Deus que me trouxe até aqui, mas também percebo que as Congregações Religiosas, as instituições em geral, estão mais preocupadas em sobreviver do que em se colocar ao serviço do povo. Não posso abrir mão do essencial para ficar servindo à instituição, devo trabalhar para que a instituição religiosa seja um espaço de serviço aos pobres.

Iluminado pela reflexão de Clodovis Boff, encontro o sentido do que quero que sejam estas notas que vou escrevendo:
- Narrar a própria caminhada em todas as dimensões: afetiva, de fé, humana.
- Documentar os fatos: políticos, populares, da Prelazia.
- Refletir teologicamente sobre o que vivo e o que vejo. Teologia a partir da vida e da história.

17 de maio de 1981

Chegou o governador Frederico Campos. Veio para inaugurar a luz de uma parte da cidade e inaugurar também o novo quartel da polícia.

O povo de Santo Antônio do Rio das Mortes, Gameleira e Azulona vai entregar-lhe cartas exigindo providências para a região. Os fazendeiros estão invadindo as áreas dos posseiros.

Começa amanhã um curso para as lideranças do regional (São Félix, Chapadinha, Luciara, Serra Nova, Santo Antônio do Rio das Mortes e Santa Cruz da Estrada), sobre as "Causas da Pobreza" dado pelo Cipes de São Paulo.

Agora são as onze da noite, estou voltando a casa depois de ouvir os discursos das autoridades na festa organizada para o governador. Vi dois mundos, duas linguagens, duas realidades.

De um lado a comitiva do governador no palanque, e no meio dela os vereadores de São Félix do Araguaia, ridículos, deslocados do seu lugar de origem.

Do outro lado o "povão". Eu estava no meio do povo. Tem bispos e padres que acham que conseguem estar nos dois lados ao mesmo tempo.

Fiquei observando. A festa era deles, não do povo. Vestiam ternos num calor sufocante, falavam frases de efeito, e o povo ali, de espectador, não podia dizer nada e nada lhe era perguntado. Como é perverso e diabólico o poder sem o povo!

Ao voltar para casa continuei refletindo sobre o artigo de Clodovis Boff na REB.

Preciso encarnar-me nesta realidade e adentrar-me no universo deste povo. Sou um analfabeto nesta realidade, não conheço ainda o nome dos lugares, não sei trabalhar na roça, mal conheço o nome de alguns peixes ou das árvores ou dos pássaros, não identifico as plantas que curam as doenças.

Preciso ouvir muito! Nesse sentido gostaria de trabalhar na olaria com Osvaldinho, seria uma forma de me aproximar da realidade dos oleiros.

Continuo lendo *Maira e A Cristologia desde América Latina.*

Lua cheia no sertão! Ouço os grilos e os sapos nesta noite estrelada e o coração se acalma. Longe soa a música da festa. E ao deitar penso que o mesmo céu protege nesta noite o povo humilde de São Félix do Araguaia e as autoridades do Estado de Mato Grosso.

18 de maio de 1981

Terminou hoje o curso sobre as causas da pobreza. Na cabeça de todos os participantes, lideranças populares e agentes de pastoral, uma ideia ficou clara: enquanto o sistema capitalista mandar na economia haverá pobres e ricos e a exploração continuará existindo.

É gratificante ver o povo simples, camponês, com calos nas mãos, passar dois dias refletindo e descobrindo os mecanismos que regem a sociedade. Ficou uma pergunta no ar: é possível acabar com a exploração?

21 de maio de 1981

Pedro e eu passamos a manhã revisando alguns escritos dele que a editora Vozes deseja publicar. *Matula da Caminhada* será o título.

São muitas as coisas que nos aproximam e identificam. Bebo dele a paixão pelo povo, pelo Reino de Deus, pela política e pela liberdade. É um homem total!

Na parte da tarde a equipe pastoral fez a revisão mensal. Estávamos todos: a Irmã Irene, Pontin, Selma, Léo, Vera, Geraldo, Inês, Valeriano e eu.

A equipe está afinada e os trabalhos caminham.

À noite leio Ernesto Cardenal. Sua poesia me toca no mais fundo da alma, capta como ninguém a transitoriedade do tempo, denuncia a falsidade de uma sociedade que vive de aparências, vazia pela falta de fé na eternidade. É um místico engajado na história, revolucionário e cristão. Síntese admirável do cristianismo hoje na América Latina, poeta que sustenta nossa esperança nas horas do medo e da angústia.

Duas constantes tomam conta de mim nestes dias: *o tempo* e a *palavra.*

Aqui é palpável a lentidão das horas. O tempo é algo real, que a gente possui, usa, organiza. Não existe a monotonia. Na cidade eu não conseguia ser dono do meu tempo, o ritmo era outro. Aqui há tempo para tudo, o tempo é imenso, quase infinito.

Penso também na Palavra. O poeta trabalha com as palavras como o pedreiro trabalha com a pedra, o barro, os tijolos. Me sinto pedreiro da palavra, cada uma delas é diferente e todas servem para serem colocadas no lugar certo do edifício verbal. Há palavras doces, simples, meigas; outras são fortes, dramáticas. As palavras explicitam o que há no coração. O que seria de nós sem a palavra? A linguagem é um mistério, somos a palavra que pronunciamos. Jesus é a Palavra, a linguagem humana do Pai. A palavra gera a comunicação, a comunhão.

Trabalhar a palavra, esse é meu ofício!

22 de maio de 1981

Até agora não falei da nossa comunidade, de nossa casa, de nossa vida como grupo humano ao serviço do povo.

Moramos na mesma casa Pedro, 52 anos, o bispo, Irmã Irene Franceschini, 62 anos, religiosa da Congregação de São José, carinhosamente chamada "Tia Irene", Inês Etne, 26 anos, leiga de Goiânia, Geraldo Rosania, 33 anos, padre da Prelazia, Valeriano, 36 anos, frei agostiniano e eu, 30 anos. Grupo muito diverso na idade e nas origens. Juntos formamos uma verdadeira comunidade, rica na diversidade. Há tempo eu sonhava com a possibilidade de viver numa nova estrutura de Vida Religiosa: homens, mulheres, leigos todos na mesma casa e no mesmo ideal. Aqui é um laboratório de muitas iniciativas novas. Vivemos dois em cada quarto, nós fazemos a comida e cada um lava sua roupa, não temos luz elétrica, tomamos banho de cuia e a poeira da rua invade a casa dia e noite. Somos uma verdadeira família.

Além de nós seis, há 4 pessoas mais que compõem a equipe, são dois casais: José Pontin e Selme; Léo e Vera. Eles moram nas suas casas. Depois de muitas discussões chegamos à conclusão de que os casais devem morar em casa própria para manter sua intimidade e educar seus filhos de acordo a seus valores próprios.

Nossa casa fica na Vila Nova e é muito simples, sempre de portas abertas, sem reboco, telhas de amianto, as mangueiras do quintal protegem do calor nas horas mais quentes. Se a vida religiosa é o seguimento de Jesus pobre, casto e obediente, urge viver no meio do povo de forma simples, sem privilégios e sem nada que esconder. Juntos planejamos, juntos rezamos, juntos aprendemos do povo. Nossas relações são adultas e por isso livres e verdadeiras.

23 de maio de 1981

Hoje morreu "Marinheiro", morador da Lagoa. Tinha esse apelido porque durante muitos anos foi barqueiro pelos rios da Amazônia. Passei a manhã inteira acompanhando o povo no velório. A vida e a morte se misturam: choro, silêncio, piadas, tudo ao mesmo tempo. Os homens ficam fora, sentados na calçada misturados com gatos e cachorros. No meio dos silêncios prolongados surgem as lembranças, depois novo silêncio, depois frases feitas sobre o destino humano: "basta estar vivo para morrer", diz um; "a vida é que nem uma vela, um vento à toa e ela morre", diz outro; "quem de nós será o próximo?", indaga um terceiro, e todos baixam a cabeça. Para as crianças o velório é uma festa a mais onde se comem guloseimas e se bebe.

O ritual da morte atravessa o tempo. Passa-se a noite inteira velando o morto, são as sentinelas, se reza e se cantam cantos apropriados para esse momento. Ao meio-dia em ponto sai o enterro. Antes, toda a família posa para a última fotografia com o defunto no caixão. O caixão foi feito pelos homens da comunidade, é azul e nele depositam muitas rosas, com elas entrará na eternidade.

Na saída de casa o morto tem que ir com os pés na frente, e assim tem que entrar no cemitério. Pelo caminho, a pé, eu contemplo o sertão misterioso, o sol racha a cabeça e cinquenta homens e mulheres caminham em silêncio rumo à cova, onde "Marinheiro" descansará depois de navegar anos a fio por estes rios da Amazônia. Centenas de velas ao redor da tumba iluminam o caminho de "Marinheiro" para entrar na vida eterna.

24 de maio de 1981

É domingo. Tenho encontro com os catequistas e com os jovens.

Começou o Giro do Divino. Durante uma semana os foliões vão percorrer, casa por casa, toda a cidade. Chegam na casa, cantam, dançam, tocam os instrumentos, carregam a bandeira e a dona da casa os recebe e depois das orações descansam e tomam o que a família lhes oferece. O ritual é complexo e quem não o respeita se expõe a sérias maldições.

Religiosidade popular e cultura popular se misturam. Zé Abreu é o responsável do grupo. Ele é uma das lideranças mais antigas da comunidade e muito devoto. Ofereceu o giro para que não expulsem do Brasil o nosso bispo Pedro. Por enquanto a oração está surtindo efeito.

26 de maio de 1981

Terminada a oração da manhã, chegam em casa dois homens de Santo Antônio do Rio das Mortes. Mauro conta o que aconteceu:

"No dia 22 os pistoleiros da fazenda Marruá chegaram na porta da minha casa com a finalidade de expulsar todos os posseiros da área. Quando olho vejo todo mundo de armas na mão, mais de doze homens foram chegando e me arrodeando. O chefe era Medeo. Passou na minha frente e foi catando tudo o que achou na cozinha: vasilhas, facas, catando e jogando num saco. O resto da turma foi no barraco e catou tudo o que achou: armas de caça, ferramentas, o que lhes interessava botavam no saco, o resto jogavam no rio.

Eu falei: mas Medeo, o que é isso? Ele respondeu: não quero conversa e pegou a corda que levava amarrada na cintura e disse que era para eu sair por bem ou amarrado, disse para eu desocupar o rancho porque iam tacar fogo, eu disse que não tirava nada de dentro dele, ele mandou os jagunços tirar as coisas e botaram no quintal o colchão e o mosquiteiro e foram metendo o machado nas forquilhas do rancho. Quando o rancho ia cair eu entrei correndo e apanhei meus meninos pequenos e arrastei para debaixo de um pé de pau onde nós tínhamos arranchado antes de fazer o barraco. Aí eles pegaram uma lata de querosene novinha, sem abrir, cortaram de machado e derramaram no rancho como quem rega um canteiro e riscaram um palito de fósforo. O fogo "assoberbou" no rancho. Restou um saco de arroz que eles rasgaram de facão. Fiquei sem um ferro para cortar o fumo, avalie para cortar a carne. Quebraram os canteiros que a mulher tinha feito e disseram que era para eu sair até a tarde e que se não saía iam acabar com tudo no tiro. O que queimou dentro da casa foi: dois relógios Orient, um radinho de pilha bom, traias e arreios, calçado e 50 mil cruzeiros em dinheiro reservado para um negócio que já tinha feito. Fiquei sem nada. Quando foram embora corri para o vizinho Benone que enviou a voadeira e tirou a mulher e os meninos. As crianças passaram a noite com febre por causa da quentura do fogo, deixei minha mulher e os oito filhos com os vizinhos e saí catando um companheiro que me desse socorro".

Os conflitos com a fazenda Marruá vêm de longe, agora partiu para a intimidação usando a força bruta. O homem chorava de raiva e de impotência. Veio aqui em casa "porque os padres e o sindicato é que resolvem".

Como hoje tinha muita gente do sindicato reunida num encontro em São Félix do Araguaia, depois de conhecer o caso, decidiram formar uma comissão e ir até Brasília.

Na parte da tarde continuou a procissão: gente da Ilha do Bananal e de Porto Alegre do Norte com os mesmos problemas.

De noite reuni com um grupo da comunidade para organizar o curso de noivos.

Terminei de escrever o texto de uma missa que intitulei *Missa do povo da raça Brasil*.

Pedro viajou para as comemorações do primeiro aniversário da morte de Raimundo Gringo, líder camponês matado pelos fazendeiros no sul do Pará.

27 de maio de 1981

Uma noite sem luar no sertão fala de morte e de mistério. As estrelas sozinhas têm pouca luz para iluminar a terra. Saudade da lua cheia!

Logo voltará e os karajá celebrarão a festa de Aruanã.

Agora, faz escuro nesta noite!

30 de maio de 1981

De manhã houve um casamento na Catedral. Nada a comentar a não ser que os noivos escolheram para testemunhas o prefeito, a mulher dele e alguns da elite de São Félix do Araguaia. O Conselho da Comunidade não os aprovou para serem testemunhas. Razões:
- não participam da Igreja,
- mais do que isso, perseguem e difamam a Prelazia,
- estão contra as lutas do povo.

Estiveram presentes na celebração, mas não foram testemunhas oficiais.

No resto do dia houve um mutirão na Vila Santo Antônio. É preciso valorizar esta atividade. Todos se juntam para um trabalho comunitário, o clima é de alegria e partilha. No meio da brincadeira Dona Gertrudes ouviu dizer no "Bate Papo", lugarejo próximo a São Félix, que quem não souber ler e escrever vai voltar a ser escravo.

No fim do dia chegaram José Pontin e Zé Karajá, ambos agentes de pastoral, dizendo que o sargento recebeu uma chamada de Barra do Garças querendo saber se a Prelazia estava fazendo um curso sobre as causas da pobreza. Disseram que sim. Eles o que querem é que nós saibamos que eles sabem.

1º de junho de 1981

Amanheci gripado, em casa estamos todos gripados e na cidade muita gente.

Refleti sobre os desafios que a vida do missionário enfrenta, refiro-me à tensão da luta, à inquietude. É o coração inquieto de Agostinho.

Falta isto numa grande parte do clero ou dos religiosos, acomodaram-se e desistiram da busca. *"Meu coração está inquieto até descansar em Ti"*, disse Santo Agostinho.

À noite o evangelho era o da festa da Ascensão. *"Ide pelo mundo e anunciai a Boa Nova"*. Pergunto-me: será que eu estou sendo aqui verdadeiro anunciador do Evangelho? Quero renovar meu compromisso.

3 de junho de 1981

O menino aparece na porta da casa vendendo o jornal *Vale do Araguaia*. Este jornal é feito em Barra do Garças e entre seus objetivos está destruir o trabalho da Prelazia na região. É feito com o dinheiro de alguns políticos e dos grandes fazendeiros. Chega a ser execrável nalgumas de suas matérias. Em cada número inventam uma história pior que a outra: os agentes de pastoral fazemos parte da guerrilha, somos comunistas e Pedro é um bandido. São tantas as besteiras que o povo não acredita mais no que escrevem. Sempre há, claro, alguns que se vendem e preferem bajular os poderosos. Temos como critério não responder às provocações, isso os irrita porque querem briga para ter matéria.

É lamentável que tendo um nome tão bonito, *Vale do Araguaia* publique matérias tão indignas.

5 de junho de 1981

Hoje chegou o bispo de Rubiataba, Dom José Carlos, representante da CNBB nesta região. Veio fazer visita pastoral.

Durante o dia limpamos o lote onde será construída a futura igreja da Vila Santo Antônio. No mutirão, Vicente, um rapaz tímido e carinhoso, que ajudou na limpeza, comentou: *"daqui a cinquenta anos eu vou dizer aos meus netos que fui o primeiro a trabalhar na construção desta igreja"*.

À noite foi celebrada a primeira missa no local, presidida por Pedro e Dom José Carlos. No lote ainda vazio, dois lampiões iluminavam a mesa do altar e o povo se reuniu ao redor. O tema da missa: *"Nós somos as pedras vivas que formamos a comunidade"*.

No final da celebração todos acenderam suas velas e foi colocada a pedra fundamental da futura igreja. Pedimos a Deus para que possamos construir a Igreja de Jesus no meio deste povo tão abandonado.

Me senti unido à Igreja do mundo todo.

7 de junho de 1981. Pentecostes

Experimento o Espírito Santo como uma força, um vento, um fogo incontrolável, é o domínio desses elementos vitais que possibilita a emoção, a arte, a poesia. A subjetividade que se impõe sobre a racionalidade e a objetividade.

O Espírito abre portas e caminhos, leva o ser humano a arriscar a vida até o martírio, a deixar tudo e se enfronhar no mato nos conflitos mais difíceis. O Espírito possibilita o amor entre os opostos, abranda o coração dos inimigos, liberta os malvados, muda o coração de pedra em um coração humano. É a força do Espírito que quebra estruturas e possibilita que o que está morto renasça.

Lembro: recebi o Espírito no Batismo, o confirmei na Crisma e me fortificou no dia de minha ordenação sacerdotal.

O Espírito Santo me enviou para dar vista aos cegos, curar os corações feridos, libertar os cativos, anunciar a graça de Deus. Creio firmemente que o Espírito Santo guia a história humana e a minha própria história. Foi o Espírito que me fez chegar até aqui na Prelazia. Estarei sendo fiel às moções do Espírito?

Renovo hoje meu compromisso de fidelidade, quero ser um instrumento afinado no serviço aos pobres neste sertão desafiador.

8 de junho de 1981

Hoje esteve de novo em nossa casa Mauro, aquele posseiro que quinze dias atrás veio denunciar que a fazenda Marruá queimou seu barraco e o obrigou a sair da terra. Agora veio comunicar que a fazenda está a fim de expulsar todos os posseiros da região, antigos e novos.

Foi falar com o delegado de polícia, ele é novo na cidade e se mostrou interessado em ajudar, parece honesto. Foi na área e voltou "arrepiado" com o que viu. Quis tomar providências imediatas, mas já sofreu pressões e tenho certeza de que vai demorar pouco em ser transferido.

Um outro delegado da região disse a Mauro: *"isso só vai se resolver quando vocês matarem alguns pistoleiros"*.

Como está a justiça neste país quando um delegado de polícia diz isso!

Pedro hoje estava com vontade de abrir seu coração e desabafar comigo. Falamos das equipes, das pessoas amigas, dos sofrimentos. Ele segredou: *"uma coisa podes dizer quando eu morrer, posso ter todos os defeitos do mundo, mas sempre fui um homem de esperança!"*. E acrescentou: *"às vezes sinto vontade de estar já do outro lado da vida, na eternidade"*.

10 de junho de 1981

Rezo na oração da manhã: *"Quem nos separará do amor de Cristo? A tribulação? A angústia? A perseguição? A fome? A nudez? O perigo? A espada. Não, pois de tudo isto saímos vitoriosos graças a Aquele que nos amou"*.

Sempre achei que este é um dos textos mais belos e inspirados de São Paulo. A carta aos Gálatas sobre a liberdade e a primeira carta aos Coríntios sobre o amor completam esta trilogia maravilhosa.

É a paixão por Cristo, amadurecida no sofrimento. A vocação cristã pede a entrega total, reacender sempre a chama do amor.

12 de junho de 1981

Nesta noite, sozinho no quarto, iluminado apenas pela lamparina de querosene e cansado dos afazeres do dia, antes de deitar reflito na jornada que se encerra.

Penso: vivemos pobres, muito pobres. Do lado esquerdo do meu quarto sem reboco, as mulheres da equipe descansam, no lado direito, deitado na rede dorme um casal que nos visita e está engajado politicamente nos movimentos de esquerda, e eu no quarto do meio, antes de apagar a lamparina avalio minha vida nestes quatro meses em São Félix:

- Já estou integrado na vida do povo, conheço as pessoas pelo nome e me sinto querido pela comunidade.
- Me encontro seco por dentro, estou rezando pouco, o ativismo exagerado não me deixa espaços para a interioridade. Devo dar vida ao que faço, não deve ser apenas um bom funcionário do sagrado, preciso ter alma de profeta e missionário.
- As cartas da Irmã Marina di Polto me falam dela, do Barreiro, das comunidades e despertam em mim a saudade do passado.
- Precisamos criar relações mais profundas na equipe e superar a monotonia diária. Sempre é possível recomeçar.

Apago a candeia e, antes de adormecer, rezo.

14 de junho de 1981. Festa da Santíssima Trindade

Na celebração a mensagem central foi: "Deus é comunidade e nessa comunidade as relações são de amor". Onde há comunidade as pessoas se conhecem, trabalham unidas, se respeitam e se amam.

Tiro as conclusões práticas para nossa comunidade: será que todos nos conhecemos, nos respeitamos e partilhamos a vida a fundo?

Construir comunidade, é isso o que preciso motivar agora na pastoral.

De tarde fomos tomar banho nas praias do Araguaia: Tia Irene sempre a mais animada, Valeriano, Geraldo, Inês, Selme e Pontin com os quatro filhos.

É de uma beleza exuberante navegar rio acima onde a luz do sol, a água e o verde da mata se encontram e misturam. A vida aqui é uma festa de cores! Nas praias os tracajás desovam e a criançada fica aflita procurando os ovos na areia. Passamos duas horas brincando e curtindo tanta beleza, o tempo gratuito. Até quando será possível desfrutar deste rio e destas matas? O latifúndio avança e a cobiça humana é estúpida.

15 de junho de 1981

Dia de retiro espiritual no Lago Verde.

Minha vida agora está ligada ao rio, ao lago, água é sinônimo de felicidade. Rezo e avalio a caminhada:
- Continuo nessa toada de interiorizar mais, experimentar Deus a partir da realidade. A proposta é fazer uma hora de oração diária. Uma intuição permanece como desafio: *"Que me conheça e que Te conheça"* para que possa *"reconciliar todas as coisas em Cristo"* como diz a carta aos Efésios.
- Humanamente preciso ser mais exigente comigo mesmo, mas acolhedor, mais aberto, mais companheiro. Me custa conviver com "o diferente".
- Passado o primeiro momento na Prelazia quando tudo é novidade, agora preciso descobrir a novidade na monotonia diária.

17 de junho de 1981

Nesta semana celebramos os dez anos da Prelazia. Cada noite lembra-se um período desta história de luta e de compromisso com o evangelho. Relembrar a história é fundamental para construir o futuro com base sólida. Para mim está sendo um tempo de descobertas ao fazer memória do vivido.

Na missa de hoje na Catedral, na hora da oração comunitária, aconteceu algo extraordinário. O senhor Emiliano, já idoso, foi na frente e começou a fazer uma prece. Ninguém conseguia entender o que queria falar, até que de repente se soltou e disse: *"faz muitos anos que eu e o compadre João, aqui presente, estamos brigados e divididos, estamos mortos e precisamos reviver, eu quero me reconciliar com ele diante da comunidade"*. Depois o chamou, João foi na frente e se deram um abraço. O clima foi tão profundo, a confissão tão sincera, que todos demos um aplauso e, emocionadas, muitas pessoas choravam. Eu, no meio dos dois, lhes dei o perdão sacramental e a comunidade os acolheu com grande alegria. É um dos gestos mais autênticos e verdadeiros que já presenciei na vida. Pensei depois: o que vivi hoje na Catedral é a confissão no sentido mais puro da palavra, é diante do povo que se pede o perdão e é através da comunidade que se recebe o perdão. Ali se reconciliaram duas famílias divididas durante anos. A graça de Deus faz maravilhas! Nunca esquecerei esta experiência.

21 de junho de 1981

Encerramos hoje a semana sobre a história dos dez anos da Prelazia. Os jovens representaram um teatro, Vera Furlan e eu preparamos o texto que relembrava as lutas vividas nos dez anos: terra, índios, posseiros, jagunços, igreja, se misturavam no roteiro. O que mais me surpreendeu foi a criatividade e capacidade de improvisação da rapaziada. Na hora o pessoal inventa e dá a impressão de que aquilo estava ensaiado. É esta uma das características do povo brasileiro, a criatividade, a intuição, o improviso.

Terminada a celebração fomos ensaiar quadrilha na praça. Havia mais de sessenta jovens e eu escolhi meu par, dancei com a Selmara. Dia completo.

Durante a semana tivemos uma discussão na equipe. Ficamos sem nos falar um dia inteiro. Depois decidimos conversar e chegamos a um acordo. Tudo certo.

23 de junho de 1981

O bispo Pedro está no sul do país. Deu uma entrevista que gerou reações violentas. Ele estaria convocando os cristãos para votarem nos partidos de esquerda e nos partidos de oposição ao governo: PT, PDT, PMDB. Ele argumenta que são os únicos partidos que têm uma perspectiva popular. Os críticos afirmam que o bispo e os padres não devem se envolver em política partidária. Os fazendeiros e os comerciantes da região estão fazendo um abaixo-assinado pedindo a saída de Pedro da região, dizem que vão enviá-lo ao papa.

Iluminado pelo livro de Jon Sobrino sobre a Cristologia na América Latina, reflito sobre este e outros fatos semelhantes. Penso que a questão de fundo é de que lado se situa a Igreja, porque uma coisa é certa, nesta sociedade não é possível ter uma posição neutra. Se a Igreja opta por ficar do lado do povo, deve estar desse lado com todas as consequências e é na política que se decide grande parte da vida das pessoas. Não vejo nada demais que o bispo diga ao povo qual é a posição de cada partido e o que ele defende; partidos são grupos que se juntam por interesses para organizar a sociedade como convém a esse grupo. Neste momento histórico, votar na situação é votar no opressor.

25 de junho de 1981

Leio a palestra de Carlos Mesters apresentada no encontro das CEBS: "*A presença libertadora de Deus no meio do povo oprimido*". Magistral! Carlos Mesters tem o dom de tornar simples o que é complexo, ele vê a vida com os olhos de Deus.

Deus é perigoso para os faraós opressores de sempre e é perigoso que o povo descubra que Deus está do lado dos oprimidos. Despertar a consciência do povo, eis a tarefa.

Me escreve José Rodriguez, irmão agostiniano do Barreiro, diz que faleceu de repente o Pe. De Man, dos "Padres do Trabalho". Trabalhamos juntos na Cidade Industrial, às vezes brigávamos por termos visões diferentes sobre aspectos da pastoral, mas sempre fomos bons amigos. Que Deus o acolha no Reino que sempre sonhou: de paz, justiça e liberdade.

2 de julho de 1981

Participei com Valeriano dos festejos de São Pedro na comunidade de Pontinópolis.

Chegou Pedro da viagem ao Sul, onde suas declarações provocaram muita confusão, já que os jornais noticiaram que ele pediu aos cristãos para votarem nos partidos de oposição. Na verdade, a imprensa não foi fiel ao que ele disse e deturpou suas ideias. Ao que parece, o governo mais uma vez quis criar um clima de terror para justificar sua expulsão. Chegando a São Félix do Araguaia, a comunidade o chamou e na igreja prestou contas da sua viagem e esclareceu para o povo o que de fato ele disse. Nestes dias algumas pessoas estão fazendo na cidade uma campanha pedindo a sua expulsão.

6 de julho de 1981

Fizemos neste fim de semana um encontro reduzido preparando a assembleia do povo.

Hoje chegou o circo *Califórnia* à cidade e fui à sessão. É incrível um circo no sertão! O circo exerce sobre mim um fascínio infantil, talvez porque nunca vi um quando menino.

Fiquei observando o ambiente. No palco alguns palhaços representando seu papel e o povo rindo das brincadeiras muitas vezes preconceituosas.

E se a vida no povoado fosse um circo onde cada um representa seu papel? Lá estava a cidade inteira, cada família com seu drama, exercendo seu papel na vida da cidade:
- Os comerciantes sentados na frente em cadeiras, são eles os que comandam a perseguição à Prelazia.
- "Divinão", capanga dos fazendeiros.
- As "meninas" da Rua do Esporte, onde fica o cabaré e onde os peões, no fim do mês, afogam sua solidão medonha.
- E eu no meio disso tudo.

E a vida continua.

8 de julho de 1981

Reunião mensal da equipe pastoral. O tema era a situação de Santo Antônio do Rio das Mortes. O Pe. Geraldo Rosania não tem mais estrutura psicológica para continuar lá. Foi um diálogo franco e sincero. O Pe. Geraldo é filho de mãe porto-riquenha e pai norte-americano. O pai foi boxeador na juventude. O Pe. Geraldo é radical na pobreza. Se o povo não tem o que comer ele não come. Se as pessoas caminham descalças ele anda do mesmo jeito. Excelente biblista, domina o grego e o aramaico.

Li um texto de Luís Espinal, sacerdote jesuíta, assassinado na Bolívia, que me impactou: *"No queremos mártires. El pais no necesita mártires. El mártir es demasiado vistoso y los personajes vistosos no sirven para el socialismo, piensan demasiado em si mismos. El que se siente con vocacicón de mártir es um individualista que se há equivocado de lado. No hay que dar la vida muriendo sino trabajando. La revolución necessita de hombres lucidos y conscientes, realistas, pero con ideal".*

O Pe. Félix Valenzuela, amigo e irmão, chega nos próximos dias. Vamos conversar muito.

10 de julho de 1981

Estes dias está conosco Jorge Casalis, teólogo protestante, homem simples, irmão. Sua visão da fé se aproxima muito da nossa prática, unir a fé com a práxis, ele conhece o marxismo a fundo. Veio para se solidarizar conosco nesta hora difícil. Celebramos a missa na Catedral e ele nos acompanhou. Na sua reflexão disse que um dos maiores problemas do mundo é a divisão e a ruptura entre as classes, as igrejas, as religiões, e o desejo de Jesus é a reconciliação e a unidade, criar comunhão.

Arturo Paoli insiste também neste tema. Não se pode menosprezar o pecado, *"a graça de Deus não é uma graça barata, tem um alto preço"*.

Ontem morreu de repente, afogado no rio, um dos rapazes que fazia parte do circo que chegou dias atrás à cidade. Seu corpo foi velado no palco, envolto num lençol branco, e o circo, acostumado ao riso, cedeu o espaço para o pranto e a tristeza. Não posso esquecer a cena: o circo vazio e no centro do palco o rapaz morto. Nada mais triste que um morto no circo. Nessa noite a sessão foi diferente e a cidade estava lá em cheio, como no primeiro dia da estreia, mas agora para rezar e se solidarizar com a família do falecido.

E por que a vida eterna não poderia ser uma sessão interminável de um circo onde não mais existisse a morte?

Agora estou em Serra Nova com Fátima e o Pe. Geraldo. Teremos no fim de semana a preparação para a Assembleia do Povo.

Anos atrás Serra Nova sofreu as consequências da repressão por parte da fazenda Bordon. Um povoado com menos de 500 pessoas enfrentou mais de cem soldados. Lulú, liderança do povoado, foi torturado e preso. Hoje estamos no sítio dele para a miniassembleia do Povo. Tudo muito simples. A vida nos povoados da região é pacata. Os homens saem para trabalhar na roça, as mulheres cuidam da casa e dos filhos. Três vezes por semana chega o ônibus de São Félix do Araguaia. Há uma escolinha com duas salas, perto da escola, uma espécie de farmácia e uma capela. O povoado está cercado pela fazenda.

Reunimos quinze pessoas para a miniassembleia do Povo. Cada um pendurou sua rede nos galhos das árvores e todos ajudamos na preparação da comida, depois distribuímos as tarefas da assembleia: cantos, leituras, orações etc. Na hora do banho, todos ao rio, homens para um lado, mulheres para outro, esse momento é uma festa, sempre atentos para possíveis cobras ou jacarés rondando a gente.

O povo é bom, acolhedor, amigo, a solidariedade aqui é algo natural. E assim vai nascendo a Igreja no meio do povo. À noite, ao redor da fogueira, fizemos a oração, partilhamos a vida, iluminados pela luz da lua.

Organização participativa da Prelazia:
- Cada povoado tem seu Conselho que é responsável pela organização da Igreja no lugar: batismos, casamentos, economia, celebrações.

– Uma vez por ano tem a Assembleia do Povo, onde se reúnem os representantes de todas as comunidades. A Assembleia dá normas, escolhe prioridades, define o rumo depois de escutar os problemas apresentados pelas comunidades. As prioridades sempre abrangem a vida toda do povo: sacramentos, catequese, política, saúde, educação, movimentos sociais.

A Assembleia é preparada nas miniassembleias, como esta que fazemos agora em Serra Nova.

11 de julho de 1981

Reflexões a partir deste encontro das lideranças em Serra Nova:
– É surpreendente a alegria do povo. O tempo todo as pessoas brincam, riem, "tiram sarro" umas das outras. Há muita camaradagem. E o interessante é que estas mesmas pessoas, fora deste ambiente, são caladas e pacatas.
– O encontro começou com cada um contando sua história. Todos entendem a vida como "caminhada", saíram de um lugar, foram para outro, continuam a caminho, é povo retirante, sempre à procura de uma terra melhor, de uma vida melhor. É a experiência do povo da Bíblia.
– Outro aspecto que me chama a atenção é a coragem e a fortaleza deste povo. Saíram do Nordeste a pé, a cavalo, atravessaram rios, enfrentaram calor e chuva, famílias inteiras com crianças pequenas, todos movidos pela esperança de encontrar um pedaço de chão para viver e trabalhar.
– A fé em Deus norteia suas vidas, fé simples, sem formalismos religiosos, sem grandes doutrinas, a pura fé num Deus todo poderoso. Diante da própria impotência, Deus pode tudo e Ele está do nosso lado. *"Os opressores podem mais do que nós, mas podem menos que Deus"*.
– As pessoas não são alfabetizadas, daí a facilidade para contar "causos", a comunicação é a oralidade.

13 de julho de 1981

Terminamos o encontro, espero o ônibus nesta manhã ensolarada. No rádio ouço música sertaneja.

Difícil encontrar momentos de solidão, tudo aqui é coletivo, mal consigo cinco minutos para escrever e rezar. A vida do povo é como se fosse a vida de uma pessoa só, sujeito coletivo, tudo comunitário e tudo gira ao redor do pequeno grupo, não há vida fora do grupo, apenas o rádio lembra que há outras realidades.

A imagem do Padre aqui é próxima, amiga, o povo tem confiança e nós estamos integrados na vida das comunidades.

Esperar, palavra-chave aqui: esperar condução, esperar melhorias, esperar os filhos, esperar a terra, aqui se aprende a esperar e não ter pressa. Paciência ativa para não desesperar.

18 de julho de 1981

Estamos na Assembleia do Povo. São setenta lideranças representando as comunidades. É gratificante ver o povo adulto, responsável, sentindo-se a Igreja viva e definindo os rumos da caminhada. Penso que é um modelo de como a Igreja toda deveria ser, sem clericalismos e aberta à realidade sofrida do povo.

Está conosco Xywaerí, o cacique indígena dos Tapirapé, jovem, inteligente, lúcido. Deu-nos uma visão dos problemas que os índios enfrentam na região. A fazenda Tapiraguaia está invadindo suas terras e a Funai não resolve, por isso, decidiram que eles mesmos vão demarcar a terra. Xywaeri contou que a fazenda está derrubando a mata, falta caça e periga acontecer a qualquer momento um confronto com os peões da Tapiraguaia

Leio *O Coração Disparado*, de Adélia Prado. Poesia singela e complexa, achei linda, poesia do cotidiano, o resgate da eternidade nas coisas simples, mística e sensual. É bom viver.

20 de julho de 1981

Reler nas horas difíceis *Sabedoria de um Pobre*, de Eloi Leclerc, aponta o caminho certo para redescobrir a opção primeira. Aquele compromisso limpo, puro, radical por Jesus Cristo e pelo Reino e que com o correr da vida vai ficando empoeirado, racionalizado, medíocre, institucionalizado, precisa sempre e de novo ser atualizado. É a luta entre o Espírito e a instituição. Relendo o processo de Francisco de Assis, vivencio essa experiência em minha vida. Aqui não há fugas, é preciso defrontar-se com a própria verdade e crescer.

22 de julho de 1981

Hoje apareceu inesperadamente em casa Mario Juruna. Ele ficou famoso no país, entrou na política, se elegeu deputado, com seu jeito direto, descontraído, sempre com o gravador na mão, ganhou a simpatia dos grupos de oposição e se converteu num mito da causa indígena.

Foi se distanciando da aldeia, deixando-se envolver pelas benesses da sociedade dos brancos e o seu povo não gostou do que ele fazia pelo país afora. Conclusão: está cansado de lutar, não quer saber mais nada de ninguém e veio aqui para saber se há na região terra devoluta, seu desejo é arrumar um pedaço e ficar isolado.

Pensei: é muito triste, ele buscou sua promoção, se deixou fascinar pelo mercado, se afastou do grupo, aprendeu as malandragens dos brancos e a Funai fez de tudo para queimá-lo porque, de fato, incomodava os órgãos oficiais. A sociedade dos brancos o colocou nas nuvens e agora lhe dá as costas.

Concluo: isolado do grupo se erra o caminho.

25 de julho de 1981

Hoje é a festa de Salt "Sant Cugat" onde mora minha família. Meu sobrinho Albert adora brincar em "los caballitos" nas atrações da festa. Mesmo sendo a festa de São "Jaume", em catalão, Santiago em português, Salt celebra São Cugat, Cucufate. Foi um cristão do século III que pregou na península Ibérica e chegou até Ampurias na Catalunya, onde foi assassinado pelo Império romano. Na feira, as crianças se divertem comendo algodão doce, pulam na cama elástica e montam nos "caballitos", pequenos cavalos de madeira que giram ao som de uma música e fazem a alegria da meninada.

Aqui, na celebração da missa, ouvimos a palavra de Deus que diz que o Reino de Deus é um tesouro que quando se encontra se deixa tudo em função dele. O povo disse que esse tesouro é a Fé, a Palavra de Deus, a libertação que se inicia aqui e se plenifica na eternidade.

Terminei de ler o livro de *Cristologia desde América Latina* de Jon Sobrino. Jesus não se anunciava a si mesmo, anunciava o Pai e o Reino de Deus. Preciso deixar de colocar-me no centro e desaparecendo, ser apenas caminho que leva a Deus.

Comecei a participar pela primeira vez de um curso de teatro. Com motivo dos dez anos da Prelazia, vamos apresentar uma peça que narra a história da Igreja local e que foi escrita por Rodolfo Alexandre Inácio, agente de pastoral e familiarmente conhecido como Cascão: "*Meu Padim segura o tacho que a quentura vem por baixo ou a corajosa história da Igreja que trocou a escada, a galhofa e a fortuna pela enxada, a farofa e a borduna*". Esta sendo ensaiada por alguns agentes de pastoral, Cascão à frente, e por atores do povo. Farei o personagem de Mister Grilo, um estadunidense que representa o capitalismo.

Estamos fazendo um curso de expressão corporal e técnicas de dicção.

Releio *Cem anos de Solidão*, um dos maiores livros de literatura de todos os tempos.

1 de agosto de 1981

Hoje me confessei com Valeriano. Experimento na confissão a graça que cura e reconcilia.

Continuamos ensaiando a peça. Estou descobrindo um mundo novo. Criar as cenas, dar vida ao personagem, montar os cenários, é algo fascinante. Estou encantado com o mundo do teatro. Quando morava em El Escorial, sempre que podia ia a Madrid para ver uma boa peça de teatro. Havia um ator que me fascinava, Manuel Galiana.

Pastoralmente estamos organizando os festejos da Padroeira Nossa Senhora da Assunção.

4 de agosto de 1981

Chegou o Pe. Félix Valenzuela para passar uns dias conosco. Valeriano e eu fomos esperá-lo na Ilha do Bananal. É uma grande alegria rever os irmãos e os amigos do peito.

De tarde uma coisa atrás da outra. Primeiro chegou uma carta dos Tapirapé dizendo que a situação está complicada e que vão enfrentar a fazenda e demarcar as terras deles. Depois chegou Judite, agente de pastoral em Santo Antônio dos Rio das Mortes, dizendo que os jagunços da fazenda Marruá prenderam mais de trinta posseiros, mulheres e crianças, o clima é de terror.

5 de agosto de 1981

Tiramos o dia para pescar, já que o Pe. Félix adora uma pescaria, foi a desculpa para podermos conversar com tranquilidade. O carro atolou no caminho e ficamos a manhã por conta disso.

Começo a ler *Crônica de uma morte anunciada*. Gabriel García Márquez me fascina, sua literatura recria a vida cheia de mitos e de medos, o destino definindo tudo e não há como fugir dele. Relembrei a história de Orlando aqui em São Félix do Araguaia, matado pelo cunhado por ter desonrado a família.

Em nível pessoal estou num momento importante, o ritmo de vida agitado e o caos desta realidade podem me levar à desintegração se não me cuidar. O caminho é alimentar a fé, a oração, o compromisso com Deus. Sinto-me no fio da navalha entre a fé e a descrença, a vida a morte, a identidade e a desintegração, onde a vida se confunde e se funde.

O bispo Pedro viajou às pressas para a aldeia Tapirapé, onde o povo enfrenta a luta pela demarcação da terra.

8 de agosto de 1981

Começaram os festejos da Padroeira Nossa Senhora da Assunção. Hoje foi a noite dos jovens. Houve missa, filme e leilão. Como era dedicada aos povos indígenas passamos o filme *A Missa da Terra Sem Males*.

Estou aproveitando os festejos para me encontrar com as pessoas, conversar, celebrar, viver na proximidade. Como celebramos também os dez anos da Prelazia, já vai chegando muita gente amiga de fora da região.

20 de agosto de 1981

Terminou a festa e o povo de volta para casa, uns para o sertão, outros para Goiânia ou Roma. De novo a cidade mergulhou no silêncio ao sol da tarde. As coisas têm de novo sabor de eternidade na lentidão do dia.

Na festa veio muita gente valorizando a caminhada desta Igreja, mas houve também perseguição e medo. Espalharam pela cidade que ia chegar a repressão e na noite da peça, quinze minutos antes, desligaram a luz da cidade.

No dia 14 à noite fizemos a benção da água à beira do Araguaia. Na escuridão as velas acesas iluminavam os caminhos. Nas celebrações ao longo da semana, um dia presidiu Dom Tomás Balduino, outro dia Dom José Maria Pires. Na homilia Dom José Maria Pires disse, de forma simples, que é preciso o povo se organizar para conseguir o poder, um poder do povo e para o povo. O processo não pode ficar na metade do caminho: primeiro o povo se une, depois se organiza, agora deve chegar ao poder para servir.

No domingo, às sete horas da manhã, uma multidão saiu em caminhada. Muitas faixas: "*O povo unido jamais será vencido*", "*10 anos de caminhada*", "*Mulheres na luta*". Houve pronunciamentos, alguns excessivamente politizados na opinião de muitos, e não era esse o momento adequado. Ainda não chegamos a encontrar o equilíbrio entre o discurso político e o espaço religioso. A procissão-caminhada terminou às onze horas, com a celebração da Crisma na Catedral.

O teatro *"Meu padim segura o tacho que a quentura vem por baixo"* foi um êxito. O público entendeu a mensagem, é a Igreja que faz a opção pelo povo e fica do lado dos pobres. Eu entrei na segunda parte.

Terminada a festa, os membros da equipe que já trabalharam na região e a atual equipe fizemos uma avaliação profunda da caminhada. Assessoraram o encontro José de Souza Martins, sociólogo de São Paulo, profundo conhecedor das lutas pela terra no Brasil, e Neide Esterci, antropóloga do Rio de Janeiro. Foram levantados dados muito importantes:

– Neste momento existe na região um programa oficial do governo, um cerco, para acabar com os trabalhos mais comprometidos da Igreja. Em vez de atacarem diretamente a Prelazia, vão estrangulando-a devagar; é preciso abrir novos caminhos.

– É preciso criar novos espaços na linha da educação popular: teatro, música, cordel, poesia, arte em geral. O teatro *"Meu Padim"* nos mostrou isso. Novas linguagens são necessárias e elas passam pela arte.

– É preciso rever toda a ação pastoral e dar-lhe novos rumos dentro da mesma opção pelo povo: criar uma liturgia mais dinâmica, mais celebrativa, mais viva, incorporando dimensões da religiosidade popular.

Concluímos que se o povo escolher um leigo ou leiga da equipe pastoral para ser candidato a prefeito no próximo ano não há motivos para negar-se.

José de Souza Martins nos deu uma visão das lutas camponesas no Brasil e enfatizou a importância desta Igreja no contexto do país. O trabalho desta Igreja é visto pelo governo como um trabalho político; a defesa da terra foi o mais importante. Houve ganhos e perdas.

Fui escolhido juntamente com Vera Furlan para dinamizar a pastoral específica. O primeiro passo será irmos pela região para conhecermos bem a situação de cada equipe.

Conversei muito com Cascão, Chico dos Bonecos, Juarez, leigos da equipe pastoral. Começa a brotar entre nós uma verdadeira amizade.

23 de agosto de 1981

Valeriano celebrou hoje seu aniversário em Luciara. Amanhã irei lá para acompanhá-lo.

Terminada a missa, Zezinho, esposo da Tetê e advogado, José Pontin e eu fomos tomar uma cerveja no bar de Raimundo. José Pontin, agente de pastoral leigo, queria descansar, pois ficou o dia todo tomando conta das crianças. Falamos de tudo, pois de tudo se fala num bar: situação crítica do Brasil, desemprego, inflação, queda de Golvery do Couto e Silva, atual chefe da casa civil no governo militar de Figueiredo, repressão à vista, conflitos de terra na região, lentidão do povo para se revoltar contra o sistema. Passamos depois a avaliar a situação local: prefeitos fantoches e medíocres ao serviço do latifúndio. Será que isto tem que ser assim sempre?

Acredito na capacidade do ser humano para resolver os conflitos que nós próprios criamos. É preciso mudar, urge tirar do poder esse povo egoísta e prepotente.

A repercussão da festa é ótima, as pessoas falam com saudade e há quem se lamente por não ter ido por medo à repressão.

Estamos enviando o questionário elaborado pela Vera Furlan e por mim para todas as equipes. Esperamos dar uma boa mexida na pastoral: dinamizar mais e buscar novas saídas.

27 de agosto de 1981

O dia amanheceu cinzento com jeito de chuva.

Passei a manhã revendo os poemas e passando-os a limpo. De tarde fui à olaria, trabalhei com Osvaldinho fazendo tijolos, voltei cansado, de fato é mais fácil fazer poemas, mas voltei feliz. Percebi como estamos longe da realidade do povo.

Ao chegar em casa encontrei um grupo de Tapirapés que vai a Brasília para defender suas terras. Me fascina a lucidez, a simplicidade e o bom senso dos povos indígenas. Argumentam com clareza, sem abstrações, de forma objetiva, não compreendem como os "tori" (nós brancos) mentem, enganam e negam o que antes afirmaram. É a luta de Golias contra Davi. Vencerá Davi?

Terminei o dia preparando a missa do domingo. Jornada completa, aprendendo na prática a viver sem mitificações.

28 de agosto de 1981

Hoje é a festa de Santo Agostinho. Em Belo Horizonte as comunidades se reúnem para a celebração: passeios, churrasco, oração. Aqui vamos celebrá-lo amanhã, já que Valeriano vai chegar de madrugada. Almoçaremos todos na casa de Léo e Vera Furlan.

Ao longo do dia pensei na história e na vida de Santo Agostinho, sobretudo refleti sobre as suas opções para responder aos desafios de sua época. Creio que foi, antes de mais nada, um homem de Igreja e que fez de seus amigos verdadeiros servidores da Igreja. Isso foi o que nos trouxe até aqui. Tivemos que romper com estruturas, é verdade, e aqui nesta Igreja de fronteira, mesmo não estando numa casa da Ordem, me sinto profundamente agostiniano, creio que Santo Agostinho aprovaria nossa opção.

Foi também um homem de comunidade, fez da amizade seu pão de cada dia e isso, Valeriano e eu, trouxemos para a equipe pastoral. Nosso relacionamento não pode limitar-se ao trabalho, é preciso amar-se como se amam os amigos.

Foi Agostinho um homem apaixonado, sempre inquieto à procura da verdade, da beleza, de Deus. Apaixonado e por isso apaixonante. A inquietude movia seu caminhar, essa inquietude tenho que renovar aqui cada manhã.

Finalmente, foi um homem profundamente humano, a própria experiência de vida o tornou humano.

É preciso que os agostinianos acordemos do sono da passividade e do aburguesamento para sentir a dura realidade do povo e nos comprometer com as suas lutas. Penso que seria esta uma das melhores formas de prestigiar Santo Agostinho.

De que adianta termos um pai como modelo de vida tão inteligente e santo, se nós seus filhos vivemos na mediocridade?

29 de agosto de 1981

Está em nossa casa Carlos Karajá, vai a caminho de Brasília para reforçar a luta dos tapirapés. Carlos é o cacique da aldeia karajá de São Domingos, em Luciara. Jovem e muito consciente dos direitos indígenas, solidário com os irmãos tapirapés.

Leio *A missão do povo que sofre*, de Carlos Mesters, sobre o segundo Isaías, ou Isaías Júnior, como ele diz. Admirável a sensibilidade de Mesters para descobrir na Bíblia a história do nosso povo. Refleti muito sobre o que ele chama o 4º canto: o perdão e o abandono em Deus, o perdão até aos inimigos. Parece-me que isto é o mais profundo, novo e exigente do cristianismo, um perdão que não é fraqueza e que exige até a conversão do opressor. O povo simples confia em Deus, perdoa, é importante não destruirmos está fé verdadeira. Nossa missão aqui: alimentar a esperança, denunciar a injustiça, organizar-se para vencer a escravidão.

Vou recomeçar na próxima semana as visitas ao povo, e quero sentir de perto a realidade concreta das pessoas.

31 de agosto de 1981

Ontem foi um dia cheio. De manhã tive a missa na Vila Santo Antônio. Decidimos começar a celebrar também nas casas. No início do cristianismo a comunidade se reunia nas casas. Depois tive reunião com os jovens, ficou acertado organizar um grupo de teatro, motivados pela representação dos dez anos da Prelazia. À tarde tive reunião com as catequistas. Além do catecismo, teremos uma vez por mês a missa das crianças, com um linguajar apropriado. Aos poucos, a pastoral vai se organizando.

Ao sair da reunião, acompanhei o povo que ia para o cemitério para enterrar Isaura. Éramos poucos e sempre a morte me impressiona, não é medo nem desespero, é um não sei o quê que me faz avaliar que ali naquele corpo estático está concentrada toda uma história de vida. Um morto é a realidade mais solene que existe.

Era de tarde, o sol queimava e os coveiros bebiam cachaça, falavam alto e faziam seu trabalho abrindo a cova sem sentir o momento sagrado que ali acontecia; fico horrorizado ouvindo coisas tão fúteis num momento como esse. Lembrei do poeta espanhol León Felipe: *"Para enterrar a los muertos cualquiera sirve, menos el sepulturero".*

O marido não foi, a família também não, voltaram para a Ilha do Bananal, pois naquela tarde tinham que apartar o gado, e isso sem dúvida era mais urgente e real que enterrar a esposa. Ninguém chorou e eu rezei, sempre rezo nesta hora e depois pensei: devo escrever sobre Isaura, para que ninguém esqueça uma mulher da Ilha do Bananal, esposa de um vaqueiro, que morreu no dia 30 de agosto ao amanhecer do dia, atravessando o rio Araguaia. Ela dera à luz nove filhos e morreu no parto pela irresponsabilidade da sua mãe, bêbada na hora em que a filha mais precisava dela. Coincidentemente a Palavra de Deus do dia dizia: *"Quem der a sua vida vai ganhá-la".* Ela morreu para que o filho vivesse.

Isaura simboliza todas as mulheres anônimas do povo que vivem e morrem sem ninguém se importar com isso. Sem elas saberem, constroem a história e definem os destinos do mundo.

2 de setembro de 1981

Crônica de um dia numa cidade pacata do interior de Mato Grosso:

Na rádio Bandeirantes, no jornal das sete da manhã, enquanto tomamos café, ouço que Oneide, viúva do Gringo assassinado pela polícia, e o Pe. Chico foram presos em São Geraldo do Araguaia. Oneide e Chico estiveram aqui quinze dias atrás, na celebração dos dez anos da Prelazia. Chico e Aristides são dois padres franceses que trabalham na região de São Geraldo do Araguaia, no sul do Pará, e Oneide é uma liderança popular. Por que foram presos?

Vinte dias atrás os trabalhadores rurais mataram um fazendeiro e a polícia culpou os padres e a Igreja de terem motivado os posseiros para o crime.

Às oito da manhã a notícia correu como a pólvora pela rua: o "Sobrinho", rapaz novo e piloto de avião, passara a noite bebendo, fumando maconha e, ao se sentir desprezado por uma das mulheres que diz amar (tem oficialmente três esposas), pegou o avião na madrugada e o afundou no rio. Não se sabe se se matou ou foi acidente.

Passaram pela igreja para fazer a oração. Como era de família rica, lá estava a turma toda do PDS.

Começamos à noite um curso de Bíblia para as lideranças.

E assim passou mais um dia numa cidade do interior, onde a vida e a morte se entrelaçam no novelo das paixões que a realidade impõe.

3 de setembro de 1981

Saímos cedo – a Irmã Irene, Valeriano e eu – para o retiro mensal. Escolhemos um lago perto do Araguaia. É um privilégio poder estar em contato com esta natureza exuberante.

Na primeira parte ficamos sós. Li um capítulo do livro *Sabedoria de um pobre*. Me identifiquei com o Irmão Rufino, orgulhoso e egoísta. Não é pelo fato de vir para esta região desafiadora que a gente supera os erros, os traumas que a vida possibilitou, mesmo assim me sinto mais maduro.

Depois partilhamos a vida e voltamos dispostos a sermos mais fiéis e mais simples no contato com Deus e com o povo.

5 de setembro de 1981

Hoje à tarde escrevi um poema longo, emocionado, a caneta veloz sobre o papel narrava sem censura o que a inspiração impunha, foi um momento mágico: Poema para Glauber Rocha: *Canto épico dos que ficamos*. A sua morte me impactou profundamente. Glauber Rocha simboliza para mim a liberdade total da arte e o compromisso da arte com a transformação da realidade.

Creio que é um dos melhores poemas que escrevi, o mais livre, o mais intuitivo, nele consegui expressar coisas não ditas, passei a tarde em transe.

CANTO ÉPICO DOS QUE FICAMOS
Glauber Rocha
rocha
rocha de um povo alucinante
alucinado
lúcido!

Místico ou louco?
Gênio!

Foi pela liberdade que lutaste
visionário irado de imagens fantásticas
no meio de revolucionários oficiais
padronizados!

Foste tu a revolução e a verdade de ti mesmo
num país de militares ignorantes.

Depois de ti
não é mais possível compactuar com nada
chegou a hora de sairmos nus de casa
para botar fogo no mundo.

Neste tempo em que viver é um ato de coragem
a revolução será atitude permanente de amor.

Urge recriar homens e mulheres como Dom Quixote
Rosa de Luxemburgo
Francisco de Assis
Charles Chaplin
Darcy Ribeiro
ou Jesus de Nazaré
exibindo todos a sensibilidade à flor da pele.

Que cada filho de mulher
empunhe as armas da fascinação e da rebeldia

*só não terão vez nesta batalha
os homens covardes e os corretos
pois esses vão precisar de chefes primeiro
e depois de donos
empresas
capital!*

*Aqui só lutam os bandidos
os cangaceiros
os párias
e os meninos.*

Vamos pois para o combate!

*No primeiro dia de batalha
eu vi nascer no sertão do Ceará
léguas infinitas de rosas vermelhas
era o sangue dos que morreram matados pela fome.*

*Vi depois no segundo dia
um circo ambulante com dois palhaços
um homem que cuspia fogo
três virgens disfarçadas de putas
e um macaco.*

*Tu disseste:
sigam-nos
a nova sociedade precisa de vocês!*

*Foi depois do segundo dia
que abolimos o tempo e o espaço
a terra já não era dividida
acampamos no ar
os pés firmes no chão e a cabeça no horizonte.
De lá saímos para travar o último combate.*

*Foi duro derrotar o inimigo que habitava dentro
volta e meia alguns queriam impor sua vontade
outros por falta de fé na eternidade
teimavam em abrir ruas na caatinga para eternizar seus nomes*

*e o pior
gente equilibrada
decidida a acompanhar-nos no começo
incapaz de libertar-se do trauma da objetividade
não sonhava!*

*Não
não eram gigantes disfarçados de moinhos de vento
o que tínhamos à frente para destruir o mundo antigo
eram bois e vacas
boiadas imensas do latifúndio nacional.*

*Descalços
nossos pés na areia ardendo ao sol da tarde
fixamos o olhar nos olhos da boiada
nossos olhos olhando seu olhar
nossos olhos conquistando seus olhos.*

Vencemos!

*Então
tu Glauber
de pé disseste:
estamos no limiar do mundo novo
é preciso purificar a alma
descolonizar a mente
superar os preconceitos
e acrescentaste:
a política e a poesia são demais para um homem só
é preciso definir-se!*

*Finalmente
dito e feito tudo
dada a contribuição ao mundo novo
– cinema novo –
anunciaste a tua morte à idade de 42 anos
como todos os profetas.*

*Macunaíma num canto do país
contemplou atônito*

*o novo símbolo do povo brasileiro
anárquico
revolucionário
apaixonado
iconoclasta!*

*Descansa em paz, Glauber Rocha!
O resto será feito
pois já é possível descobrir na terra calcinada do sertão
as pegadas de outros pés abrindo estrada!*

Estou seguindo o desenrolar da prisão dos Padres Chico e Aristides e de Oneide. Aqui as notícias demoram em chegar e chegam confusas.

Li uma entrevista de Jarbas Passarinho na *Folha de S. Paulo*, na qual critica a posição da Igreja, que, no dizer dele, incita os posseiros a invadir as terras. Passarinho, como bom militar, não dialoga, na entrevista até dá lições de marxismo. Me importa o julgamento de Deus e do povo sobre nosso agir, a opinião dele não me preocupa.

8 de setembro de 1981

Ontem foi o dia da Independência. Em São Félix do Araguaia não houve nenhuma comemoração oficial, nem a bandeira foi hasteada na escola.

Hoje cedo ouvimos na rádio Bandeirantes que a Polícia Federal concluiu que aqui na Prelazia está o foco da guerrilha do Araguaia. No dizer da Polícia Federal, o Pe. Antônio Canuto em Santa Terezinha e o Pe. Jesus Pina em Porto Alegre são os organizadores da guerrilha, por detrás deles estaria Pedro comandando tudo. Nossa impressão é que estão criando o clima para justificar um ataque ao trabalho da Igreja. A tensão cresceu na região do Araguaia, as fazendas estão expulsando os posseiros com o apoio dos órgãos oficiais. Como os posseiros não recuam, o confronto é inevitável.

Qualquer iniciativa do povo no sentido de se organizar é logo reprimida pelos "chefes locais" representantes do latifúndio. Em Chapadinha, o Sindicato dos Trabalhadores Rurais organizou um trabalho comunitário para plantar e colher numa terra coletiva; a Prelazia deu apoio e o prefeito local, Aldecides Milhomem, com alguns fazendeiros já começaram a colher assinaturas para boicotar a iniciativa.

Hoje sai para Brasília um grupo de posseiros de Pontinópolis para tentar resolver o problema deles com a fazenda Agropasa. A fazenda está tomando a terra dos posseiros.

Os Tapirapés voltaram de Brasília decepcionados, não foram ouvidos pelo governo, vão resolver do jeito deles.

O que deve fazer um sacerdote a serviço de Deus e do povo no meio desta realidade?

No domingo a comunidade enviou uma carta de apoio para Oneide e os dois padres presos. Foi o pessoal do povo que escreveu e eu assinei.

Mesmo sendo aqui um lugar pacato e isolado, tenho consciência de estar vivendo num tempo e num lugar onde em muitos aspectos se define a história do Brasil.

Preciso rezar tudo isto, rezar é interpretar à luz da fé os fatos da vida.

Nestes dias estamos formando o Conselho da Comunidade, são doze membros e cada grupo tem seu representante.

Marta Milhomem, jovem da comunidade, me procurou para conversar, brigou com o pai, não aguenta mais o autoritarismo dele, quer ir embora, mas tem medo de arriscar-se, está dividida entre a liberdade e o medo, isso é a vida.

Falhou a viagem para a Ilha do Bananal. Valeriano e eu iríamos para o lado do rio Jaburu, mas quem ficou responsável de vir nos buscar não apareceu.

15 de setembro de 1981

Percebe-se no ar algo estranho, a repressão se aproxima. Há essa calma que precede a tragédia. A possibilidade de prender os agentes de pastoral é uma realidade.

Hoje se complicou a situação na aldeia Tapirapé. O Incra vai demarcar as terras e os indígenas não aceitam. Em Santa Terezinha há uma campanha de difamação contra eles. No Ribeirão Bonito expulsaram a Vanja do posto de saúde porque casou com Diá, liderança popular, próximo da Prelazia. Semana que vem chega o Exército em mais uma operação Aciso (Ação Cívico-Social), com a desculpa de ajudar o povo. O que pretende de fato é controlar o trabalho da Igreja em toda a região do Araguaia-Tocantins. Em Porto Alegre do Norte as fazendas estão expulsando os posseiros das suas posses e, o que é pior, dividindo-os entre si.

A comunidade de São Félix do Araguaia, da qual sou diretamente responsável, vai adquirindo rosto próprio. O curso de Bíblia com mais de trinta participantes está sendo muito positivo. Começamos a publicar um folheto *Povo em Caminhada*, com notícias da região e outras informações. Depois de oito meses me sinto integrado, vendo possibilidades novas. Na Vila Santo Antônio, estamos dando passos para construir a futura igreja. Aqui, por ser a sede da Prelazia, chegam as informações de todas as equipes, é um lugar privilegiado para ter uma visão de conjunto.

16 de setembro de 1981

Reconstruo o dia na memória.

Ontem chegou em casa um casal de Canabrava, moradores recentes na região. O filho deles, 17 anos, alto, forte, faz oito dias que está "privado", no dizer do povo da região para explicar que não faz as suas necessidades básicas. O médico disse que não podia fazer nada e nada fez. Queriam ajuda para ir a Barra do Garças onde o filho poderia ser tratado. Demos-lhes o dinheiro e os hospedamos no Centro Comunitário até poderem pegar o ônibus às seis horas da manhã. De noite fomos visitá-los, o Pe. Manuel Luzón e eu. O rapaz estava cansado, mas não tinha um aspecto ruim. Às duas da manhã o pai bateu à porta, o rapaz tinha morrido, e pedia velas para pôr na cabeceira. Eu não consegui dormir mais, a revolta cresceu por dentro, esse médico foi um assassino, poderia ter feito alguma coisa. Ultimamente meu ofício é enterrar os mortos, impotente diante da crua realidade. Só a fé na vida eterna pode garantir a esperança. A vida dos pobres aqui não vale nada e, para o povo tão ferido, o importante é que não faltem velas acesas na cabeceira, que o morto seja enterrado com roupa nova e se faça a foto no caixão com toda a família ao redor. Providenciamos o caixão e o enterro.

Definitivamente afirmo: não é que queiramos ser radicais, é que o sofrimento do povo radicaliza a gente, não há como ficar indiferentes.

José Bruña, amigo de Belo Horizonte, escreveu mandando notícias e alimentando a amizade, a Irmã Marina di Polto, que trabalha e mora no Barreiro, também escreveu.

Têm dias que a barra fica pesada!

24 de setembro de 1981

Instalaram a antena de TV na cidade, já temos televisão em São Félix do Araguaia. Agora o povo fica amontoado na porta da casa que tem aparelho vendo as novelas, vão mudar os costumes.

Leio a História da Igreja elaborada pelo CEHILA, imprescindível para compreender nossa caminhada.

Estou ruim estes dias, suspeita de malária.

26 de setembro de 1981

"Encontrar a própria verdade", "defrontar-se com apropria realidade", eis a tarefa. Conhecer-se a fundo, até as motivações mais profundas, é parte do trabalho diário. Passei a manhã rezando na frente do sacrário. Segunda-feira começo a percorrer a região para fazer o levantamento pastoral. Hoje teremos a eleição do Conselho da Comunidade, o povo vai votar na igreja. Quando é que o povo vai ter participação na eleição do padre, do bispo, do papa?

3 de outubro de 1981

Voltei hoje da viagem a Santa Terezinha e Porto Alegre do Norte fazendo o levantamento pastoral. Estes encontros favorecem a amizade e a partilha. O que mais me marcou foi a visita à aldeia Tapirapé. Fomos Selme, Tadeu e eu. São três horas de bicicleta desde Santa Terezinha. Chegamos às seis da tarde e fomos acolhidos com muito carinho pelas irmãzinhas de Jesus que lá vivem e pelo povo da aldeia.

À noite, sentados todos no chão batido, jantamos um tucunaré assado à luz da lâmpada de querosene. Foi um momento sagrado, de profunda emoção. De manhã cedo celebrei a missa para as irmãs. Voltei renovado e fiz a mim mesmo a promessa de voltar sempre à aldeia quando for a Santa Terezinha. Aqui está a semente da nova sociedade.

5 de outubro de 1981

Cheguei às dez da noite em Santo Antônio do Rio das Mortes. Amanhã saímos Judite e eu para visitar as comunidades da região: Correntinho, Barreira Amarela e outras.

De São Félix do Araguaia a Santo Antônio do Rio das Mortes há 90 quilômetros de distância, demoramos quatro horas num Jeep velho. Na carroceria íamos um baiano, um mineiro, um goiano, um mato-grossense, uma moça espírita e eu. Brincadeiras e piadas animaram o caminho.

À noite, depois do jantar, conversamos sobre a realidade da região. No barraco ao lado uma criança chora inconsolável. Será fome? Será medo?

6 de outubro de 1981

Às seis horas da manhã, Judite e eu saímos de bicicleta para a comunidade de Correntinho. São dez léguas, chegamos ao meio-dia, cansados, esgotados. A estrada era muito estreita e a bicicleta batia nos lados e a trepidação era enorme.

A família de Honorato nos acolheu. De tarde celebramos a missa. Um mês atrás duas crianças brincavam e sem querer uma matou a outra, isso gerou um enorme pesar na comunidade e até divisões. A missa foi na casa dos pais da criança que morreu.

Na volta, já de noite, dei um tombo feio, bati num topo e caí por cima da bicicleta.

Amanhã teremos batizados e um casamento na casa de um empregado da fazenda Masife.

7 de outubro de 1981

São as cinco da tarde e estou na casa de Raimundo "Prá frente". Terminada a celebração, o povo voltou para suas posses. Um caminhão ficou de vir me procurar para me levar para o Ribeirão Bonito e não apareceu. Agora só me resta esperar e sair amanhã cedo de tropa até a BR, são mais de 80 quilômetros. O que fazer? Só me resta esperar, aqui no sertão profundo não há opções, o jeito é ter paciência.

Algumas observações sobre o dia.

A celebração estava marcada para as dez horas da manhã, começou as duas da tarde. O povo foi chegando devagar, todos almoçaram na casa, quem pede a missa garante o almoço e o dia fica por conta da reza.

Raimundo "Prá frente" ficou muito feliz com a minha visita, porque tinha ouvido dizer que os padres não celebravam missas nas fazendas. Fiz questão de lhe explicar que uma coisa é ser empregado, outra ser dono. Ele é um posseiro a mais e lá estavam todos os moradores da redondeza.

Mas o mais surpreendente é que ele mora com duas mulheres e cuida das duas; das duas tem filhos e aparentemente não há ciúmes ou brigas entre elas. Perguntei se a comunidade aprovava fazermos os batizados dos filhos dele com ambas as mulheres e o povo unanimemente disse que sim, isso para eles não era problema, o problema seria se ele abandonasse uma delas, não cuidasse delas e as deixasse sem proteção nesse sertão de Deus. Para o povo Raimundo "Prá frente" era um homem caridoso que protegia duas mulheres, o errado era ter deixado os filhos sem batizar até agora.

Claro que toda esta realidade me levou a refletir a noite toda. Aqui o casamento para a mulher é encontrar a proteção de um homem. Que seria de uma delas se fosse abandonada com os filhos no meio desse mundo? Fiz algumas exigências a Raimundo no seu relacionamento com a família. É preciso partir da realidade concreta e propor, sim, um caminho de crescimento.

15 de outubro de 1981

Cheguei hoje a São Félix do Araguaia, depois de passar uma semana em Ribeirão Cascalheira preparando o teatro *"Meu Padim segura o tacho"*.

Vieram comigo a Irmã Isabel Ayala, agostiniana de Belo Horizonte, e duas noviças, Fátima e Yolanda. Foi muito bom nos reencontrar, eu as acompanhava como diretor espiritual em Belo Horizonte.

Em São Félix do Araguaia me encontro com a notícia de que os professores Erotildes e Paulo Afonso foram transferidos pelo governador para uma cidade perto da Bolívia, Pontes e la Cerda.

Erotildes é professora há mais de 20 anos, é daqui, participa ativamente na comunidade e faz parte da diretoria do PMDB, ótima professora. Paulo Afonso leva dois anos em São Félix do Araguaia, veio de Minas Gerais, é secretário do PMDB e foi o mais votado para o Conselho da Comunidade. A transferência deles não tem justificativa, é perseguição política. Paulo Afonso recebeu a notícia ao chegar do seu casamento em Minas Gerais.

Leio na *Carta ao Romanos* que Cristo veio para nos ensinar a amar e perdoar. É preciso muito amor para saber perdoar sem vingança.

A chuva chegou e tudo se renova.

18 de outubro de 1981

Começamos o retiro espiritual da equipe com Marcelo Barros, monge de Goiás. O tema do retiro: *"As opções de Jesus"* e, dentro delas, as nossas opções hoje.

Decidimos partir da vida, da realidade. Constato que ainda não tenho uma espiritualidade que alimente a minha prática e a minha busca, uma espiritualidade política.

No retiro refletimos sobre a experiência que temos de Jesus, qual o processo de nosso relacionamento com Ele. Refletimos depois sobre a sociedade em que Jesus viveu e a prática de Jesus diante daquela realidade. Vimos as opções de Jesus e a crise dele na sua caminhada para Jerusalém.

De repente houve um corte brusco no retiro.

Pedro deveria ter chegado de Goiânia na segunda-feira. Marcelo Barros, que chegou de ônibus, afirmou que viu o bispo Pedro pegando o ônibus em Goiânia juntamente com o Pe. Geraldo Rosania a caminho de São Miguel do Araguaia, onde na manhã seguinte pegariam o avião para São Félix do Araguaia. Durante a viagem o Pe. Geraldo dormiu e Pedro num determinado momento fez sinal para o motorista parar. Ele entendeu que Pedro queria ficar naquele lugar e foi embora. Quando o ônibus chegou a São Miguel do Araguaia, o Pe. Geraldo ficou desesperado. Que aconteceu com Pedro? Foi sequestrado? Mas se tivesse sido sequestrado teria gritado.

Conclusão da história. Pedro pediu para descer um momento para fazer xixi, mas o motorista não entendeu e foi embora. De manhã Pedro chegou a São Miguel do Araguaia empapado, depois de caminhar quatro horas na chuva. A gozação foi grande: a maior "mijada" da história da Prelazia.

De volta ao retiro, algumas ideias vão ganhando clareza:
- Estou nesta Igreja por opção, sei onde estou e quais as consequências desta escolha.
- Sei que nossas posições são conflitivas para muita gente dentro e fora da Igreja, mas sei que nossas opções partem do evangelho.
- Sei que na minha vinda para aqui está Deus e que eu tenho aqui uma missão concreta que preciso descobrir.
- Preciso fazer a passagem, isto é a conversão, de uma visão teórica e intelectualizada para uma vivência prática e um compromisso real. Assumir o sacerdócio como serviço constante.
- O seguimento de Jesus aqui me exige uma fé inabalável em Cristo e a consequente vida de oração.
- Vida em equipe, o discípulo é companheiro, amigo.
- Seguir Jesus exige rupturas e integração da nossa vida e personalidade, levando em conta as mediações atuais e os apelos do povo.

23 de outubro de 1981

Hoje, sexta-feira, terminou o retiro espiritual da equipe com uma missa na Catedral. O povo foi convidado porque dez anos atrás, no dia 23 de outubro, Pedro foi sagrado bispo e a comunidade queria dar graças a Deus.

Dez anos são pouco tempo na vida de uma Igreja, mas aqui aconteceram coisas muito importantes nestes dez anos. Esta Prelazia se tornou sinal visível do anúncio do Reino de Deus e consequentemente sinal de contradição: admirada e perseguida, amada e odiada. Pedro foi escolhido por Deus para plantar e destruir, semear e colher e ele assumiu radicalmente a missão e Deus não falhou.

Amanhã Valeriano e eu vamos para Minas Gerais.

19 de novembro de 1981

São as duas e meia da tarde e chove sem parar. No princípio foi a chuva!

Valeriano e eu voltamos ontem da viagem que fizemos a Minas Gerais, Rio de Janeiro e São Paulo. Muito chão, muito povo para rever, muitas emoções.

Percebi que a Igreja em geral e a Vida Religiosa em particular estão mais preocupadas com as estruturas do que com alimentar o Espírito.

Na ordenação presbiteral de Capellari e Almeida, freis agostinianos do nosso Vicariato de "Nossa Senhora da Consolação do Brasil", constatei que alguns bispos vivem em outro mundo, não incorporaram nas suas reflexões nada da nova teologia, da visão da realidade que o Concílio e Medellín apresentam. Quando grande parte da hierarquia vai descer do trono para entrar na crua realidade do povo?

Vi ao mesmo tempo como os leigos estão interessados em conhecer o trabalho de nossa Prelazia. É claro que de longe tudo fica idealizado, mas mostra que todos levamos dentro esse desejo profundo de entregar a vida por algo que mereça a pena.

Experimentei a fraternidade e a amizade dos confrades, me senti acolhido, valorizado, querido.

Reencontrei amigos de grupos e pastorais que trabalham com o povo nos movimentos sociais e nem sempre são aceitos ou compreendidos. Muitos dos que, anos atrás, partiram para a periferia num trabalho político, hoje sentem a necessidade de trabalhar-se interiormente, conhecer-se melhor, harmonizar-se para agir mais eficazmente. Ninguém dá o que não tem, é preciso alimentar a alma pois o compromisso social e político é exigente e esgota.

Pessoalmente devo adentrar-me nas opções básicas: a mística, a fé, o trabalho interior. Li o livro *Pobre de Deus*, de Nicos Kasanzaquis, e me fez muito bem. "Deus como absoluto"; "Deus que não pode esperar";

"Sempre pede mais"; "A busca da perfeita alegria, amor e pobreza". Percebi o processo lento e doloroso de um homem que arriscou ser honesto até as últimas consequências, libertando-se de todos os medos e preconceitos.

Na noite do dia 15 celebramos meu aniversário no Barreiro de Cima na missa das dezenove horas. Fiquei muito emocionado sentindo o carinho da comunidade. Chegando a São Félix do Araguaia, o mesmo carinho. No curso de Bíblia cantaram parabéns para a Irmã Irene e para mim e depois o forró correu solto.

A leitura do *Pobre de Deus* provocou isto em mim:

"Eu te compreendo Francisco, te compreendo e te admiro, sinto como tu a saudade profunda da inocência primeira, e as coisas da terra não matam toda a sede que levo dentro. Deus é o absoluto que busco! Ele é abismo, mistério, grandeza, é o TUDO, medida que ultrapassa a medida dos homens.

Eu te compreendo Francisco, conheço apenas o começo do duro processo interior rumo à liberdade total, dono do meu ser, do corpo, do instinto, capaz de matar a maldade em mim. Conheço as máscaras que me impedem romper definitivamente com a vaidade e a imagem que os outros possam fazer de mim.

Quero atingir a plena liberdade para sair pelo mundo entendendo a linguagem de tudo, eu mais um, companheiro em comunhão com todos os seres.

Ah! Saudade do paraíso. Quanto há para caminhar ainda"!

22 de novembro de 1981

Avalio as motivações que me trouxeram a esta Prelazia. Elas se misturam: desejo de me entregar totalmente a Deus e ao povo e desejo de glória, grandeza e reconhecimento. Fico envaidecido quando as pessoas dizem: ele trabalha com Dom Pedro Casaldáliga!

E eis que em menos de um ano entendi que o importante é ser grande por dentro, percebi a lentidão da espera, o valor do aparentemente inútil, o ridículo que é viver em função do que os outros pensem ou digam de mim. Cheguei aqui apressado, aos trinta anos queria mudar logo o mundo, o critério era a eficiência, ingênuo de mim! Valorizo agora o tempo gratuito: um bom papo, curtir o último disco de Milton Nascimento, jogar baralho com os amigos. Gratuidade é a palavra!

Esta realidade está me possibilitando descobrir novas dimensões da minha personalidade, talvez esquecidas, talvez atrofiadas.

27 de novembro de 1981

Estou chegando de mais uma reunião com o Conselho da Comunidade. É gratificante ver o povo assumindo as rédeas da comunidade, buscando alternativas para os problemas, mesmo que não sejam as mais revolucionárias no meu entender. Eu questiono, coloco observações, mas não imponho nada.

Vai ficando claro que ninguém mais acredita nas calúnias "dos contra" quando dizem que somos subversivos, comunistas, esse discurso já se esgotou e eles percebem.

Voltei para casa com Dona Firma e Dona Maria Fininha, que moram, como nós, na Vila Nova. Caminhávamos "no truvo" e percebi como nós estamos de fato próximos do povo simples. Normalmente os padres se situam socialmente na classe média, é só analisar onde vivem e com quem se relacionam; aqui não é assim, e o povo percebe. Caminhando com elas me veio o seguinte pensamento: vinte anos atrás eu era menino e vivia numa cidadezinha como esta, em Moreruela de Tábara, meus pais eram lavradores, gente humilde como estas mulheres que me acompanham, e o padre do lugar era Dom Domitilo, homem bom, cumpridor fiel dos deveres religiosos: missa, terço, confissões, catecismo, mas nunca se misturava conosco, nunca foi a nossa casa ou falou com os meus pais. Caminhava sim com o médico e o professor passeando pela praça, eram as autoridades da aldeia, os três *"Franquistas"*, apoiadores do regime político imposto pelo ditador Franco na Espanha.

Hoje eu não sou mais aquele menino, filho de lavradores, sou o padre desta cidade. Qual será a imagem que os meninos de hoje terão de mim no futuro? Como o povo recordará os membros da equipe pastoral, leigos, padres, irmãs, bispo? De que lado nos colocarão?

30 de novembro de 1981

Cada vez me custa mais escrever, estou numa fase de esterilidade poética.

Ontem à noite reuniu-se o Conselho da Catedral para aprovar os pedidos de batismo e casamento. O critério geral é que se participe da comunidade e não seja contra a Prelazia. Tratou-se o caso de um rapaz muito engajado na Igreja, mas que ao conseguir um emprego na prefeitura foi lhe exigido que se afastasse da comunidade. Está dividido entre a Igreja e o emprego. Numa perspectiva pastoral, até onde podem ir as exigências? O que se pode dizer a uma pessoa que precisa do emprego para sobreviver, mas se lhe exige o afastamento? Eu gostaria que todos tivéssemos uma fé e um compromisso de mártires, mas isso não é o normal.

Morreu hoje Isabel, deixou treze filhos, morreu no parto, eram gêmeos. Que situação mais dramática: a mãe no caixão e os treze filhos ao redor. A morte me coloca sempre diante do sentido da vida. Só uma perspectiva de fé pode encontrar sentido numa situação tão cruel como esta!

4 de dezembro de 1981

Ontem à noite começamos a preparar o teatro de Natal com o grupo de jovens. Vamos representar a peça de Pedro: "*Natal na casa do vaqueiro*". Começamos fazendo alguns exercícios para entrar no clima, é incrível como esta turma tem criatividade e entusiasmo.

Também ontem fizemos um retiro espiritual, preparando-nos para o Natal. Advento, tempo de mudança, conversão, vida nova.

Dona Sabina, companheira do Alemão, veio nos trazer abóboras e mandioca da sua horta. "*A terra é mãe generosa*" disse ela. O Alemão é um personagem de novela surrealista. Ninguém sabe de onde veio nem como chegou aqui, não se conhece seu verdadeiro nome, é apenas o Alemão. E diante de tamanho mistério a imaginação voa solta. Há quem diga que fugiu da Alemanha nazista, outros opinam que se escondeu em São Félix para esquecer um amor frustrado. No seu português atrapalhado se comunica por monossílabos e nunca fala do seu passado. Homem prático e sistemático, é auxílio para qualquer problema; conserta a luz se há um apagão na cidade; solda um ferro se o freguês lhe pede, fura um poço se for necessário. No seu quintal, tudo o que um ser humano possa precisar, ali o encontra, mas só ele sabe onde achá-lo e, se algum incauto ousar remexer no que aparentemente é lixo para o resto dos mortais, o Alemão aos gritos o mandará às profundezas do inferno para sempre.

Chegou depois em casa o Pe. Raimundo Pombo, salesiano. O povo, no dizer dele, está lhe pedindo para se candidatar a governador pelo PMDB, enfrentando assim o PDS apoiado pelos latifundiários. Não tem ambição política, quer apenas servir. O arcebispo de Cuiabá e os salesianos não aceitam a proposta, se se candidatar terá que deixar de exercer o ministério. A sua vinda tem um objetivo: saber se a Prelazia o incardinaria como seu sacerdote. A situação é complexa, teoricamente sabemos que não é papel do clero assumir cargo político, por outra parte a situação no Estado é caótica, e se for eleito o povo sairá ganhando. Se não for incardinado desistirá da candidatura. Vamos tratar o caso com cuidado.

7 de dezembro de 1981

Hoje percebi que devo aprofundar em algumas dimensões da minha personalidade:
- Estou perdendo a sensibilidade para sentir a realidade, preciso limpar os olhos e ver a beleza presente na vida.
- Preciso me esforçar para fazer melhor as coisas, exigir-me mais.
- Devo crescer em liberdade interior, a verdade nos liberta.

Hoje a Igreja celebra a festa de Santo Ambrósio, amigo e mestre de Santo Agostinho. Oxalá apareçam neste momento histórico bispos como ele e Agostinho, santos, cultos, pastores.

Leio a *História da Igreja no Brasil*, do CEHILA. É impressionante como a Igreja se acomoda ao momento histórico e perde a capacidade da profecia.

Quero reler no próximo ano as obras de São Francisco de Assis e Santa Teresa de Ávila misturadas com os escritos de Gustavo Gutierrez, Leonardo Boff e outros teólogos latino-americanos. Vamos ver se sai uma boa síntese.

9 de dezembro de 1981

Dias atrás falei sobre a vinda do Pe. Raimundo Pombo propondo se incardinar na Prelazia.

O processo da discussão tem sido assim entre nós: na equipe de São Félix pensamos que deveríamos acolhê-lo, já que sua candidatura representa o bem do povo, mesmo assim decidimos ampliar a discussão com todas as equipes. A situação atual é confusa e não há clareza sobre a entrada num cargo de governo por parte de um membro do clero. De um lado vemos que seria um erro histórico privá-lo de se candidatar, se ganhar é o povo que ganha; de outro lado percebemos que aceitá-lo como padre na prelazia nos expõe grandemente, dado que já somos acusados de querer dominar politicamente a região, e agora seria também o Estado. Já se fala de lançar para candidatos a prefeito vários agentes leigos da equipe de pastoral. Se aceitamos o Pe. Raimundo Pombo vai se desencadear uma campanha para expulsar o Pedro do Brasil. Nossa proposta é que se incardine em outra Igreja fora do Estado de MT. Parece-nos o mais tático e sensato neste momento.

16 de dezembro de 1981

Ontem participei da novena de Natal na casa de Dona Zilda, na rua Severiano Neves. Há seis grupos de novena nas ruas. Fiquei admirado de como Eva e Arcelino, membros da comunidade, coordenaram a reunião. É o povo falando e se organizando, é só deixar-lhe espaço.

Continuo ensaiando o teatro de Natal e continuo lendo a *História da Igreja no Brasil* e vou comparando-a com nossa caminhada aqui. Hoje nos escandaliza ver que a Igreja nos séculos XVI e XVII, num Brasil de escravos e de índios, não se opôs rotundamente à escravidão e à destruição dos povos indígenas. Que dirão de nós no futuro? Teremos sido fiéis ao evangelho ou teremos compactuado com a injustiça?

21 de dezembro de 1981

Na casa da vizinha Maria Fininha, o filho de Rosinha, Pablo, chora há mais de meia hora sem parar e isso me irrita. Como sou medíocre e mesquinho ainda! Lido mal com as coisas imprevistas, preciso crescer em humanidade.

Acabei de ler *Púbis Angelical*, de Manuel Puig. É o relato de uma mulher que foi educada para ser um enfeite, mito sexual, e aos poucos vai se descobrindo como pessoa humana, isso tendo como pano de fundo a realidade da Argentina na década de setenta, em plena ditadura militar. Puig tem muita habilidade para trabalhar os sentimentos humanos e analisar psicologicamente a alma de seus personagens, trata, porém, apenas da realidade da classe média latino-americana. Excelente escritor, organiza com maestria a trama da história que vai contar, mas lhe falta essa outra dimensão da realidade popular, tão presente em escritores como Arguedas, Manuel Scorza, Pablo Neruda e Gabriel García Márquez.

Chegou Marquinhos, religioso franciscano de Belo Horizonte e amigo querido. Está terminando a teologia e sonha em vir para a Prelazia. Ficará um mês conosco.

22 de dezembro de 1981

O dia hoje foi de rachar a cabeça:
- Dagmar, esposa de Cesar Gatti e diretora da escola em Chapadinha, foi demitida. Ela, mesmo não sendo agente de pastoral, é muito ligada à Prelazia e veio de São Paulo para trabalhar na educação. Seu marido, Cesar, é italiano, veio fazer trabalho voluntário e por aqui ficou. Dagmar tem uma

visão crítica da realidade e propõe uma educação na linha de Paulo Freire. O prefeito não gostou e a mandou embora. Os professores falaram que não aceitam e que se for o caso saem todos em apoio a ela.
- Às três da tarde, voltando para casa, encontrei dois karajás, um homem e uma mulher, bêbados, deitados no meio da rua e sujos de lama, na frente da casa de Zezinho advogado e Tetê. Virou espetáculo para todos os que passavam. Ontem cinco karajás, também alcoolizados, quase se afogam no Araguaia, logo eles que nadam como peixes. Agora, por causa da bebida, correm o perigo de morrer afogados. Os comerciantes, mesmo estando proibidos por lei, lhes oferecem cachaça e os enganam comprando seu artesanato a menor preço.
- À noite o Conselho da Catedral se reuniu para aprovar os pais e padrinhos para o batismo e um deles não foi aceito. É sempre uma situação desagradável, os pais reclamam, afirmam que são católicos e que rezam em casa, mas não participam da comunidade e aqui um dos critérios é a participação ativa na Igreja. A aprovação para os sacramentos é sempre um problema.
- Para encerrar o dia, Pontin me comunica que a vizinha dele, Conceição, morreu de repente no bairro da Lagoa. Fui lá e o ambiente é sempre o mesmo: a morta no meio da sala e o povo ao redor, misturado com gatos, cachorros, ladainhas e cachaça. Ela deixa o marido e sete filhos. Dois anos atrás morreu de acidente um filho de cinco anos e no ano passado morreu outro no parto, para completar a história, agora, morre ela.

Foi um dia e tanto!

23 de dezembro de 1981

Léo e Vera Furlan são agentes de pastoral leigos. Tinham ido para São Paulo, à casa da família de Vera, para fazer o parto dela. Chegaram hoje com os três filhos: Maira já grandinha, e os gêmeos Uirá e Tiarajú. Fomos buscá-los na Ilha do Bananal na maior chuva do mundo. Foi um dia de reencontro e alegria. Maira estava radiante com os dois irmãozinhos, Pedro e Irene pareciam dois avós paparicando os netos.

À noite celebramos na Catedral a confissão comunitária com a comunidade. Foi um momento de perdão e de gratuita alegria.

28 de dezembro de 1981

Começamos a Assembleia-Geral da Prelazia com todos os agentes de pastoral. Clodovis Boff vai assessorar o encontro. O tema geral: *"Reino, Igreja, Mundo"*.

31 de dezembro de 1981

Já passou a meia-noite e estamos chegando da Catedral ao Centro Comunitário, depois de celebrar a missa presidida por Pedro com toda a comunidade. Equipe pastoral e povo da comunidade unidos na ação de graças por este ano que passou.

A assembleia tem sido pesada: estudo, remanejamento das equipes, problemas no relacionamento dos agentes, conflitos políticos e pastorais, crises pessoais, a vida tal como ela é.

Na celebração, revimos o ano que termina. Para Valeriano e para mim, o primeiro ano na Prelazia. Chegamos em fevereiro, e lembro que passei o último dia do ano passado na casa de minha família em Salt, na Catalunha; fui me despedir antes de vir para aqui, pois não sabia quando voltaria a vê-los.

Muito para agradecer: experiências novas, pessoas novas, uma realidade desafiadora. O fato de chegar no momento em que a Prelazia celebrava os dez anos de existência acrescentou muita riqueza humana e espiritual.

Avalio que amadureci na busca da síntese entre a espiritualidade e o compromisso político, no conhecimento de mim mesmo e no desejo de continuar me trabalhando em todas as dimensões da personalidade. Foi um ano em que tudo me admirou, surpreendido com a nova realidade e angustiado muitas vezes com a possibilidade real da morte diante de tanta violência, a morte antes da hora. Estarei já maduro para a morte como escrevi tempo atrás no Barreiro de Cima?

Em definitivo um ano maravilhoso e Deus sempre ao lado como Palavra Nova, como luz iluminadora, como Deus encarnado em nossa história, como presença que colocou sua tenda entre nós.

Espero com esperança o novo ano. Será ano de eleições municipais. Por tudo, obrigado, Senhor!

14 de abril de 1982

Terminei de ler *Francisco, El Buenagente*, de José Luís Cortés. São admiráveis a sensibilidade de Cortés, a alegria e a radicalidade de Francisco de Assis. De fato, somos medíocres e buscamos sempre seguranças e compensações para não nos arriscar até as últimas consequências. Preciso romper as amarras, queimar as naves como fez Hernan Cortes no México, e passar a um novo estágio na esfera da liberdade pessoal. Continuo preso à minha imagem, às minhas ideias. Até quando ficarei neste vaivém?

"Senhor, dai-me a graça que incomoda, purifica e liberta"!

17 de abril de 1982

Estou com 31 anos e agora me pergunto angustiado, pelo sentido de tudo: vida, vocação, futuro. As respostas que até agora sustentaram minha vida não me servem mais e novas respostas não as tenho ainda. Isto gera uma sensação de vazio, absurdo, provisoriedade. Piso terra minada.

Nestas reflexões eu me debatia quando caiu em minhas mãos, numa tarde de chuva, *O Poder e a Glória*, de Graham Greem, e tudo se encheu de tristeza e solidão. Pensei, talvez um dia eu compreenda o sentido das coisas oculto nas miudezas do cotidiano, talvez um dia experimente a simples alegria de viver. Para isso preciso da humildade dos homens de Deus. É longo o caminho até chegar a ser verdadeiramente humano, o que me falta mesmo é amar Aquele que me amou primeiro.

23 de abril de 1982

Cheguei de madrugada a São Félix do Araguaia com Fernando, dominicano que foi preso na época da ditadura. Estivemos em Porto Alegre do Norte organizando as Missões. Conversamos, partilhamos a alegria da proximidade, organizamos o trabalho.

Em casa encontrei várias cartas, uma da família me dizendo que a mãe tinha sido operada e que o pai em janeiro machucara a perna. De longe fico apreensivo sem poder ajudar quando deveria estar perto e junto a eles. É o preço que se paga pelas opções feitas.

Recebi também uma carta de Joreny Nasser Kedy, amiga e psicóloga, mesmo com a diabetes muito avançada e perdendo a visão, tem uma esperança inquebrantável. Me informa que a Loyola vai publicar o livro de Salmos que fizemos oito anos atrás na comunidade da Consolação do Rio de Janeiro.

Também me escreve a Irmã Isabel Ayala, agostiniana, a mãe preta, a quem muito amo, me falando do amor de Deus, da alegria no meio do sofrimento, da fé que ultrapassa a morte.

Ah! Como eu queria ter essa fé, viver sem conflitos, sem dúvidas, sem esta solidão que às vezes toma conta do meu corpo! Me sinto como o protagonista do *Poder e a Glória*, querendo a santidade e sentindo-me sem forças para ser gente. Confio, porém, que de toda esta dor nascerá uma vida nova.

A reunião de preparação para as Missões foi positiva. Queremos que as Missões sirvam para aprofundar a formação das lideranças e animar a fé do povo. Vivemos um momento novo na região e precisamos entender as mudanças: chegam as colonizadoras do Sul, entra o projeto do Proálcool, se abrem novas estradas e a TV ocupa o lugar de honra na casa, além dos problemas de sempre: a luta pela terra e a defesa dos povos indígenas. Viver a fé no meio da história deste povo.

23 de abril de 1982

São muitas as coisas que acontecem num só dia. Cedo tentei telefonar para Goiânia para saber por que não chegou Lula, como estava programado, mas não consegui. Depois ajudei Fausto a enterrar o seu cachorro, belo, majestoso, atropelado por um carro e, para consolá-lo, fui jantar com a família. Terminei o dia na casa de Neuza e Zé Abreu. A comunidade fez uma surpresa para ela porque nos próximos dias vai ganhar o décimo primeiro filho. Fizemos o chá de fraldas e depois o povo ficou brincando e confraternizando-se. Neuza é uma mulher admirável, humilde, corajosa, liderança firme. Percebi como a criança que vai chegar já é querida, esperada por todos com amor, filha da comunidade. Vale a pena nascer no meio dos pobres nesta terra tão sofrida, mas também cheia de esperança. Essa criança já é semente do mundo novo.

26 de abril de 1982

Estes dias têm sido de muito movimento. Finalmente chegaram Lula e Luiz Eduardo Greenhalgh, advogado dos padres presos, Chico e Aristides. Foram longas horas de conversa. De fato, Lula tem uma personalidade carismática, ele se impõe pela clareza de suas ideias e pela consciência de classe que possui, é um homem convencido de sua missão e de seu compromisso, vive para a causa e acredita na luta do povo. Admirável o exemplo dos dois!

Luiz Eduardo Greenhalgh é grande defensor dos presos políticos e dos Direitos Humanos.

Devo aprender deles a definir-me com clareza sem ficar em cima do muro.

As nossas conversas noite adentro giraram em torno à conjuntura atual, às possibilidades e propostas do PT para as próximas eleições.

Ficou claro que a classe trabalhadora deve organizar-se politicamente para interferir no processo da organização da sociedade.

Passaram para o povo o filme *Linha de Montagem*, em que aparece o processo das greves em São Paulo nos anos 1978 e 1980.

1º de maio de 1982

É meia-noite e escrevo no meu quarto iluminado pela luz de uma candeia de querosene. É primeiro de maio, Dia do Trabalhador. Quando morava em Belo Horizonte, neste dia se reuniam todos os metalúrgicos, e outros trabalhadores, na praça da Cemig, na Cidade Industrial, para celebrar a Missa do Trabalhador e as lutas do povo. A missa passou a ser um sinal de resistência da classe trabalhadora.

Hoje cedo chegou de Ribeirão Bonito a notícia de que Pedro fora agredido lá. Ele está em visita pastoral e dois conhecidos criminosos, Hélio e Raimundo, bateram nele e o ameaçaram de morte. A agressão foi quando Pedro passava pela ponte do córrego. Ele reagiu com calma, e pessoas da comunidade, que presenciaram o fato, enfrentaram corajosamente os criminosos, que surpreendidos acabaram indo embora.

Terminei o dia lendo a *Vida de Santa Teresa*, escrita por José Luís Cortés. Teresa de Ávila integrou muitas qualidades na sua personalidade: coragem, ternura, alegria, senso prático, luta contra estruturas arcaicas e muito senso de humor. Soube viver o evangelho na realidade de seu tempo e abriu caminhos novos no seguimento de Jesus.

Pensei na possibilidade de escrever nossa experiência de vida aqui na Prelazia, pode servir como uma luz para tantas pessoas que procuram uma Igreja mais evangélica.

Enquanto escrevo isto os cachorros latem de forma triste e lúgubre, são os donos absolutos da cidade.

Eu me sinto seco, sem força interior. Se continuar assim vou perder o sentido maior da vida, só Deus plenifica a minha alma peregrina, Deus e o povo.

"Tu, Senhor, me trouxestes até aqui e em Ti pus minha confiança, liberta-me para que possa libertar, a vida não me pertence, faz que queimada, ilumine como esta lamparina ilumina a noite".

Milhares de mosquitos rodopiam no quarto e antes de adormecer recordo que ontem passei a noite tendo um grande pesadelo lembrando da mãe. Terá lhe acontecido algo grave? Esperarei notícias!

6 de maio de 1982

Levo uma semana sem sair da secretaria, trabalhando na máquina de escrever e no mimeógrafo: é a cartilha da Crisma, são os textos das Missões, é o Jornal Alvorada, além das obrigações diárias.

Hoje li um trecho do livro *La Montaña es algo más que uma inmensa estepa verde*, de Omar Cabezas, prêmio Ciudad de las Américas 1982. Ele é um revolucionário sandinista e no livro diz coisas maravilhosas sobre o que deve ser o homem novo. Transcrevo alguns trechos:

"Limpia, limpia la mirada, es el hombre nuevo".

"Éramos hombres duros, curtidos y Henri Ruiz era capaz de quedarse sin cobija cuando pasábamos por un rancho y veia un niño durmiendo descubierto. Esa soledad nosotros la transformamos en fraternidad entre nosotros mismos. Nos tratábamos toscamente pero en el fondo nos amábamos con un amor profundo, con una gran ternura de hombres. Nos amábaamos con sangre, con rabia, pero un amor de Hermanos.

Entre nosotros no habia egosimos. Como que la montaña, el lodo y la lluvia, la soledad, como que nos fueron lavando un montón de taras de la sociedad burguesa. Nos fueron lavando una serie de vícios. Alli aprendimos a ser humildes porque vos solo no vales ni mierda ahí adentro. Aprendés a ser sencillo, a valorizar los valores estrictamente humanos. El hombre nuevo comienza a nacer con hongos, con los pies engusanados, el hombre nuevo comienza a nacer con la soledad, picado de zancudos, hediendo. Esa es la parte de afuera, porque por dentro, a fuerza de golpes violentos todos los dias, viene naciendo el hombre con la frescura de la montaña, un hombre, pareciera mentira, un tanto candido, sin egoísmo, un hombre que no es mezquino, un hombre tierno, que se sacrifica por los demás, un hombre que da todo por los demás. Empieza a nacer el hobre nuevo que se va apropiando de una serie de valores, los va encontrando y los va cuidando y los va mimando y los va cultivando em su interior. Ahí nace el hombre nuevo en la montaña, como nace el clandestino en la ciudad y el guerrillero en el campo.

El hombre nuevo está más allá de donde está el hombre normal, está más allá del cansancio de las piernas, de los pulmones. Está más allá del hambre, más allá de la lluvia, más allá de los zancudos, más allá de la soledad. Está allá donde el hombre normal empieza a dar más que el hombre normal. Donde el hombre empiez a dar más que el común de los hombres. Cuando el hombre empieza a olvidarse de su cansancio, cuando empieza a negarse a si mismo".

12 de maio de 1982

Amanhã é o sexto aniversário da cidade de São Félix do Araguaia. O PDS se movimenta. A banda da escola leva um mês treinando as músicas para a festa. Ontem saiu o novo jornal *Gazeta do Vale do Araguaia* atacando a Prelazia.

Pensando hoje sobre meu processo pessoal, concluí o seguinte: tento uma mudança pessoal, mais voltado para o meu interior e simultaneamente mais aberto à realidade do mundo, ambos processos são um só processo, um não nega o outro, ao contrário, mutuamente se alimentam. A dura realidade do dia a dia me faz ir mais fundo no meu conhecimento pessoal, se caminha com os dois pés.

Me veio à cabeça a ideia de que, na verdade, sou apenas aquele menino pobre que um dia saiu do interior à procura do mundo e que ainda se maravilha com tudo o que vê, e que cada vez conhece mais e conhece menos o coração humano. Não passo disso: um homem simples no meio do mundo imenso, buscando o sentido de tudo sem nunca chegar à essência das coisas. A origem de classe define em grande parte o homem adulto que virá a ser no futuro.

13 de maio de 1982

Leio o livro de Gustavo Gutierrez *A força histórica dos pobres*. Livro que ajuda a clarear a minha prática. *"Só quem não olha com fé não percebe que Deus está presente neste tempo, nesta história, mesmo cheia de conflitos e escura".*

Os opressores podem nos roubar tudo, mas não podemos permitir que usem a Igreja ao serviço deles para oprimir o povo. Eles têm tudo: poder, armas, jornais, mas por fidelidade ao evangelho não podemos deixar que controlem a Igreja. É preciso não ter medo, não se deixar comprar, eles não têm consigo o mais importante: Deus e o povo. O conflito é inevitável e o que os opressores não suportam é não poderem ter a Igreja ao serviço dos seus interesses.

14 de maio de 1982

Ontem apareceu em casa uma mulher se dizendo jornalista da *Folha de S. Paulo*: Maria de Fátima Salles. Falou tanta bobagem que ficou em ridículo. Queria saber se o bispo ia revidar a agressão que recebeu em Ribeirão Bonito, pois achava que estávamos preparando uma ação armada. Dias antes, no domingo, procurou-nos um jovem com aspecto de *hippie* querendo também ter notícias sobre a reação à agressão, pediu para dormir no Centro Comunitário, depois soubemos que ficou passando informações para o Delegado de Polícia.

Tentaram matar o papa pela segunda vez. O povo simples diz que é "o fim das eras".

Ao meio-dia recebemos a notícia de que tinha morrido "Joaquinzinho" de Pontinópolis, grande amigo da Prelazia e líder da comunidade. Deixou sete filhos de doze anos para baixo.

A Irmã Irene e eu começamos a visitar hoje as famílias que ficam no morro ao lado do cemitério velho, fomos acolhidos com muita alegria e bondade.

17 de maio de 1982

Neste mês de maio o povo reza nas casas, hoje foi na nossa e Irene se fez de dona da casa. As comadres rezaram o terço, veio muita gente.

À noite, fiquei lendo, na *Folha de S. Paulo*, uma entrevista com Elomar. Esta é sua fala:

"Eu sou como a terra. As canções brotam de mim na estação das águas, de outubro a março. Quando vejo o relâmpago e ouço o som do trovão, é só ficar à espera que elas apareçam. Eu sou a voz da caatinga; quando ela fala é através de mim. O homem é a antena receptora de Deus, da terra, da caatinga, da chuva, do sol, do céu, do ar. Absorvo emoções que talvez nenhuma das estrelas remotas absorve e as devolvo".

Está aí a mais bela explicação sobre o que é o trabalho artístico, poético, a emoção do universo filtrada através da consciência do artista. É preciso ter muita sensibilidade para sentir o coração do mundo pulsando em cada coisa.

Talvez um dia eu possa ser um poeta de verdade, agora apenas balbucio frases.

26 de maio de 1982

Ontem tive que ir às pressas a Porto Alegre. No domingo à tarde, Selme, agente de pastoral, voltava de ônibus de Pontinópolis e na Chapadinha subiram dois soldados perguntando pelo bispo. Pedro estava em Porto Alegre do Norte e os soldados queriam saber se o ônibus vinha de Porto Alegre do Norte. Não vinha, mas Pedro estava lá; a conclusão se impunha e fui destacado para ir na manhã seguinte a Porto Alegre do Norte e avisar Pedro de que dois soldados andavam atrás dele. Quando o meu ônibus chegou no "Bate Papo", ponto de parada no meio do mato, topou com outro ônibus que vinha de Porto Alegre do Norte. Os dois soldados desceram do ônibus junto comigo e foram ao encontro do colega que eles procuravam e que chegava de Porto Alegre do Norte e tinha o sobrenome, muito comum na região, de "Bispo". A gozação ao contar a história foi grande. Confusões dessas há muitas. Pelo caminho de volta, Pedro e eu fomos conversando sobre literatura, equipes, oração, e rindo bastante da situação criada.

31 de maio de 1982

Li de uma só vez a metade do livro *Batismo de Sangue*, de Frei Betto. Li como se fosse a própria história, como quem ouve falar de coisas conhecidas, como se lê um romance de Gabriel García Márquez.

Estou lendo-o num momento pessoal confuso. Já passou mais de um ano em que Valeriano e eu chegamos aqui e aquela emoção primeira foi desaparecendo na dura rotina do dia a dia. Além disso, vivo uma fase onde os conflitos afetivos afloram com maior força. Isso tudo faz que o voo seja raso; sem força de vontade para sonhar, vou me tornando um homem comum. Ainda bem que Deus não abandona aos que chama e, hoje, colocou em minhas mãos o livro de Betto, em que ele descreve, com uma beleza absoluta e com uma veracidade única, o seu itinerário. Isso possibilitou que eu retomasse do fundo da alma a paixão primeira.

Colocar-se nu diante do país, confessar-se publicamente, eis o exemplo de um homem que pauta sua vida pelo evangelho.

Esse livro me oferece pistas novas para romper com o egoísmo que quer se apossar de mim. Estou disposto a renovar com o Senhor a aliança de amor, certo de que é Nele que está minha segurança.

Ontem me veio a ideia de escrever, em poesia, a história deste povo, algo semelhante ao que fez Neruda em *Canto General*. Comecei a recolher dados.

Veio hoje conversar com o bispo o novo dono da fazenda Suiá Missu. Como Pedro não estava, conversou comigo. Vieram três: Bruno Vianqui, gerente atual, Bruno Testa e Francisco. Vieram para pedir o apoio da Prelazia ao novo plano de desenvolvimento que a fazenda pretende implantar ou, pelo menos, para que a Prelazia não atrapalhe. Francisco e Testa mais objetivos, Vianqui mais agressivo. Entendi a visão deles e discordei de suas posições, eles falavam desde sua visão capitalista, eu falava desde a visão do povo e do evangelho, propondo que a terra tem que ser dividida e tem uma função social. Como estávamos em campos diferentes, saímos sem nos entender, talvez um dia tenhamos que nos enfrentar.

2 de junho de 1982

Hoje chegaram os missionários da Paraíba: Enoque, Cristiano e João Batista para animar as Santas Missões na Prelazia. Passamos a tarde trocando ideias e partilhando experiências.

Revejo minha caminhada interior. Só se chega à perfeita alegria, à fé madura, à esperança inquebrantável, ao amor verdadeiro, depois de ter passado pela noite escura, pela ausência do sentido de tudo, depois de ter descido aos porões da vida, ao próprio inferno.

Há tempo que ando mais perto disto do que da luz, da alegria e da emoção que alimentam a alma. Vivo existencialmente a dor interior, a cruz. Na verdade, começo a intuir que faço uma experiência real de Deus a partir da sua negação e da sua ausência, e minhas palavras têm um conteúdo concreto e verdadeiro. Não é fácil passar por esta etapa, a noite é longa e é perigoso se perder no caminho. A cruz que mais me pesa são minhas próprias carências e medos que têm como pano de fundo uma afetividade confusa e imatura. Vivo no fio da navalha. Quanto mais distante estou da pureza mais sinto a saudade dela, quanto mais perco a fé incapaz de olhar a vida com esperança, mais vontade sinto de Deus, chego à descoberta da verdade pela negação da própria verdade. Creio firmemente que neste processo humano a mão de Deus me guia, Ele molda o barro da minha vida.

O livro *Batismo de sangue* me apontou sendeiros antigos, porém renovados, revitalizando a esperança. Ah! Como sinto saudade da alegria primeira! Descubro que para chegar à verdade maior da existência é necessário percorrer um longo e árduo caminho.

Sei que a serenidade chegará ao meu coração em trevas, essa fé no Deus da Vida eu tenho.

Na verdade, meu desejo era ser contemplativo numa comunidade de irmãos vivendo no meio do povo.

6 de junho de 1982

Começou o festejo na Vila Santo Antônio: reza, levantamento do mastro e leilão.

Desde a sexta-feira passada estão conosco os missionários. Um ano atrás foi decidido fazer as Santas Missões em toda a região da Prelazia. O objetivo é encontrar novas saídas para os impasses pastorais, dinamizar o trabalho de massa e situar-nos corretamente diante da riqueza da religiosidade popular, sem destruí-la ou ignorá--la e ao mesmo tempo sem canonizá-la. Hoje foi o lançamento oficial das Missões. Os missionários são: Frei Enoque, Roberto, Andrés, João

Batista, Cristiano e Raimundo. Eu vou acompanhar uma das equipes, amanhã sairemos para Santo Antônio do Rio das Mortes. Espero que estas missões sejam um tempo de graça e conversão pastoral. Uma coisa é certa: vão bagunçar a cabeça dos agentes de pastoral e possibilitar uma dinamização do trabalho descobrindo rumos novos.

12 de junho de 1982

Dias de muito movimento por causa dos festejos e das missões. Chegou Salustiano Alvarez, frei agostiniano e amigo de longa data. Veio para conhecer a Prelazia e partilhar conosco a vida fraterna. Visitas dos irmãos e amigos sempre são bem-vindas.

22 de junho de 1982

Levo uma semana fora de São Félix do Araguaia acompanhando os missionários pelas comunidades do sertão. Na Cascalheira ficamos João Batista e eu; frei Enoque e Cristiano foram para Ribeirão Bonito. Foi uma experiência positiva ter participado diretamente na missão, descobri novas técnicas e dinâmicas além de um mergulho no meu interior. João Batista é um homem ótimo, vive o que prega, honesto e livre. Terminadas as missões preciso avaliar esta experiência em vistas a um novo trabalho pastoral.

25 de junho de 1982

Agora é meia-noite e revejo o dia. Acordei às 5h30 da manhã para despedir a Irmã Isabel Ayala, Luiz e Eunice, que viajaram. Depois, preparei a oração da manhã a partir de alguns salmos que possibilitam uma oração mais engajada na realidade. Almocei com um indígena karajá e um hanseniano. O karajá voltava de Brasília, onde foi para exigir do governo a demarcação de suas terras. Passando em frente da cadeia, vi presos Maria Bigode e seu marido, posseiros na Chapadinha e que se opõem à entrada da Colonizadora em sua posse. O Delegado de Polícia, Rui Aparecido, tomou as dores da Colonizadora e mandou prendê-los. O delegado é o homem mais corrupto e covarde que conheço. Consegui falar com eles. De tarde os soltaram diante da pressão do povo do Sindicato dos Trabalhadores Rurais. Na porta da delegacia encontrei Teófilo, morador da Chapadinha e que se negou a vir preso para São Félix do Araguaia. O delegado o intimou a depor no dia 29. Já era tarde, não tinha condução e decidi levá-lo até a Chapadinha.

A luta está pesada. Os poderosos usam as armas de sempre: pressão, amedrontamento, prisões, e o povo não tem como reagir, a briga é desigual.

Dia agitado, fiz apenas o que devia ser feito.

29 de junho de 1982

Festa de São Pedro. Crônica de um dia qualquer no sertão de Mato Grosso:
- Às 8 horas da manhã chegou um caminhão de Chapadinha com mais de 35 pessoas para acompanhar Toninho e Teófilo que iam depor na delegacia. O delegado ficou furioso, mas o povo não arredou o pé, ficou lá até as 14 horas.
- De manhã ainda chegou a nossa casa Lourenço Tapirapé, que voltava de Goiânia, onde foi tratar de um filho doente.
- Faço bandeirinhas depois do almoço para enfeitar o palanque dos missionários.
- À tarde vou pescar no Araguaia com Lourenço.
- Ensaio o teatro com o grupo de jovens e fico sabendo dos interrogatórios na delegacia.
- Celebro a missa com frei Enoque e, nela, refletimos sobre os fatos do dia.
- Antes de ir dormir ainda ensaiamos mais uma vez a peça de teatro.

Matéria para um bom romance não me falta, me falta é imaginação.

2 de julho de 1982

Terminei de ler *A disciplina do Amor*, de Ligia Fagundes Telles. É a primeira vez que leio algo dela. Narrativa sutil, linear, plenamente feminina na forma de descrever o coração humano. De fato, a intuição é a parte mais evoluída da razão.

Continuam as missões. Todos os dias, às 5h30 da manhã, acordamos para rezar. Aparecem vinte ou trinta pessoas. À noite tem missa e sermão dos missionários.

Pessoalmente preciso parar para reencontrar o fio condutor da minha vida; esvaziou-se a paixão pela luta e, no vazio, não dá para viver, preciso de novo encher o coração de esperança. Vão sumindo certezas e nascendo convicções. Ah! Como é doloroso o processo de humanização!

13 de julho de 1982

Hoje diagramei o Alvorada, pus a correspondência em dia e li *Dez dias que abalaram o mundo*, de Jonh Reed, e que abalam a gente.

De noite me chamaram às pressas para ir ao hospital batizar uma criança de um mês. O quadro era revoltante: o médico não apareceu, a enfermeira não acertava com a agulha do soro, os pais calados e a morte à espreita. Cleidimar é o nome da criança.

Voltei para casa pensando que é preciso mudar este mundo tão mesquinho, onde se matam indígenas na Guatemala, se destroem cidades inteiras em Beirute ou se deixa morrer uma criança no sertão de Mato Grosso. Bem que eu queria ter o coração em ordem, mas isso é impossível nesta realidade. Seria mais fácil dar a vida num instante, um tiro no meio da rua e pronto, do que aguentar a lentidão diária e ver-se de mãos atadas diante da injustiça.

Há tempo que não escrevo poesia. Sou um pedaço de tarde, uma fresta de luz, mormaço que pesa na alma. A poeira, a lama e a paisagem me influenciam e definem meu estado de ânimo. Ansioso espero as primeiras chuvas! Até lá, silêncio, espera. Viver aqui é mais que pisar este chão, é recriar o mundo!

18 de julho de 1982

Hoje tivemos a miniassembleia do povo preparando a grande assembleia que será dos dias 23 a 25. Participaram 50 pessoas da comunidade num clima de alegria e fraternidade. Houve momentos de oração, de reflexão e de brincadeiras. Todos definindo a caminhada de nossa Igreja. O tema foi o batismo e a crisma. Precisamos rever os critérios para o batismo, pois na opinião da maioria são muito rígidos. De noite, celebramos a eucaristia. Pedro presidiu; o evangelho foi o do Bom Pastor. Jesus falando: *"Tenho pena deste povo que está como ovelhas sem pastor"*. Eu me perguntei se estou sendo um pastor zeloso, dedicado, acompanhando a caminhada deste povo.

Dia intenso, rico, terminamos a jornada celebrando na equipe o aniversário de Eunice que, junto com seu marido Luiz, trabalham na aldeia Tapirapé, e que está aqui de passagem. Alegria de nos sentir em família.

24 de julho de 1982

Estamos na Assembleia do Povo. Todos os anos, neste mês, os representantes de todas as comunidades se reúnem no Centro

Comunitário para dialogar, estudar e decidir as prioridades do trabalho pastoral. O tema deste ano é a crisma. Ao longo do ano ele foi estudado nas comunidades.

Chico dos Bonecos, Cícero das Alagoas, Cascão e eu passamos o dia organizando o livro *Poetas do Araguaia*. Nele queremos recolher a poesia que se faz na região.

Vieram me visitar Ronaldo e Mira, casal amigo de Belo Horizonte. Eles têm família em Cuiabá e decidiram esticar a viagem até aqui. Passamos a tarde conversando e, nos diálogos, senti a voz de Deus iluminando aspectos da minha vida pessoal que precisam de acerto. Preciso definir-me de uma vez por todas para não perder o sentido do sacerdócio como serviço ao povo. Como Santo Agostinho, continuo dizendo "*Amanhã, amanhã*"!

28 de julho de 1982

Na segunda-feira, dia 26, saímos cedo de bicicleta, para uma "desobriga" na Ilha do Bananal, Valeriano, Eliseu Gobatto, membro da equipe pastoral, Franklin Machado, jovem da Ilha e eu. Fomos para a Mata do Adontino.

Às 9h atravessamos o rio 23, às 10h30 chegamos ao 24 e às 12h passamos pelo Jaburu, onde paramos para almoçar e tomar um banho. Na parte da tarde chegamos na casa da família de Franklin Machado, onde fizemos o pouso depois de jantar farinha e peixe. Fomos dormir exaustos.

No dia seguinte cedo, saímos rumo à Mata do Adontino. O caminho estava péssimo e tivemos que empurrar a bicicleta em vários trechos. Passamos fome e sede e no caminho visitamos alguns vizinhos. Chegamos às 18 horas na Mata do Adontino, felizmente não quebrou nenhuma das bicicletas. Fomos hospedados na escolinha.

A Ilha do Bananal é muito bonita, mas, nesta época, os moradores fazem muitas queimadas para que, com as primeiras chuvas, o pasto cresça e o gado possa se alimentar. Os moradores da Ilha são os karajá, vaqueiros e posseiros antigos, numa convivência nem sempre tranquila. Na época da cheia grande parte da Ilha do Bananal alaga.

Uma parte da Ilha é parque indígena e, a outra, é parque florestal. O mais correto é que a Ilha seja apenas para os indígenas, mas os posseiros resistem a sair.

29 de julho de 1982

Ontem Eliseu e eu passamos o dia percorrendo a Mata do Adontino. Visitamos seis famílias. À tardezinha chegamos à casa do senhor Eurico, velho maranhense com oito filhos ao redor, muito alegre por tê-lo visitado. Na janta, nos serviu arroz com pato caçado na beira do rio. À noite, chegou outra família que vinha de Gurupi, houve lugar para todos, a hospitalidade é um valor essencial neste lugar. E, naquela pequena casa, dormimos, além da família, mais sete pessoas.

A vida, o ritmo, os valores do sertão são diferentes da cidade grande. Aqui não há pressa, o tempo é outro, tudo no ritmo natural da natureza.

O filho mais velho do senhor Eurico já tem a cabeça diferente, só fala em ter carro e não quer ficar na Ilha, mas gosta de "vaqueirar".

Do senhor Eurico aprendi a simplicidade, a acolhida e a alegria de encher a casa de gente amiga.

30 de julho de 1982

Estou arranchado na escolinha da Mata do Adontino, numa sala coberta de palha e sem mais nada, onde a aspiração maior das crianças é soletrar o "bê-á-bá".

Aqui estou nesta tarde mormacenta, sentado na rede e lendo *Vias de Escape*, de Graham Greene. É análise crítica, irônica de quem sabe rir de si mesmo, descobrindo-se e entendendo as motivações mais profundas de tudo o que ele fez na vida.

Isto me leva a voltar o olhar para mim mesmo. Por que cheguei até aqui nesta Ilha do Bananal paradisíaca, não menos exótica que a Líbia ou Singapura que Greene visitou? O que me trouxe até aqui? Fugindo de mim mesmo não ando, isso o tenho claro, vim movido pelo ideal que dá sentido à minha vida. No fundo de minhas opções maiores está a fé e a entrega a Alguém maior do que eu, chamado Jesus de Nazaré. Mas, ao mesmo tempo, me defronto com minhas mazelas, querer ser reconhecido, e é esta fama e esta glória ridículas que me perseguem no que faço e escrevo. Ser um escritor reconhecido, isso mexe comigo. De fato, penso como Greene: como os homens que não escrevem lidam com seus traumas?

Pedalando refletia que escrevo por uma necessidade pessoal de me expressar, necessidade de plasmar a própria compreensão do mundo e, ao mesmo tempo, como um dever político.

31 de julho de 1982

Eliseu e eu chegamos na casa de Lorival e Oneide no meio da manhã. Cada noite numa casa, cada almoço, um tempero diferente. Lugar calmo e sossegado, rodeado de pasto, vacas, porcos e galinhas. O sertão entra na alma, o tempo é infinito, o povo acolhe quem chega como se Deus chegasse. Há algo de misterioso na vida deste povo que não sei definir; por um lado, é um povo calado, difícil penetrar no seu mundo interior; por outro, é gente muito esperta, viva, inteligente. Será que é mesmo a sociedade que corrompe o ser humano?

Nesta realidade me sinto deslocado, estou por fora de tudo. Nada sei da criação do gado, não sou esperto em pescar no rio e pouco entendo do plantio. De fato, a formação que recebi no seminário não me preparou para esta realidade.

Evangelizar aqui me parece que é respeitar e reforçar os valores existentes, é isso o evangelho: acolhida ao peregrino, partilhar a comida, oferecer um copo de água, a solidariedade natural de quem precisa uns dos outros.

Se calcula que há vários milhares de pessoas na Ilha, no levantamento feito em 1976 havia mais de cinco mil pessoas, a maioria são vaqueiros que cuidam do gado das fazendas. O salário que recebem é na partilha dos bezerros; de cada cinco que nascem, o vaqueiro ganha um. Isso não dá para viver, daí que todos plantam uma roça para sobreviver.

Vai amanhecendo o dia e o sol, ainda frio, clareia as árvores. Ao meu lado, perto do curral, três cruzes lembram que aí morreram três pessoas. Passo a refletir e, depois, rezo neste dia que começa. Preciso crescer na intimidade com Deus, superar medos e complexos, ainda ouço a voz de minha mãe dizendo: *"Meu filho, nós somos pobres"*.

Agradeço a Deus por esta vocação, servir na construção do seu Reino entre os pobres. Nisto encontro o sentido da minha vida e sou feliz. Ontem, pedalando horas a fio, pensava que todo este sofrimento não é sadismo da minha parte. Andar de bicicleta por varjões, com o sol abrasando a cabeça, sujo e passando fome, tem um motivo maior – encontro sentido no que faço e me sinto feliz. A felicidade está aqui e não no egoísmo burguês e vazio.

Leio no livro de Graham Greene, *Vias de Escape*, suas aventuras na África, nada diferentes do que experimento aqui. Há, porém, uma diferença: para ele era a exploração de um lugar exótico à procura de matéria para um livro, para mim isto não é matéria de aventuras, é minha própria vida aqui comprometida.

São nove horas da noite. Da casa de Oneide e Lorival, viemos para a casa de Rosalvo. À luz do luar e de uma candeia, partilhamos nossas histórias tão diferentes. Rosalvo e a mulher são vaqueiros e têm cinco filhos. Neste ambiente, viajo para minha infância rural e me vejo nestes meninos. Conto que saí de casa aos onze anos na procura de um ideal, mas deixar a família e o meu mundo me traumatizou. Como num filme gravado na memória, reconstruo o dia e o lugar onde me despedi de minha mãe, naquele 29 de setembro de 1962, na estrada que vai de Moreruela de Tábara a Pozuelo de Tábara. Me vejo dando de comer aos porcos no curral e vejo minha mãe doente, dando-lhe aqueles ataques da vesícula exatamente igual às dores que há pouco sentiu a mulher de Rosalvo. Mundos tão distantes no tempo e no espaço e tão iguais.

1º de agosto de 1982

Andar quatro horas de bicicleta por varjões, atravessar córregos com a bicicleta às costas, comer apenas uma farofa na estrada e chegar às nove da noite na casa do posseiro Zé Machado, eis aí o que pode ser a "perfeita alegria". Não é isso, irmão Francisco? Cansaço, fome, sono, péssimos caminhos e a alegria no coração, uma alegria que não se explica, mas que faz sentido.

Celebrei a missa e houve batizados, agora, enquanto escrevo, ouço a rádio com notícias do mundo e vejo a lua iluminando a Ilha do Bananal. Vou deitar-me para abafar a fome.

12 de agosto de 1982

Nos momentos mais difíceis, volto o olhar para São Francisco de Assis e renasço: pobreza, alegria, fraternidade, solidariedade com os pobres, cuidado com a criação, irmandade com todos os seres e a paixão por Deus, nisso me identifico com ele. Um dia ainda espero me lançar definitivamente no infinito como Francisco de Assis se lançou.

16 de agosto de 1982

Vivo numa mediocridade intelectual lamentável. Visão curta, imediatista, o banal do dia a dia me impede de dar voos mais abrangentes. Preciso alongar o espaço da liberdade. Ah! A liberdade nasce dentro; preso a mim mesmo, preciso soltar as amarras e a imaginação, alimentar a criatividade rompendo todos os esquemas. Mas o que há de original nisto se já existiu Ionesco?

18 de agosto de 1982

Não me interessa interpretar o mundo, o que quero é contemplá-lo.

20 de agosto de 1982

Estou numa pensão em Gurupi a caminho de São João do Javaés. O quarto é típico de uma pensão de rodoviária: uma cama, não tem água nem banheiro, o ventilador não funciona e o ambiente me lembra as novelas de Agatha Christie: as portas chirriam, a luz não acende, e o dono amaldiçoa esses moleques que quebraram a lâmpada. Vou ajudar nos festejos de Porto Piauí, assim é chamado pelos moradores da região o povoado de São João de Javaés.

É cedo para dormir, vou ler algo de Leonardo Boff e rezar a vida.

28 de agosto de 1982

Faz uma semana que cheguei a São João do Javaés. Encontrei desanimada a equipe da Prelazia: Eliseu Gobatto, Benvinda e Margarida. Acabavam de receber um comunicado da Funai proibindo qualquer tipo de festa por estarem em área indígena. Não teriam lugar os festejos de São Raimundo Nonato, o padroeiro do lugar. Por trás desta proibição estão os comerciantes do lugar que, todo ano, lucravam com os festejos. Ao assumir a comunidade o controle da festa, eles se vingaram dizendo *"se nós não fazemos a festa, ninguém vai fazer"* e apelaram para a Funai. Isto, em vez de desanimar a comunidade, lhe deu novos brios e organizou a festa no esquema das missões, com uma participação extraordinária, humilhando assim os donos do lugar.

Revivo aqui dimensões esquecidas da minha vida e que, em São Félix do Araguaia, por ser uma cidade maior, ficam na penumbra. Aqui o povo acorda, abre a porta e todos entram e saem das casas como se fossem uma família só.

O relacionamento com a equipe pastoral está sendo ótimo.

Interiormente preciso dar uma parada e ajustar certas atitudes que me desviam do caminho e vão na contramão da minha opção como religioso, desintegrando-me aos poucos.

Meu sonho é poder retirar-me um mês nalgum mosteiro e refazer minha vida interior, que anda à deriva. O fato é que, defrontar-me com minhas fragilidades e incoerências, me humaniza. É no meio dos pecadores, bêbados, prostitutas e abandonados da sorte onde encontro as maiores reservas de amor e gratuidade. Deus me dará sua graça e poderei nascer de novo.

Estou lendo *Teresa Batista cansada de Guerra*, de Jorge Amado. É isso, a história de uma mulher usada, abandonada, oprimida, puta, que humaniza tudo quanto toca pelo amor que distribui. Não existe mais obrigação que amar nem mais lei que o instinto. Todos os personagens de Jorge Amado nascem no submundo e do meio do lodaçal humano, renascem como flores ingênuas, puras, livres. São personagens autênticos, opostos aos opressores e donos do poder.

24 de setembro de 1982

Levo mais de um mês sem escrever. Será que secou a fonte? Ou não tenho mais inspiração para falar do dia a dia, encontrando nele o sentido maior da rotina cotidiana?

Estamos preparando a inauguração da Igreja da Vila Santo Antônio, que será no dia 3 de outubro.

Cortaram o pequizeiro mais esplendido de São Félix do Araguaia para colocar um poste de luz no aterro. Amanhã vão inaugurar o Fórum.

4 de outubro de 1982

Ontem inauguramos a igreja da Vila Santo Antônio. A festa foi popular: missa, teatro, crisma e procissão. Muita participação, o povo começa a ter consciência de comunidade.

8 de outubro de 1982

De fato, estou sem inspiração e vontade de escrever há muito tempo. A emoção sumiu, a percepção das pequenas coisas se apagou, ando errante e tumultuado interiormente, preciso reencontrar o caminho rumo a mim mesmo. O dia a dia é pesado e estou ficando duro como a terra esturricada do sertão. Como pano de fundo está sempre a afetividade reprimida e mal direcionada. Até quando?

9 de outubro de 1982

Hoje, depois de muito tempo, voltei a ler *As Confissões*, de Santo Agostinho. Devolveram-me a paz de espírito. As paixões deixam marcas na alma e eu flertei e flerto com elas, tanto tempo silenciadas.

É admirável perceber a lucidez e a humildade de quem se conhece por dentro e sabe que, sozinho, não vai longe. Agostinho me serenou ao descobrir que o amor de Deus é maior que nossos tropeços na busca do sentido maior da vida.

"Senhor, Tu me conheces! Tu sabes que ando à procura da liberdade, perdido no labirinto de mim mesmo, mostra-me a saída, até descansar em Ti".

Li também algo de Jorge Luís Borges, quem admiro desde sempre. Copio seu poema, fruto da Guerra das Malvinas, pura lucidez de um homem cego e clarividente:

"O planeta havia sido dividido em vários países, cada um povoado de lealdades, de queridas memórias, de um passado sem dúvida heroico, de antigas ou recentes tradições, de direitos, de agravos, de uma mitologia peculiar, de próceres de bronze, de aniversários, de demagogos e de símbolos. Essa arbitrária divisão era favorável às guerras.

López havia nascido na cidade junto ao rio imóvel e Ward nos arredores da cidade por onde caminhou Falhder Brown e havia estudado castelhano para ler o Quixote. O outro professava o amor de Conrad que lhe havia sido revelado numa aula da rua Viamonte.

Teriam sido amigos, mas se viram uma só vez cara a cara em umas ilhas demasiado famosas, e cada um dos dois foi Caim e cada um foi Abel. Enterraram-nos juntos. A neve e a corrupção os conhecem.

O fato a que me refiro aconteceu num tempo que não podemos entender".

11 de novembro de 1982

Ontem chegamos a São Félix do Araguaia, Valeriano e eu, voltando da viagem que fizemos juntos a Belo Horizonte. Revi muitos amigos, ouvi confidências e angústias e no caminho pude ler *Tieta do Agreste*, de Jorge Amado. Deixei o original do livro de poemas *A Fragilidade da Terra* na editora Mazza e dei um pulo no Rio de Janeiro.

Em São Felix do Araguaia encontrei o povo naquela agitação medonha que precede à eleição municipal. É um jogo do Flamengo contra o Fluminense.

A opção popular para a prefeitura é Pontin, agente de pastoral, escolhido pela comunidade para disputar o cargo de prefeito, enfrentando o poder dos fazendeiros. Tudo indica que ganhará, mas sabemos dos riscos que corremos se ele perde aqui e o padre Pombo perde também no Estado de Mato Grosso, onde disputa o cargo para governador.

Estou lendo *Cien años de soledad*. Já o tinha lido anos atrás em português, mas, na época, não tinha a maturidade para entender tudo o que este livro encerra. É incrível o fascínio que exerce em minha imaginação surrealista a mistura do real e do fantástico. É o Quixote latino-americano, é a história dos fracassados, é a vida desta América Latina que luta para vencer a opressão e ser ela mesma.

14 de novembro de 1982

Véspera das eleições no país. Aqui em São Félix do Araguaia o clima é tenso. São dois candidatos a prefeito, um do governo (PDS) o outro da oposição (PMDB). Dentro do PMDB existe a Corrente Popular mais próxima das nossas posições.

O PDS defende os interesses do latifúndio, José Pontin representa os interesses do povo, disposto a fazer um governo popular, com o povo e para o povo. Eles estão comprando o povo na última hora a troco de dinheiro e cargos, mas a impressão que dá é que a maioria sabe de que lado eles estão, pois durante anos têm oprimido e humilhado a população. Vamos esperar o desfecho.

Também amanhã é meu aniversário, 32 anos e sete de padre. Agradeço a Deus pela graça do sacerdócio vivido no meio do povo.

19 de novembro de 1982

Hoje recebemos pela rádio a notícia de que Pontin ganhou a eleição para prefeito. A turma do PDS promete vingança e não aceita o resultado. Criaram um clima de terror, atropelaram com o carro o Manuel do Sindicato, agrediram a Irmã Irene e andam armados no meio da rua. Os mais exaltados são Zico, filho do prefeito, e Divinão, capanga e pistoleiro da gangue. É incrível a crueldade deles, se acostumaram a roubar e impor suas leis e, agora não aceitam terem sido derrotados pelo povo. Na verdade, votar em massa em Pontin foi aprovar o trabalho da Prelazia. Vamos esperar novos capítulos que prometem ser violentos.

21 de novembro de 1982

Começa mais um dia comum. De manhã fui celebrar a missa na Vila Santo Antônio, lá fiquei sabendo que o prefeito está perseguindo os comerciantes que votaram na oposição e, para se vingar, fechou o comércio de João Guarda e de outros, ameaçando-os e dizendo que, em três meses, vai afundá-los economicamente. Procurei o João Guarda e me contou a história toda, está com medo e quer ir embora. Eu o aconselhei a ficar, mas não o vi disposto a enfrentar o poderio desse grupo.

Fui no mercado comprar tomates e, na rua, me parou Benedita para conversar. Ela é a dona do cabaré e prostituta afamada. Teve um sonho e, nele, ouviu uma voz que lhe pedia para ser batizada, queria saber se eu faria o batizado. Me garantiu que ela é uma boa pessoa e que cada um no mundo tem o seu destino, e o dela foi esse *"destino triste, difícil, mas que eu tento levar com alegria fazendo meu trabalho o melhor que posso, outros têm um destino melhor, ao destino ninguém se furta".*

Fiquei tocado pela humanidade dela e pela forma como vê a vida. Combinamos uma nova conversa e, se ela continuar firme e decidida, disposta a assumir o compromisso batismal, será uma alegria enorme recebê-la na comunidade.

De tarde, fui tomar banho no rio com as crianças.

À noite, na missa, celebramos o domingo de Cristo Rei do Universo. Pedro foi muito feliz na reflexão. Cristo, o único Senhor, reina na verdade; daí passou a analisar o que é viver na verdade, dizer a verdade, e o que é viver na mentira, na falsidade, em todos os níveis: pessoal, social, político. Viver na verdade, filhos da verdade, nunca negar a verdade, ser homens livres, essa é nossa missão.

Terminei o dia lendo *A Guerra do Fim do Mundo*, de Vargas Llosa, incrível história deste país no fim do século XIX.

23 de novembro de 1982

Começou o retiro espiritual com o Pe. Rogério de Almeida Cunha. O tema central é o *Seguimento de Jesus*.

No primeiro momento, fizemos a constatação da nossa realidade pessoal neste momento da vida. A constatação geral do grupo foi de insegurança, incerteza, medo diante do futuro político da região. O que vai acontecer?

Preciso reafirmar a identidade, a raiz da opção.

No segundo dia a reflexão se centrou em Jesus Cristo: Quem é Ele para mim, para nós.

– Jesus revela o Deus misericordioso, o totalmente Outro.
– Ele exige definir-se, defrontar-se com a verdade de si mesmo.
– Jesus Humano, personalidade aberta e acolhedora dos pobres.

24 de novembro de 1982

Na noite passada, o grupo político do PDS ficou mais de uma hora soltando fogos na rua e fazendo a maior anarquia, quebraram várias telhas da nossa casa, uma do meu quarto, também sujaram a igreja e o Centro Comunitário. Com eles não é possível dialogar. Nós temos outros métodos e outros objetivos, seguimos nosso caminho pois acreditamos no poder da verdade e no bom senso do povo.

No terceiro dia, a reflexão girou em torno da Igreja.

– Sinais da presença de Jesus na primeira comunidade.
– Alegria na perseguição.

- A esperança e a autenticidade na oração.
- A partilha com os necessitados e a fraternidade entre todos.

Na parte da tarde refletimos sobre o que poderiam ser "pistas para uma espiritualidade encarnada em nossa realidade". Partimos de três perguntas:
- O que falta nas comunidades como vivência da fé?
- Quais os sinais a serem potenciados para que apareça a vivência de Jesus?
- Novas pistas.

Constatamos:
- A pobreza em que a equipe vive não é sinal do seguimento de Jesus para muitos. O celibato do clero também não é visto como um sinal.
- Falta explicitar mais claramente a nossa fé, faltam gestos e espaços onde a fé em Jesus Cristo seja explicitada e celebrada, temos uma vivência rica, mas não a celebramos.
- Falta gratuidade nas relações pessoais, vivemos prioritariamente em função do trabalho e às vezes nosso relacionamento com o povo é também funcional, falta a gratuidade.
- Precisamos de tempo para a partilha da vida, e rezar juntos nas equipes.
- Rever a organização econômica da Prelazia. O povo diz: os agentes de pastoral vivem pobremente, mas a Prelazia é rica, recebe muito dinheiro de fora.

As duas referências que me devem orientar: a fidelidade a Jesus Cristo e a fidelidade à história e à vida deste povo. Quando a gente se situa nesta perspectiva como pessoa e como Igreja, às vezes se cai na lama, se erra, somos humanamente frágeis. Deus nos livre dos puros e perfeitos!

A Igreja se se arriscar a viver sua missão assumindo a fundo a história humana, encarnada na vida do povo, sofrerá como Deus sofreu em Jesus, encarnado em nossa história.

Não é possível ficar na arquibancada dizendo como se deve agir no campo de batalha.

27 de novembro de 1982

Vou aprendendo lentamente, às vezes dolorosamente, na convivência com Pedro, o que não aprendi de nenhum outro homem:
- A fé total, lúcida e gratuita.
- A esperança absoluta, inquebrantável.

- A exigência radical na entrega, e o amor ao povo, sobretudo aos mais pequenos.
- A coragem profética e a paixão pela verdade e pela justiça.

1º de dezembro de 1982

Estou no aeroporto de Brasília, tive que viajar às presas, escolhido na última hora pela equipe, para representar a Prelazia no julgamento dos padres franceses Aristides e Chico, que será amanhã. Farei o possível para entrar na sala representando nossa Igreja. O ambiente no aeroporto contrasta com o clima nas rodoviárias do sertão, e aqui me sinto como um estranho.

Os padres Chico Gouriou e Aristides Camio foram presos junto com vários lavradores na região de São Geraldo do Araguaia. O motivo da prisão foi a defesa dos trabalhadores na luta pela terra. A diocese de Conceição do Araguaia, da qual eles fazem parte, está firme na defesa dos lavradores.

Dias atrás chegou sem avisar, a São Félix do Araguaia, Lúcio Flávio Riquena. Ele foi militante do MR 8 (Movimento Revolucionário 8 de Outubro). Este movimento foi uma organização revolucionária que lutou contra a ditadura. Lúcio Flávio ficou exilado, voltou com a anistia e, agora, está numa busca espiritual, numa inquietude interior muito grande, quer ficar na equipe. Depois de um longo diálogo com ele, apresentando-lhe os critérios para entrar na equipe, foi lhe proposto que ficasse na cidade trabalhando, mas sem integrar a equipe pastoral. Ficou decepcionado.

2 de dezembro de 1982

Estou no Superior Tribunal Militar, mas não foi possível entrar na sala do julgamento.

Ouço de fora o relato descontextualizado acusando os padres de serem os incitadores das revoltas dos posseiros. Quem está contra o sistema é culpável, essa é a tese. Os padres foram acusados pelo Tribunal da Justiça Militar de cometerem os crimes de desordem pública e invasão de propriedade privada. Os dois foram condenados a 10 e 13 anos de prisão respectivamente

9 de dezembro de 1982

Depois de estar em Brasília, escrevi uma matéria para o jornal *Alvorada* sobre o julgamento dos padres e fiz um poema que enviei para o jornal *O São Paulo*. Valeu a experiência para perceber que a justiça neste país é uma farsa.

> NOVO, TUDO NOVO
> *Não quero mais a palavra dócil*
> *o gesto compreensível*
> *o diário viver à margem do caos imposto pela lei.*
> *Vim para desatar a ira nos olhos dos famintos*
> *negar a ordem oficial*
> *palavras como espadas*
> *a revolução no corpo e na consciência.*
> *Busco a lucidez dos profetas num tempo adverso*
> *demolir verdades intocáveis*
> *provocar o caos na alma dos sensatos*
> *o gênio desatado no país da infâmia*
> *e a fúria da vida como lema:*
> *Picasso como atitude total e permanente!*
> *Novo*
> *tudo novo*
> *como antes de nascer o sol na terra!*

15 de dezembro de 1982

Na oração da manhã, me chamou a atenção a resposta de Jesus a João Batista quando este enviou mensageiros para perguntar-lhe se era ele o esperado: *"Dizei a João Batista que os pobres são evangelizados"*. Este critério é fundamental para avaliar o trabalho pastoral. Quando a Igreja se distancia dos pobres, nega sua missão evangelizadora.

20 de dezembro de 1982

Às quatro da tarde terminei de ler *A Guerra do Fim do Mundo*, de Vargas Llosa. É a história de Canudos, de Antônio Conselheiro, mas é a narrativa da história de todos os oprimidos deste país e deste mundo. Incrível a análise que Vargas Llosa faz da figura carismática de Antônio Conselheiro e do sonho que construiu Canudos. Aí estão todas as realidades humanas, o que temos de melhor, a poesia, o idealismo místico dos pobres, o sonho de uma outra sociedade e, simultaneamente, o poder opressor que impiedosamente massacra o sonho. Romance impressionante, em que cada personagem passa a ser uma outra novela dentro do conjunto. Narrativa envolvente, estilo sóbrio, descrições perfeitas do meio e do ambiente. O Conselheiro aparece como o homem que aglutina ao redor de si todos os deserdados, perdidos e sem rumo, dando-lhes um sentido para viver e lutar. Ali estão cangaceiros, loucos, prostitutas e criminosos convertidos por ele, mudados para viver numa nova sociedade sem exclusões. Por trás da história, a realidade do país no alvorecer da República e as intrigas políticas dos donos do poder.

22 de dezembro de 1982

Terminou hoje a novena de Natal nas casas e nos grupos de rua. O povo, à noite, com as velas acesas, foi chegando em procissão à Catedral onde cada grupo deu seu depoimento; foi emocionante.

Politicamente há, no Mato Grosso, a indecisão de quem será o novo governador. Júlio Campos roubou a eleição, há provas do roubo de mais de seiscentos mil votos e se fala de nova votação em 14 municípios. Aqui, os seguidores do PDS, convencidos de que já ganharam no Estado, estão fazendo de tudo para atrapalhar a nova administração da prefeitura. Não conseguem aceitar a vitória da corrente popular do MDB, que elegeu o agente de pastoral, José Pontin, para prefeito.

31 de dezembro de 1982

Fim de ano. Avaliação do mesmo. Foi muito rica a experiência vivida neste segundo ano na Prelazia. Fica a certeza de uma maior maturidade em nível pessoal. Percebo que novas lutas e preocupações virão, o que vai exigir de mim maior crescimento humano.

É certo que começo a me acostumar com a realidade da região e isto não é bom, porque além de não captar a novidade do dia a dia, cai-se na rotina fácil.

Ano duro para o país e o mundo. Duas guerras, uma nas Malvinas e, outra, no Líbano. Aperto econômico, eleições complicadas, mas aqui o povo ganhou. Em nível de Igreja o povo se animou e se abrem novas perspectivas. Só gratidão no apagar das luzes.

2 de janeiro de 1983

Começa o novo ano. No dia 31 à noite fizemos uma celebração muito profunda na igreja da Vila Santo Antônio. Revisamos o ano e sonhamos o futuro.

Desafios pessoais para este ano:
- Aguçar a sensibilidade e a paixão pelas causas deste povo.
- Exigir-me mais no serviço e na oração.

– Superar medos que me fecham e me tiram a alegria e a esperança.

6 de janeiro de 1983

Vivo dolorosamente a divisão interior, indeciso entre a opção assumida e a paixão que me arrasta e cega. Como Paulo de Tarso digo: *"faço o mal que não quero e não faço o bem que quero"*. Como Santo Agostinho no processo de sua conversão, adio a decisão para amanhã e esse amanhã nunca chega.

"É doce a paixão! Vivo afetivamente confuso e só te peço, Pai, lucidez para definir-me, só assim meu coração poderá descansar em Ti. Por que, Senhor, não consigo romper estas correntes que tanto me oprimem e atormentam?!".

No meio desta luta, leio as obras completas de Santa Teresa de Ávila, em que ela narra suas próprias divisões e como demorou em definir-se. A graça não falta, diz ela, e a misericórdia de Deus não falha.

Quanto mais duradoura for a guerra mais bela será a conquista da liberdade. Mas como dói a luta no combate!

Falando ontem com uma agente de pastoral da equipe, ela me dizia que nós, religiosos, somos egoístas e incapazes de expressar amor no relacionamento com as pessoas; falta-nos humanidade no sentir dela; protegemos nosso coração com sete chaves sem nos permitir ser frágeis e carentes como todo mundo.

Será?

9 de janeiro de 1983

Hoje foi um dia de graça, o Senhor me mostrou seu rosto e seus sinais. Conheci Enrique, irmãozinho de Foucault, peregrino do mundo. Está de passagem por São Félix do Araguaia. Passei a tarde conversando com ele. Aos 18 anos tinha sido expulso de três colégios na França. Quis se alistar na Legião Estrangeira e não foi aceito por causa da idade. Acabou indo para um mosteiro da Trapa. Mais tarde, foi para África, se fez irmãozinho e descobriu que seu carisma era ser peregrino. E já leva 40 anos percorrendo o mundo a pé, absolutamente sem nada na mochila. Me descobriu o absoluto da fé em Deus, a gratuidade total, a liberdade que a pobreza dá, deixar-se guiar pela providência divina experimentando a bondade em todos os seres da criação. Para ele tudo é lindo, tudo o emociona, nada lhe preocupa e tem uma consciência crítica muito aguçada sobre a sociedade em que vivemos. É um novo São Francisco de Assis chamando-nos para o essencial da vida. Despertou em mim aquele amor primeiro, foi a resposta de Deus a toda esta angústia que me envolve agora.

Humildade, humanidade e humor, três valores fundamentais, ele me disse.

Obrigado, Senhor, pela passagem de Enrique hoje em minha vida.

15 de janeiro de 1983

Começou a reunião com os representantes das comunidades e cinco membros da equipe, é a chamada reunião representativa, o objetivo é avaliar e programar o novo ano.

Vários agentes de pastoral aproveitam o mês de janeiro para tirar férias.

8 de dezembro de 1983

Depois de vários meses de silêncio, volto a escrever sobre meu dia a dia e a documentar os fatos mais relevantes da região e do mundo.

Com as chuvas do verão chegou também a violência na região. Em Porto Alegre do Norte, as fazendas Frenova e Piraguassu assassinaram cinco posseiros com requintes de crueldade, incluída uma criança. As cenas são de extrema crueldade: corpos mutilados e orelhas cortadas, como provas do serviço feito. Estas fazendas estão querendo abrir uma destilaria de álcool e, para isso, têm que limpar a área a qualquer custo. Nas ruas de Porto Alegre do Norte, mais de 20 pistoleiros exibem as armas e provocam a população. Querem pegar Cascão, agente de pastoral da Prelazia. Correm rumores de que os posseiros teriam reagido, matando um dos pistoleiros, e que teriam feito outro de refém. A situação está muito tensa e não se prevê o desfecho. A CPT (Comissão Pastoral da Terra) fez um longo e detalhado relatório apresentando os fatos e denunciando a situação na imprensa.

12 de dezembro de 1983

Estou na rodoviária de São Paulo, a caminho de Bragança Paulista para participar da formação da futura Província Agostiniana do Brasil. É preciso vir de vez em quando a São Paulo para descobrir a felicidade que é viver no sertão. Que coisa mais absurda uma cidade deste tamanho! Tudo me parece caos, pressa, atropelo. Onde os pássaros, a mata, o rio, o sol por trás da Ilha do Bananal? Onde o tempo morto para conversar à toa sobre nada, onde a preguiça? Acostumei-me ao ritmo natural do fogão de lenha, não conseguiria viver nesta cidade. Tenho, porém, amigos que adoram São Paulo. Bom ter escolhas na vida.

15 de dezembro de 1983

A nossa assembleia para formar a nova província do Brasil foi positiva, o grupo aberto, comprometido e com ânimo de assumir a realidade do povo.

O Pe. Francisco Morales foi eleito Vicário Regional e, as comunidades, bem distribuídas: uma comunidade na periferia de Belo Horizonte, outra na de São Paulo e a outra na Prelazia de São Félix do Araguaia.

Penso que o novo grupo da futura província começa no rumo certo, falta talvez certa radicalidade, algo que só se adquire em contato direto com a realidade sofrida do povo. Cada vez tenho mais claro que o meio social define em grande parte nossa forma de pensar, a cabeça pensa a partir de onde estão os pés, daí que o lugar onde morar é uma escolha teológica.

26 de dezembro de 1983

Hoje, a Igreja celebra a festa de Santo Estêvão, o primeiro mártir do cristianismo. Preciso alimentar em mim o desejo da entrega radical.

Ontem, os jovens apresentaram na Catedral o teatro de Natal *O carpinteiro de Nazaré*. Ensaiamos todos as noites ao longo do mês, algo que adoro, o teatro mexe com a magia e a criatividade, nele tudo é possível, é só ter imaginação.

Os jovens se entrosaram mais e a comunidade valorizou o trabalho. O texto apresenta José como um líder popular organizando o povo na luta contra os opressores romanos. Nesse contexto nasce Jesus. O texto mostra um paralelismo constante com a realidade do nosso povo latino-americano.

Preciso parar nestes últimos dias do ano, avaliar o vivido e marcar metas para o próximo ano.

30 de dezembro de 1983

São as três da tarde neste fim de ano e à beira do Araguaia leio *Memória da casa dos mortos*, de Dostoievski.

Talvez a beleza da vida seja isto que agora experimento: ser capaz de recolher dentro de mim a ressonância de todas as coisas. Aí estão as mulheres mergulhadas no rio até as coxas e lavando a roupa, os meninos pulando na água e eu aqui, tão distante e tão próximo, sendo capaz de sentir neste paraíso o que Dostoievski sentiu estando preso: o mistério da alma humana com todos os seus matizes.

O ano foi belo e doído, sofri no plano afetivo, mas superei medos e preconceitos. Agora me sinto mais livre, mais humanizado. Todos somos de terra, quebráveis, frágeis.

11 de janeiro de 1984

Estamos no Centro Comunitário na semana de estudo da equipe pastoral. O tema é sobre as migrações e o assessor é Pe. Oscar Beozzo, amigo antigo da nossa Igreja e grande referência no conhecimento da história da Igreja.

26 de janeiro de 1984

Levo uma semana em Belo Horizonte. Vim para fazer uma revisão de saúde, tenho cálculos renais e às vezes incomodam.

O povo do Barreiro de Cima, como sempre, muito carinhoso, é uma comunidade maravilhosa que me dá muita alegria. Os amigos querem que os visite, várias famílias me convidaram para almoçar, na celebração na matriz todos muito interessados em saber sobre a realidade da Prelazia.

Terminei de ler *O Mulo*, de Darcy Ribeiro. Achei genial. Darcy escreve como Guimarães Rosa e a imagem que constrói do protagonista é fantástica, além de ter um domínio completo da arte de narrar.

Estou aproveitando para descansar, rever amigos e programar atividades para o novo ano que já começou.

28 de janeiro de 1984

Hoje, fui a Divinópolis para visitar Adélia Prado. Me acompanharam Chico dos Bonecos e dois amigos dele. Adélia Prado passou a ser, nos últimos anos, a poeta mais admirada da nova geração. Carlos Drummond de Andrade, com seus elogios, a colocou em evidência. Fomos como quatro patetas ao encontro do mito e da musa. Um dos amigos do Chico teimou em comprar rosas. A conversa foi muito agradável, mulher simples e inteligente, sem vaidade, e muito interessada em conhecer as lutas do povo do Araguaia. Falamos do compromisso social e político do poeta, e da arte como um todo, mas ficou claro que não se pode reduzir a poesia a um discurso panfletário ou político, a poesia tem que ser antes de mais nada poesia. Deixei com ela os originais do livro *A Fragilidade da Terra*. Prometeu ler e avaliar.

5 de fevereiro de 1984

Ontem, Pedro e eu chegamos, à meia-noite, a São Félix do Araguaia. Na volta de Belo Horizonte passei por Goiânia. O reencontro com a comunidade me fortalece e anima, vamos ter dois dias de programação. Problemas sérios não faltam. O Pe. Clélio Bocatto decidiu sair da Prelazia, virá a São Félix para conversar. O desejo dele é voltar para França, seu país natal.

Todos somos muito frágeis e sinto que é preciso ter muita compreensão com os outros e comigo mesmo. Apesar de nossas limitações, somos capazes de assumir gestos sublimes.

7 de fevereiro de 1984

Ontem e hoje estamos programando as atividades pastorais na comunidade. O Pe. Clélio Bocatto, que há anos trabalha na equipe de Ribeirão Bonito, veio e comunicou, oficialmente, sua saída da região. Homem bom e generoso o Clélio. Correm muitas histórias sobre seu passado. Uma delas é que teria trabalhado de figurante nalguns filmes de Hollywood quando morou nos Estados Unidos. Revolucionário nato, às vezes se exalta num debate acalorado e entoa em alto e bom som *A Marselhesa*. Decidiu voltar para França, mas garante que continuará muito unido à caminhada de nossa Igreja.

8 de fevereiro de 1984

Quando a Igreja vai entender que o celibato não é inerente ao sacerdócio? Será que só pode existir uma forma de exercer o ministério? Tem que ser homem e célibe, aí já estão excluídos os casados e as mulheres. As futuras gerações, certamente, pensarão que isto é um empobrecimento do ministério.

Sei de muitos companheiros que gostariam de ser padres e constituir família, pena que não podem.

9 de fevereiro de 1984

Terminei de ler *Dançar a Vida*, de Roger Garaudy. Me abriu novas perspectivas nunca imaginadas. A dança como expressão do tempo que se vive, o corpo como veículo do coração, e a alegria e o drama de viver a comunhão.

O ano passado foi um tempo complicado e confuso, sobretudo no plano afetivo. Começo a sentir agora que algo novo surge no horizonte. Ah! O coração humano é um abismo.

Comecei a ler *A Volta à grande disciplina*, do Pe. João Batista Libânio.

17 de fevereiro de 1984

Cheguei hoje a São Félix do Araguaia, depois de passar quatro dias em Serra Nova, acompanhado por Franklin Machado, jovem da Ilha do Bananal que quer ser agente de pastoral e, talvez, padre no futuro. A volta foi um calvário causado pela má conservação das estradas cheias de lama e de buracos.

Durante esses dias visitamos o povo, animamos as lideranças e escolhemos o lugar onde vamos construir a nova igreja.

Tem um grupo muito bom, famílias simples que não entraram no jogo de poder dos que quiseram dividir a comunidade. São essas famílias que estamos valorizando.

Terminei de ler o livro *A Volta à grande Disciplina*. O Pe. Libânio é muito lúcido e mostra, com clareza, o que está acontecendo agora na Igreja. Gente saudosista, que não assumiu as mudanças do Concílio Vaticano II, sonha com a volta à disciplina do Concílio de Trento. Esses têm uma teologia medieval na cabeça e se fecham à realidade do mundo moderno, mas estão avançando.

26 de fevereiro de 1984

Veio nos visitar Geraldo, pastor luterano da Canarana, celebramos a ceia com a comunidade num clima de intimidade e partilha. Penso que o ecumenismo deve ser uma das causas pelas quais temos que lutar dentro da Igreja, a divisão entre os cristãos é um escândalo que precisamos superar.

Comecei a ler *O Nome da Rosa*, de Umberto Eco, e que agora está na moda.

2 de março de 1984

Estou num momento de esterilidade criativa. Continuo confuso interiormente, quando penso que a luz se faz, volto à estaca zero. Os poetas sofremos por termos uma sensibilidade muito aguçada e fazemos sofrer aos que amamos.

Dei por terminado o *Poema de amor e Espanto*, são mais de trinta páginas, uma explosão, colocando para fora o turbilhão de sentimentos que meu coração experimenta, foi um parto sofrido e libertador.

7 de março de 1984

Hoje é Quarta-Feira de Cinzas e cai uma chuva meiga e mansa combinando com o dia. Meu coração hoje descansa e eu medito na provisoriedade da vida, somos pó!

Leio *Beber no próprio Poço*, de Gustavo Gutierrez, sobre a espiritualidade da libertação.

Fui com Valeriano na seção noturna do circo "Peteleco" que chegou estes dias à cidade. O mundo do circo me fascina e me leva para outra dimensão, é o espaço da magia e do encanto. Circo do interior com poucos recursos, lutando para sobreviver. A lona, o trapézio, os fogos, tudo convida ao mistério e a fantasia voa.

Linhas da espiritualidade da Teologia da Libertação:
– Vivência coletiva de um povo.
– A convicção de que são os pobres que mudarão a história, os prediletos do Pai.
– No centro está a experiência vida-morte.
– A libertação deve ser global, abrangendo todas as dimensões da vida.
– Viver a Páscoa, Ressurreição.

16 de março de 1984

Levo uma semana reunido com toda a equipe pastoral planejando e preparando a liderança das comunidades.

17 de março de 1984

Terminei de ler *O Nome da Rosa*, de Umberto Eco. O livro tem múltiplas leituras e várias possíveis interpretações. Alguns pontos a serem considerados:
– O problema filosófico do conhecimento: do geral ao particular.
– O mundo medieval, misticismo e ambições políticas e religiosas.
– A decadência da Igreja oficial e o surgimento de grupos religiosos radicalizando a pobreza.
– A ambição do saber como fonte de poder: a biblioteca como o monstro adorado, o saber como luxúria.

Eco fez uma grande parábola, cheia de sarcasmo e humor, sobre as paixões humanas, sobre a sociedade e sobre a busca do ser humano para entender este mundo cheio de sinais confusos e precários.

A destruição do mosteiro e da biblioteca pelo fogo mostra a queda da civilização ocidental.

Livro maravilhoso e total, me lembrou o Quixote.

20 de março de 1984

São as cinco da tarde e estou no barco "Divino Pai Eterno" a caminho de Santo Antônio do Rio das Mortes. Tudo é beleza ao meu redor, o Araguaia se impõe exuberante, cheio de luz, encanto e mistério. Tarde de sol, na mata os pássaros revoam ao passar o barco, e eu penso que aqui está tudo ainda como foi no princípio.

É a primeira vez que vou ao povoado para ficar vários dias. Com a saída do Pe. Geraldo Rosania, terei que acompanhar as comunidades de Santo Antônio do Rio das Mortes, Serra Nova e São Félix do Araguaia. Eliseu Gobatto, agente de pastoral leigo, vai comigo.

Ontem tivemos reunião da equipe cultural: Regina, Lucinha, Cascão e eu. Temos na cabeça vários projetos para este ano, entre eles a formação de uma Associação Cultural "ARRAIA" (Arte Regional do Araguaia), a organização de um festival de música regional e a montagem de uma peça de teatro.

Cascão gostou muito do *Poema de Amor e Espanto*.

Começo a ler o livro de Arturo Paoli, sobre a Vida Religiosa, *Buscando liberdade*.

Preciso me entregar de uma vez por todas a Deus, só Ele para preencher minha busca que não cessa.

21 de março de 1984

Chegamos às nove da manhã em Santo Antônio do Rio das Mortes e chovia. À noite morreu dona Alvina, idosa de 80 anos. Fomos ao velório. O barracão de palha era muito pequeno, e ao redor a vida acontecia veloz: cachorros, meninos, comadres entoando ladainhas, os homens no quintal rindo e conversando. Na parte da tarde do dia seguinte passou pela igreja onde fiz a encomendação, e fui com o povo até o cemitério. No caminho o clima de festa e dor se misturavam, sempre me impressionou a naturalidade deste povo diante da morte.

À noite tivemos um encontro com as lideranças para programar as atividades destes dias e conversamos também sobre a eleição do Sindicato, que acontecerá no domingo. Amanhã visitaremos as famílias da comunidade. Sempre que posso passo casa por casa, tomo um café e sinto a realidade do dia a dia.

Santo Antônio do Rio das Mortes é um dos lugares mais pobres da região, tem, porém, certa organização, há uma escola e o sindicato está organizado.

Na viagem dormi na parte de cima do barco e peguei uma gripe violenta.

Na visita à família de Dona Maria, o velho Raimundo, maranhense, estava rezando o terço em latim e eu acompanhei a comunidade, é o segundo terço que rezo hoje, o primeiro na casa de Dona Alvina. Impossível entender o que Raimundo rezava, mas a melodia era bela e o povo entrou num clima de grande emoção; para as pessoas religião é isso, contato com o mistério. Lembro que certa vez na Ilha do Bananal eu celebrei a missa, todos participaram com respeito e devoção, quando terminei uma senhora disse: *"bom, agora que o padre terminou a reza dele, vamos nós rezar"* e começou o terço.

22 de março de 1984

Nas visitas às famílias, dor, pobreza e sofrimento. Na parte da tarde passei pela sede do Sindicato para verificar se tudo estava pronto para a eleição do dia 25. Concorre uma só chapa, comprometida com a luta dos posseiros.

Mora aqui um jovem chamado Miguel, portador de necessidades especiais. Acostumado a frequentar a casa da equipe pastoral, no tempo em que o Pe. Geraldo morava aqui, continua vindo e fica horas a fio sentado na sala. Mora com a mãe, idosa e doente. A comunidade o adotou como filho e todos se preocupam com ele. É para mim um desafio e uma interrogação: Cristo crucificado à minha frente, e, sem conseguir entender o que ele fala, fico agoniado sem saber o que fazer com ele.

João Ireno, vizinho da nossa casa, matou uma cobra enorme, uma jaracuçu do brejo, e os meninos saíram com ela pela rua pendurada num pau e fazendo a maior algazarra.

Este povoado está cheio de gente muito original, daria um bom filme surrealista.

23 de março de 1984

Morreu uma criança de dois meses dias atrás; um dia antes de Eliseu e eu chegarmos, já tinha morrido outro menino, e no dia que chegamos morreu Dona Alvina; em três dias três mortes. O povo, para não se desesperar, olha a morte como algo natural, acho que é a conformidade diante da impotência. Os pais, muito pobres, não tiveram condições de levar a criança para se tratar em São Félix do Araguaia. A vida nos povoados é de uma pobreza gritante. Qual a saída? A organização popular, mas esse é um processo lento.

Passaram com a criança pela igreja e eu lembrei, no momento da oração, a passagem de Jesus chegando no povoado de Naim, quando o povo levava uma criança para enterrar, filha única de uma mãe viúva. Deus é Deus de vida e nos exige que lutemos por ela.

25 de março de 1984

Ontem fez quatro anos que Dom Oscar Romero foi assassinado. Hoje vamos celebrar a memória dele e rezar pelo seu país, El Salvador, que tem eleições; a esquerda se negou a participar da farsa.

Ontem mais de cinquenta sindicalizados se reuniram na escola para ultimar os preparativos da votação do sindicato. A organização sindical perdeu força em toda a região, depois da primeira fase, que teve como objetivo maior a luta pela posse da terra. Agora, com a terra garantida, o povo se acomodou. Dos duzentos sindicalizados só têm cinquenta com as contas em dia. A chapa única representa bem os posseiros.

Na parte da manhã, passei três horas conversando com Eduardo, um agrimensor que mora em São Félix do Araguaia e que sempre vejo nas celebrações da Catedral, mas com quem nunca tinha parado para conversar longamente.

Falamos de literatura, terra, Brasil, a decadência da sociedade ocidental e o sonho de uma nova sociedade. Ele é culto e bem-informado.

Cada vez vejo com maior clareza a realidade do sertão e me pergunto: não será mais evangélico vir morar aqui? Preciso pensar nisso.

26 de março de 1984

Hoje visitei a comunidade da Barreira Amarela, um povoado formado por oito famílias a 40 quilômetros de Santo Antônio subindo o rio das Mortes. O dia estava chuvoso. O patriarca e fundador do povoado é o senhor Eusébio, chegou lá em 1962 e lá ficou encantado com a beleza do lugar.

Estou fazendo um mapa detalhado da região e anotando o nome de todos os moradores desde o sertão de Santo Antônio até Serra Nova.

Descubro que gosto mais de andar pela região do que ficar fixo em São Félix do Araguaia.

27 de março de 1984

Hoje a chuva tomou conta do dia, impossível sair de casa. Aproveito para ler o livro de Arturo Paoli, *Buscando liberdade*, no que se refere ao voto de castidade. A castidade entendida como "viver para construir o Reino", "pobreza absoluta, Cristo nu pregado na cruz, desprendimento total para entregar-se aos outros", "a busca da comunhão com Deus, com a comunidade, com a criação", "a castidade como a reconciliação integral do ser humano".

Vivo o voto de castidade de forma confusa, misturam-se entrega e possessão, difícil definir a linha divisória.

Gosto muito das colocações de Arturo Paoli, ele leva a sério a realidade humana e vai até as últimas consequências no seguimento de Jesus.

31 de março de 1984

Vinte anos de ditadura e morte.

Meu coração finito suspira pelo eterno e desfalece, pequeno coração humano à procura do infinito!

À noite, Pedro me leu seus poemas e eu li *Poema de Amor e Espanto*. Ele o considerou bom e me disse para enviá-lo a Ferreira Gullar.

2 de abril de 1984

Continuo a leitura do livro de Arturo Paoli sobre a vida religiosa; agora medito sobre o voto de obediência, visto como serviço e comunhão de vida. É preciso derrotar o homem egoísta e dominador que levamos dentro.

10 de abril de 1984

Estou, há horas, no ponto de ônibus do "Bate Papo". O "Bate Papo" é um aglomerado de casas à beira da estrada, encruzilhada de vários caminhos. Espero uma carona para Serra Nova. O ônibus não viaja mais por causa das péssimas condições da estrada, e o negócio é esperar até que alguma alma caridosa tenha piedade de mim e me ofereça carona.

Estou cansado, esgotado, me sinto como alguém que vai pela vida com o coração na mão, simples, aberto a todos e sem maldade, e de pronto me defronto com a perversão e a crueldade humana.

11 de abril de 1984

Cheguei às dez da noite a Serra Nova, depois de passar o dia esperando condução no "Bate Papo".

De manhã cedo, fui com o senhor Silvino cortar o arroz na roça dele. No começo, não queria me levar, acho que, em parte, por vergonha e, em parte, por não saber o que fazer com o padre no meio do trabalho dele. Insisti e fui. Ajudei e brinquei com ele. Casado com Joana, Silvino é um homem correto, bom e muito religioso.

Na parte da tarde, visitei algumas famílias da comunidade. Amanhã quero ir à roça de Raimundo Carneiro, é importante estar onde o povo está, e nestes dias o povo está colhendo o arroz.

À noite, reuni com as lideranças para programar as atividades destes dias.

12 de abril de 1984

Hoje chegou Franklin Machado, jovem agente de pastoral, nascido na Ilha do Bananal, para me ajudar, trouxe cartas e notícias.

Chico dos Bonecos me escreve apresentando suas impressões sobre o *Poema de Amor e Espanto*. Chico é uma das melhores pessoas que conheço, puro e genial, humano e simples, amigo do peito. Fez uma análise profunda do poema, apresentando críticas e sugestões.

O poema comentado por ele me parece novo e original, me descobre coisas que não vi ou não pensei ao escrevê-lo.

Algo me diz que este poema marca um divisor de água na minha poesia.

13 de abril de 1984

Hoje, passei o dia na roça cortando arroz. De manhã, na roça de João Pedreiro; à tarde, na roça de Raimundo Carneiro. Não me cansei e pude descobrir novas dimensões da vida no contato direto com a terra. Vi quando João Pedreiro semeou o arroz, o vi crescer e, agora, participei da colheita. É o processo da vida, é o ritmo da natureza.

Em determinado momento pensei: o que me faz estar aqui no meio do mato cortando arroz? E percebi que é a opção de estar ao lado do povo e testemunhar o amor de Deus no meio da comunidade.

A vida no povoado é pacata, as pequenas coisas adquirem dimensões enormes, agora todo o povoado vive em função do casamento de Rosa e Edno, que vão celebrar sua união no domingo. É a preocupação com a roupa nova, com a comida, com a festa, com a preparação do chá de panelas, e todos se movimentam vivenciando uma alegria simples e verdadeira. A celebração ficará por muito tempo na memória das pessoas. Aqui ainda é tudo gratuidade, o povoado forma uma grande família.

15 de abril de 1984

É o domingo de Ramos. Às quatro da tarde chove uma chuva mansa. Estes dias estou hospedado num quarto que também faz de farmácia. Aproveito a tarde para descansar e ler. De manhã, celebramos o casamento de Rosa e Edno, de Romão e Eva; os dois casais fazem parte da comunidade. Festa popular, cheia de emoção e espontânea alegria, a simples alegria de estar juntos, de ter um dia gratuito, sem trabalho, de poder vestir uma roupa nova e comer um prato especial. Isso me fez voltar à minha infância quando, no domingo, a mãe nos vestia a roupa limpa, roupa de domingo, e a família ia à missa e, depois, o pai ficava na praça conversando com os amigos e nós brincávamos e ele nos comprava, a minha irmã e a mim, um saquinho de amendoim torrado, e isso era a felicidade em estado puro.

Leio, nesta tarde cinza, *A Fariseia*, de François Mauriac, enquanto espero a celebração da noite.

Percebo que devo estar cada vez mais encarnado no coração do povo e, ao mesmo tempo, transcender este espaço limitado, universalizar-me a partir do concreto. É fácil reduzir minha vida a esse pequeno mundo e ignorar o resto, mas não é o correto, pensar o universal a partir do microcosmos é o desafio, sempre em tensão.

16 de abril de 1984

Dia de espera, sem condução, o jeito é ter paciência. Hoje não tem ônibus para São Félix e de momento não há carona.

Depois de *A Fariseia*, agora leio *Nó de víboras*, também de François Mauriac. Trabalha magistralmente o drama interior dos personagens e as paixões humanas em estado bruto.

2 de maio de 1984

De Serra Nova para Santo Antônio do Rio das Mortes, passando por São Félix do Araguaia. Depois de quinze dias em São Félix do Araguaia, não tenho nada significativo a ser narrado. Me encanta viajar porque é aí que experimento a vida na base e descubro personagens maravilhosos.

Na Semana Santa vieram nos visitar os irmãos agostinianos Félix Valenzuela e Francisco Morales. Eles moram na comunidade de Belo Horizonte. O Pe. Félix é o coordenador do nosso grupo de agostinianos, e Francisco Morales mora na comunidade do Barreiro de Cima. Foi o Pe. Félix quem nos animou, a Morales e a mim, a virmos para o Brasil ainda estudantes de teologia no mosteiro de El Escorial. Há entre nós uma sintonia natural.

Às quatro e quinze da tarde, enquanto me dirijo a Santo Antônio do Rio das Mortes, leio na proa do barco *O Retrato de Doran Gray*, de Oscar Wilde.

Lembro o verso de Ernesto Cardenal: *"Como latas de cerveza vacias, así fueron muchos de mis años"*. Metáfora genial para mostrar a náusea e o vazio de uma vida sem ideais.

As pessoas misteriosas me seduzem, me apaixono por pessoas que têm um olhar enigmático e fazem da fantasia o caminho para a relação. Logicamente sinto bloqueio com pessoas excessivamente racionais e objetivas. Meu destino está ligado a pessoas que, por afinidade, se tornaram irmãs; não preciso dizer seus nomes, no coração estão gravados.

Sempre fui um ávido leitor, sobretudo de literatura. Li os clássicos, Cervantes em primeiro lugar. Adoro toda a literatura latino-americana, amo os escritores russos, sobretudo Dostoievski, e me fascina Saramago.

Poeticamente fizeram minha cabeça, na adolescência, Juan Ramón Jimenez, prêmio Nobel de literatura – foi ele quem me abriu as portas da poesia –, descobri depois Neruda, Ernesto Cardenal, Ferreira Gullar e Manuel de Barros, entre muitos outros. Fascinante e gratuito mundo. A beleza em imagens e palavras!

5 de maio de 1984

Passamos o dia na posse de Maria Mocinha; fomos quinze pessoas de Santo Antônio do Rio das Mortes para fazer um treinamento de lideranças. Voltamos agora no barco, e a tarde tem uma beleza inebriante. Extasiado contemplo a mata, o rio, ouço o canto dos pássaros e os mil ruídos da natureza que se aproxima da noite. Em momentos assim, dá a impressão de recolher, num só instante, toda a vida até agora vivida.

Na parte da manhã, vimos a história do povoado e suas lutas, narradas por quem foi protagonista delas. Avaliamos depois os vários grupos existentes no povoado reunidos por interesses afins, e cada um se situou num desses grupos. Na parte da tarde, o tema girou sobre os diversos tipos de liderança. Tudo isso misturado com brincadeiras, teatro de bonecos e jogos populares. Foi um dia completo.

15 de maio de 1984

Estou na Cascalheira participando do encontro da equipe de cultura; de São Félix do Araguaia viemos Madeilene, Salvino e eu.

No dia 12 representamos a peça *"Ri-boliço"*, criação coletiva do grupo de teatro. Foi uma sátira bem-humorada da vida da cidade, o povo adorou.

Na sexta-feira passada, fizemos uma apresentação do teatro de bonecos à noite, na rua do bairro alagável, assim chamado popularmente em São Félix do Araguaia, porque no tempo da enchente sempre alaga. Foi uma farra. Todo mundo levou seu banquinho e, enquanto esperavam o começo do espetáculo, uma cobra deslizou entre os banquinhos – foi a maior algazarra. Acontece que, na peça de teatro, aparecia uma cobra de pano, quando surgiu foi aquele bafafá.

Interiormente vivo na tensão dialética, às vezes me sinto medíocre, outras me entusiasmo e me vejo heroicamente comprometido.

19 de maio de 1984

Cheguei ontem de Porto Alegre do Norte, depois de passar por Cascalheira. Foi uma semana cultural. Analisamos a situação do trabalho cultural em cada município e encaminhamos a criação da "Associação ARRAIA". Em Porto Alegre do Norte, trabalhei com Cascão na peça da história da luta pela terra. Esta peça deve entrar na campanha pela reforma agrária a nível nacional. A CPT (Comissão Pastoral da Terra) entrou nesta campanha e desenvolverá várias atividades. A peça deve apresentar várias lutas históricas com linguagens diferentes: Os sete povos, Contestado, Canudos, Trombas e Formosos, Zumbi dos Palmares e Ligas Camponeses, entre outras.

Além dessa peça, estamos pensando em outra, onde mostraremos a realidade atual da região.

O enredo é o seguinte: uma multinacional quer construir uma usina atômica num povoado da região Amazônica. Um místico popular faz um discurso apocalíptico contra a besta fera; há uma líder sindical consciente, cujo marido lutou nas Ligas Camponesas, mas, agora, desistiu da luta, é alcoólatra e se declara contra as lutas do povo. E tem um agente pastoral que vai ajudando a comunidade a se organizar e compreender a realidade. Aos poucos, o povo percebe que a besta fera tem nome próprio, e a comunidade se dispõe a enfrentar o conflito. No meio, há uma trama amorosa, a morte do místico popular e outros detalhes secundários.

Cascão e eu fomos imaginando as cenas, definindo os diálogos, criando o enredo, é uma maravilha deixar a imaginação correr solta.

Chegando em São Félix do Araguaia, a conversa na rua era uma só: o fazendeiro Zé Remi matou, na sua fazenda, o peão Zé Rodrigues, e feriu o filho de nove anos. O delegado de polícia de São Félix do Araguaia, Rui Aparecido, foi comprado e tentou convencer a mulher do morto, Alaíde, que seu marido morreu de um ataque cardíaco, e queria forçá-la a fugir para São Miguel do Araguaia. Ela presenciou tudo; na hora do crime só estavam na casa ela e os três filhos do casal. Diante da postura do delegado, ela ficou tão apavorada que, ainda de noite, fugiu pelo mato com as crianças, uma delas baleada, com medo de também elas serem assassinadas. O povo está revoltadíssimo pelo crime e pela postura do delegado. Todos lembram que, no ano passado, esse mesmo delegado de polícia acobertou o policial "Bigode" que matou Joaquim no bar. Joaquim era um homem humilde, filho do lugar, querido por todos. O "Bigode" nunca foi preso.

Diante de mais esta arbitrariedade, o povo quer se organizar para tirar o delegado de polícia, Rui Aparecido, de São Félix do Araguaia.

25 de maio de 1984

Irmã Irene e eu estamos em Serra Nova para dar um curso de formação às lideranças da comunidade. Na chegada, fomos informados de que Raimundo, de 30 anos, tinha morrido nesse dia ofendido de cobra. Fomos no velório e, lá, ficamos sabendo que, neste ano, já houve outros casos de pessoas picadas de cobra na região.

Nos três dias que aqui estaremos, Irene vai formar o clube das mães e, eu, treinar as lideranças.

Em São Félix do Araguaia ficou acertada uma manifestação de rua para o dia 8 de julho. O objetivo é mobilizar todo o povo da região para pedir a saída do delegado de polícia que acoberta criminosos.

Leio nas horas vagas *Vida en el Amor*, de Ernesto Cardenal. É a experiência de Deus vivenciada como amor e compaixão numa linguagem mística e poética. Há uma bondade original em todas as coisas e preciso aprofundar o meu olhar para perceber isso.

2 de junho de 1984

Cheguei a Goiânia, a caminho de Belo Horizonte, onde teremos a assembleia para a formação da futura Província agostiniana do Brasil.

Interiormente vivo momentos de plenitude nos quais sinto que meu ser se alonga, e me vejo um homem livre, capaz de compreender a todos e voar alto; depois, caio na rotina, perco altura e tudo volta à superficialidade do dia a dia.

Partindo de *Vida en el Amor*, quero narrar em poesia minha própria experiência de Deus.

4 de junho de 1984

Nossa Assembleia da futura Província agostiniana está sendo realizada no noviciado da Santíssima Trindade, em Belo Horizonte. Ontem, conversei longamente com a amiga e psicóloga Joreny Nasser Quedy. Foi uma conversa excelente para situar-me e entender melhor meus processos humanos e afetivos e perceber possíveis saídas. Joreny é uma mulher admirável. Saudei também a Irmã Isabel Ayala, a mulher mais livre e humana que já conheci. Encontros profundos de verdadeira amizade que alimentam a alma.

7 de junho de 1984

Hoje o Pe. João Batista Libânio veio nos falar sobre as grandes rupturas da Igreja e da Vida Religiosa.

Na sua palestra, partiu das mudanças acontecidas no mundo e como elas têm influenciado a Igreja e a Vida religiosa. O Concílio Vaticano II foi uma tentativa de resposta por parte da Igreja a esta nova realidade. Na América Latina, o Vaticano II se traduziu nas Conferências de Medellín e Puebla. Na vida religiosa, mudou a forma de compreender a experiência de Deus, a vida comunitária e o apostolado, passando-se de relações formais e rituais para uma vivência mais pessoal e fraterna.

8 de junho de 1984

"Como agradecer-Te, oh Deus, por amigos tão humanos e tão verdadeiros como estes que são a outra metade da minha alma!: Félix Valenzuela, Francisco Morales, Paulinho, Santiago, Irmã Isabel Ayala, Joreny, Eduardo Mourão, Raquel Rigotto, Juarez Dairell, Willian Castilho e Maninha, Durval Ângelo, Chico dos Bonecos, Leuter Inês, Irmã Marina di Polto, Cascão e Fernanda e tantos outros, eles me completam e me compreendem, falando com eles as coisas clareiam, meu coração se anima, a imaginação dispara. Como é sofrido ficar distante dos amigos"!

Nossa assembleia foi positiva, eu gostaria que pudéssemos arriscar mais nas opções, mas é preciso respeitar o ritmo da maioria.

A reflexão do Pe. Libânio ajudou a nos situar na Igreja e buscar saídas que respondam aos desafios atuais.

11 de junho de 1984

Estou refletindo a partir do livro que Joreny me deixou, *El celibato evangélico en un mundo mixto*. Anoto algumas ideias:
- Novo contexto: a descoberta da sexualidade como linguagem, o corpo como veículo de comunicação. Isto muda a visão do passado, em que a sexualidade era vista, na maioria das vezes, como algo negativo.
- Nova compreensão do que seja a felicidade: sentir-se aceito, querido e valorizado.
- O celibato faz sentido do ponto de vista antropológico, não é melhor nem pior que o casamento, mas só tem sentido se é vivido como entrega, colocando todas as energias a serviço do povo, de uma causa ou de um ideal. O perigo é fechar-se em si mesmo e tornar-se um perfeito egoísta.
- O celibato religioso que nós assumimos tem uma causa concreta: pelo Reino, como disse Jesus, *"eunucos pelo Reino"*.
- Os evangelhos mostram a grandeza humana de Jesus, uma personalidade aberta a todos, sem preconceitos, sensível ao sofrimento humano, sua vida entregue aos outros; é nessa direção que tem que ser vivido o celibato, como profecia e sinal de uma realidade maior.
- A Igreja continua olhando com suspeitas tudo que se refere à sexualidade e é, prioritariamente, uma Igreja controlada por homens. Estou convencido de que as futuras gerações criticarão este momento histórico por dois motivos: o ministério sacerdotal ter sido exercido apenas por homens célibes, e por ter excluído as mulheres do ministério sacerdotal. É enorme a dívida da Igreja com relação às mulheres.

Hoje nos parece absurdo que séculos atrás os negros ou os filhos chamados "ilegítimos" não pudessem ser sacerdotes e, agora, aceitamos que homens casados ou mulheres não possam exercer o ministério por serem casados ou por serem mulheres.
- A Vida Religiosa é essencialmente pobreza, e só desde a pobreza é que se pode atingir a verdadeira fraternidade com todos os seres da criação e a fidelidade a Cristo. É preciso abrir espaços interiores para poder viver a liberdade na humildade.

18 de junho de 1984

Caminho entre dois abismos: Deus e minhas paixões. E o abismo dá vertigem.

O abismo das paixões me atrai e fascina e, ao me fechar em mim mesmo, nasce o vazio e a morte. Deus é abismo absoluto e totalizante; quero me lançar nele, mas não arrisco tudo. E assim, estou dividido entre dois absolutos.

"*Oh Deus e Pai! Tu sabes das minhas fragilidades, sei que a felicidade só a encontrarei em Ti. Tua Graça é força para os fracos, ajuda-me a libertar meu coração desta dor que sangra. Eu sei que o sofrimento abre espaços infindáveis no coração humano, mas o preço é alto. Todas as fibras do meu peito estão maceradas e me sinto como um astronauta perdido no espaço, sem conexão com a nave.*

Estende tua mão, oh Pai! Meu coração não se sacia com nada, a não ser com Tua Presença".

20 de junho de 1984

Tivemos a miniassembleia na chácara do senhor Lupércio. Participaram mais de 25 pessoas. Todo mundo se ajeitou pendurando as redes dentro de casa ou debaixo das mangueiras; durante o dia estudamos o tema da assembleia, à noite fizemos uma fogueira e, ao redor, cantamos, contamos piadas e vivemos esses momentos inolvidáveis de partilha e fraternidade. A família do senhor Lupércio é de uma hospitalidade infinita.

Estiveram em casa para uma visita fraterna Megaron, indígena do Xingu e que, agora, é chefe do parque, e Olímpio Serra, antropólogo que assessora os indígenas. Pedro ficou profundamente emocionado com a visita ao vislumbrar novos espaços no trabalho com os povos indígenas da região.

24 de junho de 1984

De miniassembleia em miniassembleia. Inês e eu chegamos a Serra Nova para coordenar o encontro que aconteceu na chácara de João Pedreiro no fim de semana. Participaram 15 pessoas, o que possibilitou um bom entrosamento e uma boa participação.

O fato de sair de casa e passar dois dias juntos no mesmo espaço, fazendo as tarefas comuns de cozinhar e arrumar o ambiente, cria um clima descontraído e tudo vira novidade. À noite fizemos a fogueira de São João, assamos batatas, contamos "causos", pulamos a fogueira e rimos muito. Durante o dia analisamos a caminhada da comunidade, suas falhas e perspectivas. Existe uma divisão séria na comunidade causada por interesses familiares diferentes, e não é fácil de superar. Terminamos o estudo no fim do dia celebrando a Eucaristia: "*O Reino de Deus é como um grão de mostarda"*. De fato, Deus escolhe os pequenos para fazer grandes coisas.

4 de julho de 1984

Passei vários dias em São Félix do Araguaia. Nestes momentos vivo mais a experiência de acompanhar as comunidades do sertão e confesso que o faço com prazer.

Em Santo Antônio do Rio das Mortes, celebrei o casamento de Domingas e João, filho de Zé Rodrigues, patriarca deste povoado. Foi ele quem liderou o povo na luta contra a fazenda Marrua.

Cenas de um casamento sertanejo:

A festa foi numa chácara distante do povoado, todos fomos de carro. No meio do mato, antes de chegar na casa onde seria a celebração, a noiva desceu do carro e se aprontou como manda o figurino: vestido branco, guirlandas e maquiagem no meio de um sol abrasador e de uma poeira que se incrustava na alma. O ritual é sagrado e eu, mesmo achando tudo aquilo fora de contexto, segui à risca a vontade dos noivos. Na hora do compromisso matrimonial, um silêncio absoluto tomou conta do ambiente. Os pais abençoaram os noivos e o povo celebrou com "vivas" a união.

Terminado o rito, veio a festa. Mais de 300 pessoas se juntaram para a comida farta e o forró que correu solto até o sol raiar. Graças a Deus tudo aconteceu na mais perfeita paz, não houve tiros nem mortes, algo que sucede com frequência nestas ocasiões por causa da bebedeira, e o casamento ficou gravado na memória do povo para sempre.

7 de agosto de 1984

Há tempo que não escrevo, às vezes a nascente seca.

Passei uma semana em Santa Terezinha com Cascão, Susto e dois amigos do Pará, Valdir e Manelão. Terminamos de escrever a peça de teatro sobre a luta pela terra no Brasil. Como gostamos da literatura de cordel, o título tem que chamar a atenção de entrada: *"A misteriosa viagem de Zé do Quengo e João Cordeiro nas terras do Pau Brasil"*. Foi uma semana maravilhosa entre amigos, estudando a história das lutas populares e traduzindo-as nas diferentes linguagens teatrais.

De casa me escrevem reclamando que os tenho esquecido. Várias vezes minha mãe vem se queixando com muita delicadeza. Assumi, finalmente, que irei visitá-los no próximo ano.

Vou retomar a escrita.

18 de agosto de 1984

Terminados os festejos de Nossa Senhora da Assunção em São Félix do Araguaia, Eliseu, agente de pastoral leigo, vindo do Sul do Brasil, e eu saímos para visitar o povo da Ilha do Bananal.

Às seis horas da manhã, atravessamos o Araguaia de voadeira; às seis e trinta, começamos a pedalar na bicicleta. Chegamos ao rio 23 às sete horas; às oito, passamos pelo 24, onde descansamos por meia hora; às nove e trinta estávamos no Jaburu, onde nos banhamos numa água cristalina; saímos às dez horas e, às onze, chegamos ao Riozinho. Lá paramos, esticamos a rede e descansamos até às três da tarde, depois de partilharmos a farofa. Chegamos, finalmente, às quatro e meia na casa de Zeca Costa na Macaúba. Lá dormimos. Foi a viagem em que menos me cansei. Curti o caminho vendo jaburus, emas, natureza selvagem e muito gado; chorei pelo caminho ao perceber as queimadas por todo lado.

19 de agosto de 1984

Saímos da Macaúba às 6h30. Na noite anterior chegou um caminhão com peões e ninguém conseguiu dormir direito. Às 8 horas estávamos atravessando o varjão da Funai. Chegamos à casa de Pedro Cunha às 9h15, e a São João do Javaés por volta das 10 horas; na última parte da viagem a estrada estava péssima.

20 de agosto de 1984

Às 7 horas da manhã, saí de ônibus de São João de Javaés rumo a Gurupi, caminho de Rubiataba, onde acontecerá a reunião regional do clero. Enquanto espero o ônibus que me levará a Ceres, leio o livro de Érico Veríssimo *O resto é silêncio*.

21 de agosto de 1984

Finalmente cheguei, às 8 horas da manhã, a Rubiataba, depois de mudar de ônibus em Ceres. Rubiataba é uma cidade do interior de Goiás, tem certa prosperidade, habitada por fazendeiros da região, mas a periferia é muito pobre. Estamos no Centro de Treinamento da Diocese. Quem me recebeu foi o bispo Dom Carlos, a quem conheci em São Félix do Araguaia quando nos visitou. Muito amável e acolhedor. Hoje à noite começa o encontro regional com um dia de retiro espiritual.

22 de agosto de 1984

Participam do encontro 30 padres do regional.

Vou colocar alguns pontos que penso desenvolver num artigo que Sérgio me pediu para o jornal *Alvorada*:
- Não há no clero consciência de fazer parte de uma Igreja Regional; a participação é baixa e falta motivação.
- Há um bom relacionamento entre os padres, mas falta inquietude, parece que o ministério é vivido como profissão e não como missão.
- Não existe uma linha comum de pastoral, um projeto de Igreja que leve em conta a realidade da região: terra, indígenas, periferias.
- Há desejo em alguns dos participantes de conhecer nossa Prelazia e as opções de nossa Igreja particular.
- É preciso reestruturar o regional, seria necessário criar um novo abrangendo o norte de Goiás, Mato Grosso e sul do Pará, já que a problemática destas regiões é muito semelhante.

26 de agosto de 1984

Terminada a reunião do clero, voltei para São João do Javaés. Hoje passei o dia preparando os batizados e as primeiras comunhões; celebrei a missa e levei a comunhão a uma pessoa idosa e muito doente. O ambiente num domingo é de festa e confraternização, todos entram e saem visitando-se e conversando no meio da rua. À tarde o sol abrasa, o tempo se estica e dá a impressão de que só existe este lugar no mundo. Sempre me invade uma sensação de solidão e eternidade nas tardes do sertão. Quando a noite chega, parece que tudo volta aos trilhos e o mundo adquire novo sentido.

Depois de tanto tempo na região, ainda me desconcertam a pobreza e o sofrimento deste povo, visíveis nas doenças de pele, nos vermes e na velhice prematura.

27 de agosto de 1984

Hoje organizamos um mutirão para limpar o cemitério e mais de 20 pessoas se dispuseram a ajudar.

Há tempos experimento o vazio interior e vivo na superficialidade, preciso retomar as rédeas do meu destino.

28 de agosto de 1984

Hoje é a festa de Santo Agostinho, nos últimos três anos passei a data aqui. De manhã, fui com Eliseu visitar os moradores da redondeza, e chegamos até a casa do senhor Vilas; na parte da tarde, visitamos as famílias do povoado. À noite, quando íamos jantar, chegaram os vizinhos avisando que Dona Maria Xavier estava morrendo. Dias atrás eu tinha lhe dado a unção dos doentes e a comunhão. Fui lá e, poucos minutos depois, descansou. Creio que é a primeira vez que vejo uma pessoa morrer. Tenho uma vaga lembrança de quando faleceu Afonso, o padrinho de minha irmã, eu era menino. Foi em Santa Eulália de Tábara, na casa onde nasci, o povo estava todo espalhado pela casa num silêncio sepulcral esperando a hora final, e eu pude sentir que algo grave acontecia, mas não o vi morrer; eu devia ter oito anos. Agora foi diferente, ela foi serenamente se apagando e percebi a morte como algo simples, natural, momento solene na contida emoção, nada de tragédia ou gritaria.

Depois veio o velório, todo o povoado passa pela casa da falecida, os homens ficam na rua, as mulheres rezam e cantam ladainhas, a família tem que acolher e servir café e biscoitos para todos os que passam pelo velório. Chegaram também os "crentes", mas eles foram em grupo, sem se misturar com o resto. O velório foi a noite toda.

5 de setembro de 1984

De novo em Serra Nova, época dos festejos. São os terceiros festejos num mês.

Ontem em São Félix do Araguaia, foi enterrada Sara Neta, neta do senhor Teléscio; ela se suicidou. Três anos atrás o irmão dela fez o mesmo. A família estava estraçalhada e a gente se defronta com o mistério da vida e da morte. Anos atrás tive a petulância de escrever um verso que dizia "maduro estou já para a morte". Ingênuo de mim! Não estou mesmo, preciso tempo para me trabalhar, me humanizar.

Meus pais me escreveram felizes dizendo que me viram num programa da Televisão Espanhola gravado aqui meses atrás. Estão contentes com a perspectiva de me verem no próximo ano.

6 de setembro de 1984

Ontem de manhã tive reunião com o conselho da Igreja. Ficaram visíveis as divisões existentes no povoado, fruto das brigas entre as famílias, e como isso atinge a comunidade.

O grupo mais forte aprovou para o batismo todos os pais e padrinhos que integram essa turma, e fez reparos aos membros do lado contrário. Algumas pessoas não foram consideradas idôneas para serem padrinhos. Como a aprovação para batizar as crianças depende do parecer do conselho, frequentemente, na hora da consulta, e da votação, aparecem os conflitos existentes. Aí aproveitei para mostrar a contradição: dois pesos e duas medidas, ficaram muito sem graça.

O fato serviu para analisar a vida do povo, as rixas são antigas, passam de pais para filhos, e num universo tão pequeno tudo adquire um tamanho enorme.

Procuro me manter à margem dessas divisões, promovendo as pessoas simples e boas que não entram nesse jogo de poder.

15 de setembro de 1984

A tripla dimensão da espiritualidade a ser vivida:
- Pobreza real, ser e viver pobre para me comprometer com os pobres.
- Serviço, servidor de todos, ser o último.
- Paixão pela justiça, livre para anunciar a verdade.

17 de setembro de 1984

Hoje Franklin Machado e eu saímos com Nair, diretora da escola de Santo Antônio do Rio das Mortes, e Zé Rodrigues, do Sindicato dos Trabalhadores Rurais, para passar 15 dias em "desobriga" visitando as comunidades do sertão de Santo Antônio do Rio das Mortes: Riozinho, Santa Vitória, Serra do Roncador, Mureré, Correntinho e Barreira Amarela.

Franklin Machado é um jovem nascido na Ilha do Bananal, magro, calado, muito inquieto politicamente, faz parte do grupo de jovens na comunidade de São Félix do Araguaia, e tem inquietudes vocacionais. Nair Barbosa é uma liderança firme na comunidade de Santo Antônio. Além de ser diretora da escola, anima e coordena o trabalho pastoral na região do rio das Mortes. Zé Rodrigues é um maranhense que aqui chegou, com sua família, na década de sessenta; eleito presidente do Sindicato dos Trabalhadores Rurais, é um homem profundamente religioso e com um instinto nato de justiça, turrão e teimoso, liderou a luta contra a fazenda dos Abdalla e ganhou a briga.

Está chegando a Santo Antônio do Rio das Mortes muita gente nova vinda de São Miguel do Araguaia e Formoso. Devagar e sem alarde, ocupam uma terra, desmatam e fazem a Reforma Agrária na prática.

Levo para ler nestes dias o livro de Eduardo Galeano *As veias abertas da América Latina*. Livro escrito com paixão e beleza, desperta no meu coração antigos ideais talvez já adormecidos pelo passar do tempo e que precisam renascer.

18 de setembro de 1984

Chegamos ontem à tarde na casa de Herculano, onde funciona uma escola. Joana, filha de Zé Rodrigues, é a professora. A escola está limpa, arrumada, transparecem ordem e organização. Franklin está gripado.

Hoje cedo saí com Zé Rodrigues para visitar os vizinhos, visitamos dez famílias de posseiros e, como choveu nestes dias, o capim começa a brotar e o campo está verde e bonito. Propusemos organizar uma comunidade que possa se reunir ao menos uma vez por mês. Eles espontaneamente se reúnem na Semana Santa, no giro do divino e em outras festas populares. Nair, que acompanha as escolas do sertão, vai acompanhar também esta nova comunidade.

19 de setembro de 1984

Às sete e meia da manhã saímos da casa de Herculano rumo à comunidade Santa Vitória, veio conosco o Zé, que ia buscar bacaba no Abraão. Demoramos duas horas para percorrer as quatro léguas. Franklin continua gripado, se não melhorar vai ter que voltar para São Félix do Araguaia.

Esta região de Santa Vitória é muito bonita, mata grande. Passamos pela casa do senhor Abraão, onde teremos a missa amanhã. Nair ficou na escola, o professor é Raimundo, eu visitei as famílias durante o dia.

20 de setembro de 1984

Franklin continua adoentado e saiu hoje cedo para Serra Nova, o acompanhei até o Tibúrcio, depois continuou sozinho, vai pegar lá o ônibus para São Félix do Araguaia.

De repente eu me encontro sozinho no meio da mata, ouvindo os ruídos da natureza, tudo primitivo, e minha imaginação viaja longe e vejo um mundo fragmentado e dividido entre uma realidade como esta, onde a tecnologia mais avançada é a bicicleta que me carrega e, ao mesmo tempo, existem essas grandes cidades onde se amontoam dez ou quinze milhões de pessoas. Aqui cada morador vive sozinho e a mata, a terra, o rio, oferecem para ele o necessário para sobreviver, alheios ao mundo exterior.

Abraão é um homem calado, honesto e reto, a mulher, Teresa, é esperta e viva, os dois nos acolhem com grande alegria.

21 de setembro de 1984

Saímos da casa de Abraão e Teresa às oito da manhã. Ontem, tivemos a missa e muita gente da redondeza participou. Depois visitei o Paulinho, morador vizinho que quebrou a perna num acidente de moto. De noite trovejou e choveu, e minha bicicleta estragou antes de chegar à casa de Lucio Rocha, onde almoçamos. A conversa girou em torno da política e da situação da atual administração municipal.

De tarde Nair, Zé Rodrigues e eu viemos para casa da Raimundinha e do João, aqui há uma escola. Raimundinha é a professora. No sertão quem leciona é a máxima autoridade do lugar, respeitada por todos; e a escola é o centro da vida das pessoas, tudo gira em torno dela. A casa do casal vive cheia de crianças, o clima é de alegria e vida.

Continuo lendo *As veias abertas da América Latina*. Eduardo Galeano mostra o quadro da conquista da América Latina com um realismo surpreendente; o que aqui aconteceu foi uma invasão e um massacre.

Na casa da Raimundinha a conversa girou em torno de um crime acontecido na estrada de Santo Antônio do Rio das Mortes, onde um homem apareceu morto dentro do carro. Aí começam as versões do fato. Para uns o crime foi acerto de contas, para outros, roubo, e há os que suspeitam de crime passional. A conversa se anima, um caso leva a outro, e a memória coletiva regride no tempo, trazendo à tona situações violentas da região, aparentemente esquecidas, entre elas, a briga com os pistoleiros da fazenda dos Abdalla, quando o povo os pôs para correr.

Dona Marcelina, velha maranhense e muito viva e loquaz, me conta histórias do Maranhão e dos crimes que os chamados "cearenses" cometeram lá décadas atrás, matando até um padre. Nesta realidade o realismo fantástico faz parte do cotidiano.

Dona Marcelina é magrinha, aos seus oitenta e cinco anos caminha firme e decidida. Não falta a uma celebração; benzedeira afamada, as mães a procuram para resolver as doenças visíveis e invisíveis dos meninos: vermes, quebranto, soluço e medo. A todos atende, aconselha e exorta. Esta mulher é um milagre neste sertão abandonado, e todos sabem disso.

23 de setembro de 1984

Nair e eu visitamos ontem seis famílias: Lúcio Abreu, De Jesus, Albertina, Chico Nonato, Joana, professora na Samambaia, e Sabino. São os primeiros moradores desta região, chegaram como posseiros, aqui se estabeleceram na década de sessenta e formam um grupo coeso. A liderança natural é Lucio Rocha.

A morte do homem é o tema permanente, arrastando-se por dias e meses, nas falas dos moradores. O povo conta, reconta, acrescenta detalhes, e no coração das pessoas se mistura o medo, o fatalismo, o destino. *Crônica de uma morte anunciada*, Gabriel García Márquez, com certeza, se inspirou aqui.

24 de setembro de 1984

Saímos ontem de tarde para o Mureré. A missa na Serra do Roncador foi muito participada, é o núcleo mais bem organizado dos que até agora visitei. O fato de serem moradores antigos lhes foi dando consistência e compromisso: os Rocha, os Freitas, Os Nobato.

Raimundinha, Joana, de Jesus, Albertina, são famílias tradicionais e respeitadas.

Indo para o Mureré quebrou, de novo, a bicicleta. Estou começando a me sentir cansado, ontem tive dores nos rins, se aqui me der uma crise renal estou lascado.

Hoje vou com Pedro, liderança daqui, "queimar" a sua roça e, depois, vai me ajudar a consertar a bicicleta. O Mureré é o lugar mais bonito de toda esta região, o rio é cristalino e fundo, há muita mata e muito buriti.

A Pedro eu emprestei, anos atrás, um dinheiro para poder ir tratar da sua saúde em Goiânia. Na época nem o conhecia e, agora, não lembrava mais dessa história, mas ele sim se lembrava e me retribuiu com muita gentileza e amizade.

Tento ler todos os dias algo, e sempre ouço as notícias na rádio Bandeirantes para saber o que acontece no mundo. Agora Tancredo Neves e Paulo Maluf disputam a presidência do país, ruim um, péssimo o outro. Nenhum dos dois responde um projeto político popular.

26 de setembro de 1984

No Mureré celebramos a missa na casa do Carvalhinho. Por ser região nova, tem muita malária, meninos magros e doentes, famílias passando fome. Depois da celebração o povo inventou uma festa na casa de Pedro. Passaram a noite batucando e dançando, de longe eu ouvia o som do bumbo e da sanfona.

Às sete da manhã, saímos rumo ao Correntinho. Como o caminho é muito ruim, fomos cortando pelo varjão. Chegamos na casa do senhor Honorato às dez da manhã. Ali o ambiente já é outro: zelo, limpeza, saúde, certa fartura. O senhor Honorato é o patriarca do lugar e um dos primeiros ocupantes desta região. Homem de poucas palavras, mas muito firme nas suas decisões, preocupado com a educação das crianças, abriu uma escola na sua posse.

Na parte da tarde, visitei a escola, é modelo de escola no sertão, se respira um clima de estudo e responsabilidade. O professor é Ariolino, filho de Honorato.

Passar quinze dias rodando pelo sertão, cada dia numa casa diferente, cada noite esticando a rede em lugares desconhecidos, ensina muito e liberta de certos vícios burgueses que a gente vai adquirindo sem perceber.

Nair é uma excelente companheira, vive para a educação, mãe exemplar, líder na comunidade, mas é difícil partilhar com ela minhas impressões. Para ela o que estamos fazendo faz parte de sua rotina e do seu mundo, para mim é tudo novidade.

Pastoralmente esta viagem é enriquecedora, vejo a possibilidade de criar várias pequenas comunidades, mas neste primeiro momento o objetivo é tomar pé da realidade e aproximar-me das pessoas.

1º de outubro de 1984

Cheguei ontem ao meio-dia a Santo Antônio do Rio das Mortes, estava morto de cansaço, a última etapa da viagem foi esgotadora.

Do Correntinho, fui para Barreira Amarela, celebrei com a comunidade e joguei bola com os jovens. Agora o povo está pensando em escolher um padroeiro e celebrar os festejos. Como dizem aqui, tem que ser um santo seco, isto é, a data da sua festa tem quer ser nos meses da seca, de maio a outubro.

Barreira Amarela é um lugar paradisíaco à beira do rio das Mortes.

Conversei com alguns homens que estão querendo entrar na área da fazenda Marruá, mas têm medo da repressão. A fazenda está meio abandonada e um grupo de posseiros quer aproveitar o momento favorável e ocupar uma área boa de mata e água.

Chegando a São Félix do Araguaia preciso parar, colocar em ordem tudo o que vi e vivi e descansar uns dias.

3 de outubro de 1984

De onde vem a inspiração para escrever poesia? Não sei! Só sei que há períodos de seca, seca brava como no sertão e, de repente, a inspiração brota de enxurrada. Não consigo identificar o que regula esses períodos. O jeito é esperar. Depois que terminei, em março, *O Poema de Amor e Espanto*, secou a fonte. Algo deve estar sendo gestado.

8 de outubro de 1984

Terminei de ler *Tupac Amaru*, de Ramón J. Sender. Ultimamente tenho me aproximado da história da América Latina através das *Veias abertas*, e este livro de Sender corrobora tudo o que Eduardo Galeano diz. Este continente sempre foi objeto da cobiça da Europa, espoliado e roubado sem compaixão.

Começo a ler o livro de Clodovis Boff, *Como trabalhar com o povo*. Sistematiza pedagogicamente o que deve ser um trabalho libertador com o povo:
- Nós, agentes externos, não somos povo, mas temos uma contribuição a dar, para isso é preciso encarnar-se na realidade e gostar das pessoas, proximidade humana.
- Não devemos substituir o povo, trabalhar com o povo sem paternalismos.
- Cultivar uma mística que dê sentido à ação.

11 de outubro de 1984

Poesia: a celebração do futuro absoluto!

12 de outubro de 1984

Estou lendo *A montanha é algo mais que uma imensa estepe verde*, de Omar Cabezas. Tinha começado a ler esse livro tempos atrás, depois parei, já fiz menção a ele neste diário. É o testemunho de um militante da FSLN (Frente Sandinista de Libertação Nacional), descrevendo seu processo até chegar à guerrilha. A Nicarágua viveu durante mais de 40 anos sob o regime do ditador Anastasio Somoza. A Frente Sandinista lutou e conseguiu derrubar o ditador em 1979.

É surpreendente a capacidade que tem de descrever os detalhes do cotidiano, as emoções diante da montanha, a ligação do particular com o universal, o processo até se tornar um homem novo.

Andando aqui pelo sertão muitos sentimentos semelhantes me assaltam. Viajando na bicicleta penso as coisas mais inverossímeis e o povo se surpreende ao ver-me montar a cavalo, segurar a enxada ou cortar arroz.

A revolução sandinista moldou homens e mulheres de grande beleza humana, a descrição do que há de ser o homem novo é maravilhosa.

14 de outubro de 1984

Só guardo na vida duas ou três datas que marcaram meu caminhar: o nascimento, o dia que saí para o seminário, a ordenação sacerdotal e, de agora em diante, o dia de hoje. Creio que hoje dei um passo firme, ainda frágil, mas irreversível rumo à liberdade.

Ao longo da vida todos temos que fazer opções, muitas vezes sofridas, o coração sangra, mas é o caminho para a maturidade. Só se mantém uma opção de entrega a Deus e ao povo se houver na origem um grande amor. São João lembra seu encontro com Jesus de Nazaré, encontro que mudou sua vida, eram quatro da tarde. Também tive minhas quatro da tarde na praça de Moreruela de Tábara quando, ao sair da escola, brincava de esconde-esconde com os meninos da minha aldeia e chegou num fusca, o frade agostiniano Agustin del Rio, nos convidando para ser padres. Eu aceitei.

> *"Andei a Tua procura*
> *farejando em cada coisa Tua presença!*
> *Tudo é noite agora*
> *uma longa e tenebrosa noite*
> *povoada porém da certeza de Teu amor primeiro.*
> *O mundo me fala de Ti!*
> *Melhor dito:*
> *meu coração dilacerado em Ti repousa.*
> *Nada sacia minha sede a não ser Tu!"*

17 de outubro de 1984

Estou na Serra Nova com Milton Barros. Viemos para agilizar a construção da igreja. Zezinho é muito bom pedreiro, mas trabalha devagar.

Na visita às famílias, a ladainha conhecida: doenças, pobreza, solidão.

Terminei de ler o livro de Colombo narrando as suas viagens ao Novo Mundo. Impressionante a visão dos conquistadores, só falavam do ouro, parece o seu Deus.

21 de outubro de 1984

Estes dias estou feliz como há tempo não estava. O fato de definir-me e romper com as amarras que me aprisionavam me trouxe de novo paz e liberdade. Vejo que essa força não vem de mim, há algo superior que me sustenta.

Tudo acontece na hora certa. Gratidão infinita.

25 de outubro de 1984

Vivo abraçado pela bondade de Deus e crucificado pela maldade e a injustiça que, ao meu redor, se impõem. Como anunciar o Deus Amor nesta realidade opressora e desumana?

28 de outubro de 1984

Estou com a equipe pastoral em Santa Terezinha, participando do retiro espiritual que fazemos todos os anos.

Ontem refletimos sobre o homem Jesus de Nazaré e as exigências do Reino de Deus.

A partilha foi fecunda:
- Jesus anuncia o Reino de Deus como libertação absoluta e realização de todas as aspirações humanas.
- O Reino de Deus é luta, tem a dimensão histórica e, ao mesmo tempo, é dom e graça.
- Jesus nasce excluído fora da cidade e morre assassinado fora da cidade.
- O Reino de Deus sofre oposição.
- Jesus é radical no seu chamado: deixar tudo, segui-lo na pobreza e na obediência à vontade do Pai.

31 de outubro de 1984

O retiro foi um espaço apropriado para crescer em maturidade e confiança na equipe. De volta a São Félix do Araguaia, parei em Porto Alegre do Norte e trabalhei com Cascão, quatro cenas da peça de teatro sobre a luta pela terra no Brasil.

19 de novembro de 1984

Passei uma semana em Santa Terezinha com toda a equipe cultural finalizando a peça de teatro sobre a luta pela terra que começamos a preparar um ano atrás.

Decidimos fazer a primeira apresentação da peça em Conceição do Araguaia, em fevereiro do próximo ano.

No dia 15 celebramos meu aniversário com o povo da comunidade de Santa Terezinha e, depois, cantamos os parabéns na casa de Tadeu e Terezinha.

28 de novembro de 1984

Estou em Santo Antônio do Rio das Mortes, vim visitar a comunidade e organizar a novena de Natal. Sempre que chego aqui encontro um morto; esta vez foi uma criança de três meses, é o terceiro filho do mesmo casal que morre. O menino estava sendo velado no quintal, colocado em cima da mala apoiada em uma lata de querosene.

Zé Rodriguez, liderança histórica na luta pela terra, não está bem, o câncer tem avançado e os médicos que o acompanham dão pouco tempo de vida para ele.

1º de dezembro de 1984

Leio a declaração de Ratzinger sobre a situação atual da Igreja no mundo. Apresenta uma visão muito pessimista, acho que exagera. Continua avaliando negativamente a Teologia da Libertação.

11 de dezembro de 1984

Estou em Bragança Paulista para participar do retiro espiritual do nosso Vicariato Agostiniano. O pregador é Pedro Casaldáliga.

Os últimos dias foram de muito movimento, Milton Barros e eu estivemos em Serra Nova para a inauguração da nova Igreja. Tudo transcorreu em paz, o povo feliz pelo novo espaço de celebração.

Ideias do retiro com Pedro:
- A vida é mistério e desafio.
- A vida é graça e dom.
- Qual a opção de fundo que norteia a minha vida?
- Como vivo hoje a espiritualidade: impasses, descobertas, avanços e desafios.
- Uma verdadeira espiritualidade se alicerça em Deus, no povo e na oração.
- A fé como confiança infinita no amor do Pai.
- Testemunho de vida.
- As opções de Jesus: encarnação na história humana, fidelidade, comunhão com o Pai, liberdade frente à família, à lei,

ao povo, e o conflito como consequência de suas opções e a força do Espírito.

Revendo minha história vejo que pertenço a uma geração que entendeu a vida religiosa como compromisso com a transformação do mundo e entrega a Deus no serviço aos pobres, e muitos de nós demos passos concretos nessa direção. As questões pessoais ficavam em segundo plano, eram consideradas fraquezas a serem deixadas de lado. Hoje percebo que é fundamental fazer a síntese entre as duas dimensões: continuar na luta e, ao mesmo tempo, cultivar o afeto, a ternura, a relação pessoal. Só assim poderemos construir as grandes transformações. Devo encarnar o que anuncio.

12 de dezembro de 1984

Hoje ligou Fernando Cardenal, Pedro e eu atendemos o telefone. Fernando é padre jesuíta e, atualmente, ocupa o cargo de ministro de Educação no governo sandinista. Queria saber se seria possível incardinar-se à nossa Prelazia, dado que o Vaticano lhe exigiu sair do governo ou deixar a Congregação e o ministério.

Vamos conversar sobre isto na assembleia de janeiro.

16 de dezembro de 1984

Hoje Pedro, Valeriano e eu fomos visitar Dom Paulo Evaristo Arns em São Paulo. Entre os assuntos a tratar estava o caso do Pe. Fernando Cardenal.

Há tempo que eu queria conhecer pessoalmente Dom Paulo Evaristo, homem lúcido, jovial, sereno. No começo a conversa enveredou pela situação atual da Igreja, fechamento progressivo de Roma e isolamento dos bispos que apoiam a Teologia da Libertação. Dom Paulo Evaristo mostrou-se pessimista com relação ao Vaticano, há muita sujeira lá dentro, ele disse, o diálogo possível se dá com Agostino Casaroli, secretário de Estado do Vaticano, e fez observações muito interessantes sobre a personalidade de João Paulo II.

Sobre a incardinação do Pe. Fernando Cardenal, na Prelazia de São Félix do Araguaia, ele opinou que é preferível buscar, primeiro, outras saídas para não acirrar o conflito, dado que nossa Igreja está muito marcada, mas que, se não houver outro jeito, aceitemos.

Tivemos depois a ordenação presbiteral de Paulo Santos, carinhosamente chamado "Paulinho", religioso do nosso grupo, presidida por Pedro. Foi emocionante e bem participada, o tom foi de compromisso com o povo e com a missão.

19 de dezembro de 1984

Depois de vários dias de viagem, chegamos a São Félix do Araguaia.

O retiro com Pedro reforçou o essencial: o seguimento de Jesus, a oração e o compromisso com o povo.

O relacionamento no Vicariato Nossa Senhora da Consolação é fraterno. Falta a meu ver mais radicalidade, a ordenação de Paulinho reforçou nosso compromisso com as causas da periferia.

Durante a minha saída para o retiro espiritual teve lugar, em São Félix do Araguaia, o festival de música e deu muito certo, toda a turma está feliz.

Li na viagem *Vidas Secas*, de Graciliano Ramos, e *Corpo*, de Carlos Drummond de Andrade. Gostei demais de *Vidas Secas*, narrativa forte, austera, verdadeira obra de arte. No livro de Drummond encontrei coisas fantásticas e outras comuns.

26 de dezembro de 1984

Termina o ano com alguns avanços em nível pessoal. Desafios novos virão.

7 de maio de 1985

Minha experiência de fé vai se norteando pelas seguintes referências:
- Em nível pessoal é a vivência da fragilidade, da limitação. Isto me leva a descobrir um Deus misericordioso que ama e perdoa e que se alegra com a volta do filho que saiu da casa do pai.
- Em nível regional me defronto todos os dias com a pobreza, a doença e a falta de recursos econômicos e humanos que geram fome e morte, é o povo caído, amordaçado, incapaz de se reerguer e caminhar.
- Diante desta realidade me sinto impotente, incapaz de encontrar saídas e a revolta cresce interiormente.

Nestes contextos vivencio a fé no Deus da Vida e procuro uma espiritualidade que me sustenta: o seguimento de Jesus, a construção do Reino, a predileção do Pai pelos pobres e a luta pela justiça.

10 de maio de 1985

Ontem à noite a rádio Bandeirantes deu a notícia da condenação de Leonardo Boff por parte do Vaticano. Está proibido de falar em público, lecionar ou escrever.

É claro que o Vaticano não tem nenhum interesse em saber o que eu opino sobre o caso, simples religioso ao serviço da Igreja no coração da Amazônia, mas, mesmo assim, faço questão de me manifestar, já que também faço parte da Igreja de Jesus de Nazaré, e neste momento é um dever não se omitir.

É de longe que vem a desconfiança e a perseguição aberta por parte de setores do Vaticano à Igreja da América Latina, que assumiu o compromisso com os mais pobres e defende a Teologia da Libertação. Existe toda uma estratégia para silenciá-la, entre outras ações, estão a suspensão dos padres da Nicarágua que fazem parte do governo sandinista, a eleição de bispos alinhados com Roma, a cassação de teólogos progressistas e o controle dos seminários.

Leonardo Boff não é um teólogo desvinculado da igreja do Brasil; ao contrário, bispos e cardeais o defendem e o escutam, a CNBB o chama para assessorar determinados temas. Condenando-o coloca a própria CNBB em maus lençóis.

Grupos significativos da Igreja não aceitam o Concílio Vaticano II, querem impor para todas as comunidades um único modelo, esquecem que, sendo uma única Igreja, a fé pode e deve se expressar em muitas formas diferentes a partir da cultura e da realidade de cada povo. Como disse o Pe. João Batista Libânio, voltamos "à grande disciplina".

É claro que os teólogos que têm a missão de ir na frente abrindo caminho podem errar, mas há formas e formas de tratá-los. Silenciá-los é coisa da época medieval.

Longe está o Vaticano do pobre pescador da Galileia, que passou por este mundo fazendo o bem e denunciando a corrupção dos sacerdotes, dos levitas e do Templo, e isso lhe custou a vida.

Todos precisamos nos converter. Roma deveria estar aberta ao diálogo e à mudança. Nós devemos estar abertos igualmente à escuta atenta do Espírito. Boff, que eu saiba, nunca se negou a esse diálogo, disse inclusive que prefere caminhar com a Igreja do que com sua teologia.

26 de maio de 1985

Terça-feira passada vim com Inês Ethene, agente de pastoral leiga, para Serra Nova. Na sexta, fomos com Raimundo Carneiro para a Serra do Roncador, nós dois de bicicleta, Raimundo a cavalo. Ele foi o nosso guia e é o nosso amigo muito querido. Pelo físico e pelo caráter me lembra sempre Sancho Pança: gordo, tranquilo, ingênuo, firme, fiel.

O sertão é sempre uma descoberta, tem algo de fascinante e misterioso, misto de aventura, conquista e sacrifício. O sertanejo é profundamente acolhedor e humano, sempre há lugar para esticar a rede e partilha tudo o que tem: bananas, bacabas, leite, farinha.

Enquanto estivemos no sertão, na Serra Nova, acontecia a novena do Divino. Na reza há de tudo: choro de meninos, conversa de compadres, orações em um latim que só Deus entende e que a "rezadeira" entoa numa melodia antiga e gostosa. É a vida acontecendo, a oração é a vida, a vida é a oração.

3 de junho de 1985

Estou em Santo Antônio do Rio das Mortes para participar dos festejos. São nove dias de muita reza e muita festa.

Ontem ouvi na rádio a mensagem de Antônio Carlos Moura, antigo membro da equipe, comunicando a Pedro que falecera, em Goiânia, Dom Fernando, arcebispo da cidade. Tento agora ouvir na rádio a transmissão da missa de corpo presente. Lá estão Pedro e Tomás Balduino.

Dom Fernando foi um homem corajoso e teimoso. Enfrentou com Dom Helder Câmara a ditadura militar, ajudando a consolidar a presença da Igreja no meio do povo. Foi um verdadeiro pastor e profeta no Centro-Oeste. Como todos os profetas, incompreendido por alguns, até Roma lhe negou sistematicamente o sucessor que ele pedia. Grande amigo da nossa Igreja, sempre nos apoiou, sobretudo nos momentos mais críticos.

Enquanto escrevo isto, a sanfona junta o povo na casa de Pupui. Não conheço povo mais festeiro que este de Santo Antônio do Rio das Mortes.

5 de junho de 1985

Algumas caraterísticas da espiritualidade missionária:
– Homem contemplativo, experiência pessoal do encontro com Jesus, olhar a realidade para além das aparências, ler a vida e a história a partir da fé, assumir a cruz e o fracasso. Modelos desta experiência: Moisés, Elias, os profetas do Exílio, João Batista, Jesus de Nazaré.

- É preciso fazer a síntese entre a coragem do profeta para denunciar o que está errado na realidade, e a experiência de Deus na solidão do deserto.
- Pobreza como forma de vida; pobreza material, pobreza nos meios, fé na eficácia da entrega. Pobreza no sentido de sair de si, atitude permanente de êxodo, viver na provisoriedade.
- Fé no mundo novo: pessoas de esperança, o missionário deve encarnar na sua vida a novidade do evangelho.

7 de junho de 1985

Santo Agostinho conta nos seus escritos que como bispo tinha que se fazer também de juiz e que passava muitas horas resolvendo conflitos entre vizinhos. Pois algo semelhante acontece a mim agora, 1.500 anos depois. Estes dias fico em função de encaminhar uma pendência entre uma viúva que construiu seu barraco no lote do vizinho e, agora, o vizinho quer tomar dela.

Passo horas a fio ouvindo os lamentos dos bêbados caídos na porta do boteco à beira do rio. Tudo é missão e serviço.

Olhando a biblioteca do Pe. Geraldo Rosania aqui em Santo Antônio do Rio das Mortes, descobri *As Parábolas de Jesus*, de J. Jeremias. Geraldo fez algumas anotações sobre "O escândalo de Jesus Crucificado" que transcrevo:

Pontos do escândalo:
- Deus encarnado em nossa história.
- O Filho de Deus se humilhou até a cruz.
- A sabedoria de Deus se manifesta na cruz.
- O grito angustiante de Jesus na cruz.
- O silêncio de Deus diante desse gesto.
- A graça sobreabundou lá onde abundou o pecado.

As parábolas de Jesus têm sempre um caráter escatológico, são um chamado à conversão e se contrapõem à visão farisaica. Cada parábola foi pronunciada numa situação concreta e responde às críticas que Jesus sofria ao anunciar a Boa Nova do Reino.

8 de junho de 1985

Preciso dar um salto de qualidade em várias dimensões da minha vida:
- Esforçar-me em escrever melhor, cuidar o estilo, aprimorar a narrativa, trabalhar o texto.

- Falar melhor, tanto a língua portuguesa como saber expor com clareza as ideias.
- Aprimorar minha personalidade, ser mais acolhedor, fraterno, humano.

17 de junho de 1985

Começamos a semana de estudo no nosso Vicariato dos freis agostinianos da Consolação. Este ano o tema é: "*A religiosidade popular e a pastoral*". Assessora o encontro Carlos Steil.

Primeiro fez uma análise da história da Igreja no Brasil e, depois, aprofundou as raízes da religiosidade popular, analisou o período da romanização da Igreja e o papel do clero como ponto de referência dessa Igreja; paralelamente à Igreja oficial, o povo foi encontrando seus caminhos de relação com o sagrado.

25 de julho de 1985

Faz meia hora que Pedro saiu para Goiânia a caminho da Nicarágua. Tomamos a decisão às presas ontem à noite. O Pe. Miguel D'Escoto, ministro do governo sandinista, está em greve de fome há 17 dias, chamando a atenção do mundo para a possível invasão dos Estados Unidos, e nesta hora dramática Pedro sentiu a obrigação de prestar solidariedade e unir-se à greve de fome. Pedro sempre quis ir à Nicarágua e, agora, chegou a hora.

Na saída ele disse: "*Se houver intervenção dos Estados Unidos não volto*". Será que vamos ficar sem bispo? Vamos esperar o desenrolar dos acontecimentos.

26 de julho de 1985

Terminei de ler *A insustentável leveza do ser*, de Milan Kundera. É um livro diferente, existencialista, magnífico, tem intuições geniais sobre o amor e a morte. É um canto à vida e à liberdade.

O Pe. Ezequiel Ramin foi assassinado em Rondônia. De momento não tenho maiores informações. Certamente os conflitos de terra lá são semelhantes aos que vivemos aqui.

14 de agosto de 1985

Estou em Belo Horizonte a caminho da Espanha para visitar a família.

Passei dez dias em Goiânia com o grupo de teatro TEAR (Teatro do Araguaia) montando a peça sobre a história da luta pela terra no Brasil.

Pedro escreveu e diz que voltará em setembro, sua presença nas comunidades ajudou o povo a se encher de coragem e esperança.

O Pe. Ezequiel era muito novo, os fazendeiros da região se organizaram para matar no nascedouro o projeto de Reforma Agrária proposto pelo governo e estão dispostos a eliminar quem cruzar o caminho.

"Amigo é aquele com quem podemos compartilhar os segredos do coração", disse Santo Agostinho.

17 de agosto de 1985

Leio a *Biografia de Santo Agostinho*, de Peter Brown. Agostinho viveu a vida intensamente, sugando dela a beleza, o mel e o fel, mas se entregou de corpo e alma na busca do sentido e só descansou em Deus.

Vejo que preciso crescer em profundidade, sair do raso.

2 de setembro de 1985

Na semana passada fui à Holanda visitar um casal amigo que conheci na JOC (Juventude Operária Católica), em Belo Horizonte, Hans e Dalva, ele holandês, ela mineira. Voltaram para Holanda para tratar da saúde de seu filho, portador de uma doença rara. Soube agora que eles se separaram.

Na verdade, fui à Holanda atrás de mim mesmo. Preciso concretizar algumas atitudes para crescer em humanidade: oração diária, liberdade interior e amizade entre irmãos. Avancei na busca.

Na Holanda encontrei gente maravilhosa, numa sociedade que tem tudo há pessoas inquietas e preocupadas com os destinos da América Latina, gente aberta e amiga.

9 de setembro de 1985

O livro *Biografia de Santo Agostinho* de Peter Brown me está proporcionando uma nova visão de Santo Agostinho, homem situado no seu tempo histórico e que não fugiu aos problemas e desafios da história. Mostra também os conflitos da Igreja nos séculos IV e V com suas divisões internas.

Estes dias estão sendo ricos na convivência familiar e na aproximação aos pais. Minha mãe me contou que faz um ano foi rezar numa igreja de Girona. Nela há uma imagem de Nossa Senhora e ela pediu à Virgem que cuidasse de mim. E, no dizer dela, "la mare de Deu" abriu os braços. Ela crê firmemente que Nossa Senhora estendeu seus braços confirmando seu pedido. Minha mãe é de um bom senso admirável, nada de arroubos místicos ou visões, pelo contrário, muito realista, pés no chão. Sempre nos inculcou a devoção à Maria, ela é devota de Nossa Senhora do Carmo, por isso colocou o nome "Carmen" na minha irmã. Tem certeza de que Maria sempre me protegeu nas lutas e conflitos que vivi e vivo.

Esta mesma mãe me revelou a suspeita que carrega há anos, de que eu tivesse um filho em Belo Horizonte, e que esse fosse o motivo de eu ir para Mato Grosso.

Ela viu numa celebração no Barreiro de Cima, quando meus pais estiveram no Brasil em 1979, uma criança que lhe ficou gravada na memória e acreditou que ela era meu filho. Tranquilizei-a dizendo-lhe que não era verdade em hipótese alguma, e fiquei imaginando quanto terá sofrido todos estes anos pensando nisso. Ela me disse que compreende que somos de carne, humanos, como todos os mortais e percebeu que estamos muito expostos. Bem sei das minhas fragilidades!

Valeu muito a pena poder intimar com meus pais, pois minha vivência com eles sempre foi muito limitada por ter saído cedo de casa. Meu pai tem um caráter muito diferente de minha mãe, ele é idealista, emocional, poeta, se identifica com Dom Quixote e sua maior realização é ver-me formado e amado pelo povo. Minha mãe é mais objetiva. Ambos se complementam.

10 de setembro de 1985

Terminei de ler o livro sobre Santo Agostinho. Há pessoas que fazem avançar a história, vivem a tensão permanente entre o concreto e o absoluto e, ao descortinar novas realidades, abrem possibilidades inusitadas. Agostinho foi um homem que viveu a fundo inserido na história de seu tempo e marcou essa história. Lendo este livro não me sai da cabeça a comparação entre Agostinho, bispo de Hipona, e Pedro, bispo da Prelazia de São Félix do Araguaia. Pedro, como Agostinho, tem uma personalidade fascinante, homem de Igreja, com grande visão, o coração permanentemente inquieto, intuitivo e capaz de resumir em poucas palavras os problemas mais complexos; humano, apaixonado pela verdade e pela justiça, homem aberto ao mundo que ultrapassa os limites da Igreja, homem universal.

Houve bispos na Igreja do passado e há bispos na Igreja de hoje que iluminam a história humana e garantem o futuro.

Estes dias Pedro está na Nicarágua apoiando uma revolução popular que anuncia o novo para a América Latina. Preciso aprender dele todos os dias a coerência, a entrega, a paixão, a pobreza radical e o compromisso com as grandes causas da humanidade.

12 de setembro de 1985

Ontem estive em Barcelona, junto com o Pe. Manuel Luzón, da Prelazia, dando uma palestra sobre a realidade da nossa região e a caminhada da nossa Igreja, tema inserido dentro da programação da semana de apoio a Nicarágua. Havia muita gente, a maioria amigos que acompanham com carinho nossa história. Há muita sensibilidade num setor da sociedade com relação às nossas lutas e se opõe abertamente ao intervencionismo de Reagan. Por outro lado, tem gente medrosa assustada com o fantasma do comunismo.

Do ponto de vista eclesial, a juventude "passa" da Igreja. Há grupos minoritários bem engajados, mas aqui na região da Catalunha o Opus Dei tem muita influência. É difícil dialogar partindo de lugares tão diversos.

13 de setembro de 1985

Estou lendo *Sobre Héroes y Tumbas*, de Ernesto Sábato.

Vivendo estes dias na Espanha percebo que o clima, a paisagem, a cultura, o jeito do povo são muito diferentes da realidade do sertão. Ali o rio, a tarde, os ruídos da noite povoada de mistério, os mortos que convivem com os vivos, tudo é próximo e inebriante como um êxtase místico. No sertão o ser humano se descobre herói e vilão, mártir e algoz, virgem e puta, porque o destino comanda a vida e há um labirinto intransponível que domina as consciências, impedindo a liberdade das escolhas. Mas aqui, na Europa, não sinto isto, tudo é mensurável, objetivo, falta alma.

É o que Sábato recria em seu livro, é a literatura de Gabriel García Márquez, é a América Latina impondo-se absoluta.

15 de setembro de 1985

Ontem fui a um recital de Luis Llac em Olot. Gosto da música de Llac, intimista, lírica, triste às vezes. Cantou e falou, o que não é comum nele; mostrou muita sensibilidade e muita inteligência. Do que disse guardei três ideias:

- É preciso ter grandes utopias, sonhar sempre sem se acomodar à rotina diária.
- Radicalidade, ir sempre mais fundo, tudo ou nada.
- Amar a vida, ser feliz, construir a vida.

Luis Llac reacendeu em mim a chama da criatividade há tempos adormecida entre as cinzas.

16 de setembro de 1985

Hoje é o primeiro dia que Anna, minha sobrinha e afilhada, foi à escola. De manhã, passou pela casa dos avós junto com seus dois irmãos, Albert e Irene. Ia muito feliz e contente. Amanhã completa quatro anos.

25 de setembro de 1985

Passei quatro dias em Zamora visitando minha aldeia e minha infância. Revi amigos, senti a paisagem seca e dura de "Castilla", me reencontrei com meu passado. É urgente e necessário voltar sempre às origens e penetrar fundo nelas, são nossa infância e moldaram nosso futuro.

1º de outubro de 1985

Terminei de ler *Sobre Héroes y Tumbas*, de Ernesto Sábato. O universo do livro é dramático, penetra até as regiões mais tenebrosas do ser; ao mesmo tempo apresenta a grandeza da dignidade humana, a luta pelo mundo novo. Aparece o ser humano como ele é: cheio de grandeza e ideais e repleto de misérias e contradições.

2 de outubro de 1985

Vi hoje o filme tão discutido e combatido pelos católicos tradicionalistas *Je vous salve Marie* de Godard. Não se podem fazer simplificações fanáticas de uma obra como esta, Godard é um artista e, antes de mais nada, pretende fazer arte. Ele cria um poema visual sobre o mistério da Encarnação de Jesus. Maria é uma jogadora de basquete; José, um taxista enamorado dela. O conflito surge quando Maria diz estar grávida sem ter tido relações sexuais com ninguém. José se debate entre a angústia e o amor. Prefere que lhe diga que o enganou com outro homem. José representa a incapacidade humana para compreender o que lhe transcende. Traduz o mistério da Encarnação para um mundo materialista e ateu, Godard aposta na espiritualidade mais pura e genuína. Do filme brota o sentimento do sublime, do amor que nos ultrapassa e dá sentido ao Universo.

No meu entender, Godard tem um profundo respeito pela espiritualidade humana, recriando, é claro, o mistério da Encarnação no contexto do mundo moderno, dessacralizado, ateu e materialista. Vendo o filme intuí a beleza do corpo, da carne, da matéria, da terra, tudo é bom. A maldade está no olhar. Poema visual cheio de espiritualidade.

7 de outubro de 1985

Neste fim de semana fui a Balsareny para visitar a família de Pedro. Foram comigo meu cunhado Josep e minha irmã. O dia todo Pedro esteve presente em nossas recordações. Visitamos o castelo, a casa onde ele nasceu, a praça em sua homenagem. A família nos acolheu com muito carinho, e deixei com a mãe dele lembranças de São Félix do Araguaia.

Ao lado da casa dos meus pais, na rua Pio XII, está o convento das monjas Bernardas. Tenho uma profunda admiração pela vida contemplativa. Ontem as visitei e passei para elas *slides* da região da Prelazia. Ficaram encantadas com a beleza da região e do povo. Terminei o dia cantando as vésperas com elas e lembrei dos velhos tempos no mosteiro de El Escorial, quando no noviciado cantávamos no coro as laudes e as vésperas. Eu tinha dezoito anos.

14 de outubro de 1985

Hoje volto para o Brasil e a tristeza invadiu a casa. Vou olhando lentamente cada objeto: livros, quadros, cadeiras... quando voltarei? Mas é preciso seguir adiante.

Ontem meus pais, minha irmã e eu fomos ouvir uma palestra de Dom Helder Câmara em Girona. Com sua palavra de fogo e entusiasmo desafiou a juventude a viver a radicalidade do compromisso na construção de um mundo novo.

Dom Helder move montanhas!

29 de outubro de 1985

De volta a São Félix do Araguaia, aproveitei para visitar, em Belo Horizonte, os amigos, rever a comunidade e colocar as coisas em dia tomando pé da situação.

Na volta da Nicarágua, Pedro mostrou a urgência e a necessidade de encontrar sacerdotes dispostos a acompanhar aquele povo abandonado.

Começa a brotar em mim a convicção de que, se for necessário e me permitirem, poderia ir trabalhar lá. Vou refletir com a equipe sobre esta possibilidade; de momento, rezo e espero.

"Y sospecho que el hombre mismo era una metáfora provisionalmente vestida de carne. El hombre es carne que cubre a una metáfora o una metáfora que recubre la carne?"

Manuel Scorza em *La danza inmovil*.

13 de novembro de 1985

Estou em Luciara, e é a primeira vez que venho para passar vários dias na comunidade.

Na semana passada, toda a equipe pastoral participou do retiro espiritual em Santa Terezinha.

Luciara é diferente de outras cidades da região. Sua história está ligada a uma origem de violência contra os indígenas karajás, o que provocou muitas mortes. O povo cala por medo.

A comunidade está como ovelhas sem pastor; seria necessário ter uma equipe pastoral fixa aqui.

Dormi na aldeia karajá de São Domingos. À noite, teve Aruanã, pude visitar a casa dos homens e fiquei encantado com a beleza e o misticismo do ritual de Aruanã. As mulheres estão proibidas de entrar na casa dos homens. Se profanarem esse lugar sagrado, recebem graves castigos. À luz da lua, e revestidos com roupas de palha, a máscara no rosto dado que não se pode conhecer a identidade da pessoa, os homens se movimentam num ritmo de dança ao redor da aldeia, sempre de dois em dois. Noite adentro, sobem e descem, observados pelo resto da aldeia como se fosse um desfile.

19 de novembro de 1985

De uns tempos para cá, o juiz de São Félix do Araguaia está implicando com a equipe pastoral. Quer envolver Cascão na morte de um pistoleiro ocorrida na Canabrava e, agora, quer prender Milton Barros e Inês Ethene, responsáveis pelo jornal *Alvorada*. No último número saiu matéria em que se diz que o povo comenta que o juiz recebeu dinheiro para soltar Liton, atual prefeito de Luciara, do PDS, que matou a tiros Sebastiãozinho e seu filho na estrada.

Liton é filho de Lúcio da Luz, fundador de Luciara e de triste memória pelas atrocidades cometidas com relação aos karajá. Liton é o típico coronel do sertão, já foi prefeito por dois mandatos, domina politicamente o município. Sebastiãozinho, numa das eleições passadas, teve a ousadia de se candidatar a prefeito desafiando a Liton, e ganhou. Exerceu o mandato de 1977 a 1983. Os dois com ares de coronéis, cada um mais ignorante que o outro, tiveram uma briga e acabaram indo a São Félix do Araguaia para resolver o problema na justiça. Na volta para Luciara, cada um no seu carro, acompanhados dos seus capangas armados, foram se xingando pelo caminho. Liton passou na frente e esperou Sebastiãozinho no entroncamento de Luciara. Fez uma emboscada e os pistoleiros de Liton mataram os dois, pai e filho. Chegou a Luciara e comunicou: *"matei duas capivaras na estrada, podem recolher"*.

A nossa análise é que, como politicamente a direita perdeu força na região, estão atacando com o que lhes resta de poder: o juiz e a polícia.

24 de novembro de 1985

Estou em Santo Antônio do Rio das Mortes. Não vinha a esta comunidade desde julho. Como acontece sempre, o carro quebrou na estrada e o que era para ser uma viagem de três horas durou oito.

Como já anotei em outra viagem, Nair e Zé Rodrigues são as lideranças naturais no povoado. Ela é a diretora da escola e junto com Lourdes Jorge coordena a comunidade. Zé Rodrigues é o homem que liderou a luta pela terra, grande amigo e muito religioso. Ultimamente o povo não aceita suas ideias e sua liderança enfraqueceu, ele não aceita e continua tomando decisões sozinho, à margem do sindicato, na última reunião a direção do sindicato desfez um compromisso que Zé Rodrigues assumiu com um posseiro, ele se zangou e diz que vai largar tudo. Conversei longamente com ele, tentei lhe mostrar que nesse caso ele agiu precipitadamente, turrão que é, não saiu convencido.

O fato é que vai ficando claro que certas lideranças que foram fundamentais na primeira hora, arriscando a vida e garantindo a terra, agora numa nova realidade não conseguem perceber o novo momento e as novas urgências e às vezes conflitos pessoais jogam tudo a perder.

27 de novembro de 1985

Tive que sair às pressas de Santo Antônio do Rio das Mortes e viajar para Porto Alegre do Norte. O problema com o juiz continua e tanto Cascão como Milton Barros e Inês Ethene foram aconselhados a sair um tempo da região.

Voltei de carona no caminhão de um circo que se dirigia para São Félix do Araguaia. Foi muito emotivo sentir o circo fora do espetáculo, ver as pessoas e não os personagens, compartilhar os conflitos e a vida do dia a dia; lembrei, é claro, do nosso grupo de teatro onde se reproduzem as mesmas histórias nas nossas andanças sertão afora levando poesia, fé, sacerdócio e revolução. Somos farinha do mesmo saco, e eu me vi no meu ambiente viajando na boleia daquele caminhão.

Terminei de ler *Vuelos de Victória*, o último livro de Ernesto Cardenal, em que ele recolhe a experiência da Revolução Sandinista.

Todas as grandes revoluções tiveram seus grandes escritores para imortalizá-las: Homero na Grécia; Maiakovski, na União Soviética; Ernesto Cardenal, em Nicarágua. São poemas descritivos, documentais, emocionados, poemas que só podem ser escritos por um poeta maduro e que domina plenamente o ofício de escrever.

4 de dezembro de 1985

Reencontro, em Belo Horizonte, os amigos, dentre todos Chico dos Bonecos, o mais querido. Nossa conversa vara a noite e o tempo se dilui sem percebermos. E o assunto? Poesia, arte, bonecos, literatura, música, cinema. Conclusão a que chegamos: nada seria se não fosse a arte; escrever é uma das poucas coisas que podem dar pleno sentido à vida.

Escrever é preciso, viver não é preciso!

12 de dezembro de 1985

Estou em Pontinópolis visitando a comunidade. Vislumbro que, em nível pessoal, começo a adentrar-me numa nova etapa, algo ficou para atrás e um horizonte novo se descortina à minha frente. É como se, de repente, tivesse crescido, e a roupa velha não me servisse mais. Acontece isto no ofício de escrever e na dimensão humana. Estou mais seguro no domínio da palavra e da técnica da escrita. Percebo isto porque, ao olhar poemas antigos, vejo falhas que antes não via. No plano humano e espiritual me sinto mais seguro. Cheguei ao limiar e, agora, o desafio é avançar, crescer, radicalizar nas opções. Me fascina entrar em novas dimensões de mim mesmo ainda não desveladas.

14 de dezembro de 1985

Duas experiências humanas têm norteado minha vida: a entrega a Deus traduzida no compromisso com a construção do seu Reino e a experiência do amor humano, amo e sou amado. Vivo isso em tensão e como desafio de encontrar a síntese, integrando ambos os amores num único e definitivo amor.

Deus é amor, diz São João, e quem ama conhece Deus! O Divino mora em mim!

17 de dezembro de 1985

Volto para casa feliz depois de participar da novena de Natal na rua. O povo reunido nas casas, fé e vida caminhando unidas. A palavra do profeta Isaías foi forte: *"Renovemos a esperança no novo céu e na nova terra"*. Converter-se é soltar as amarras que nos oprimem, tirar a canga que pesa sobre o povo, dar pão ao faminto e saciar a sede do corpo e da alma.

27 de dezembro de 1985

Subo mais uma vez o Araguaia a caminho de Santo Antônio do Rio das Mortes. São muitas as vezes que subi e desci este rio. A beleza, porém, é sempre nova. A tarde vai caindo e observo desde o barco *"Divino Pai Eterno"* os pássaros voltando para o ninho, os jacarés se espreguiçando ao sol, os tracajás desovando nas praias e as garças espreitando os peixes à procura do jantar, antes de a noite fechar os olhos deste dia esplendido que lentamente defina.

E medito e bebo a beleza deste paraíso em estado puro.

"Que semeastes, Senhor, no meu Coração de carne? Por que me queres tanto assim? O que me espera pela frente?"

O barco rasga as águas lentamente e, ninado pelos ruídos da natureza, adormeço em paz olhando as estrelas na noite sertaneja.

30 de dezembro de 1985

Em Santo Antônio do Rio das Mortes me defronto sempre com Jesus crucificado na trágica realidade deste povo.

Vejo os meninos do vizinho João Ireno comendo terra, amarelados e com os ventres enormes. São os vermes e a fome, o olhar lânguido como se já tivessem cem anos. João Ireno, junto com Zé Rodrigues e Otaviano, é uma das lideranças sindicais no povoado.

Chega agora Miguel emitindo sons ininteligíveis, e com a toalha de banho no ombro me empurra para o banheiro e, ao banhá-lo, percebo por seus gestos que não há maior prazer na terra que a água fresca escorrendo pelo corpo numa tarde de mormaço. Miguel tem uma deficiência física, se comunica por sinais. Quando o Pe. Geraldo Rosania morava aqui ele o banhava sempre, agora continua vindo e eu assumo essa missão vendo nele o próprio Jesus.

Entra na igreja, em cadeira de rodas, o filho de Zé Rodrigues, menino de doze anos e paralítico, empurrado pelo irmão Domingos, também com problemas mentais.

Vejo, ao visitar as famílias, pessoas com malária, olhar fundo, rostos arrugados, velhos antes do tempo, e a vida é mesmo um vale de lágrimas, paixão de Cristo no sofrimento do povo.

Ah! Dói demais esta dor tão real, tão próxima, sem máscara, indisfarçável.

30 de dezembro de 1985

À luz da vela, em Santo Antônio do Rio das Mortes, acabo de ler *De amor y de sombra*, de Isabel Allende. Fora chove, chove muito e, ao terminar o livro, há um nó na garganta que não consigo desfazer, provocado pelo horror vivido na América Latina e pelo amor possível e infinito nascido nos porões da ditadura.

Isabel Allende se mostra uma escritora madura e no perfeito domínio da arte de escrever. Há detalhes, ideias, situações que lembram Gabriel García Márquez, magia e realidade misturadas, a alma de nosso povo no meio disso tudo. Não é possível que a ditadura, a repressão e a morte tenham a última palavra.

4 de janeiro de 1986

Começa o novo ano com novas expectativas. Estou em Goiânia para fazer exames e ver se tenho ou não hanseníase. A Irmã Irene e eu teremos que fazer, dado que certas manchas na pele de ambos deixam dúvidas; a região tem um grande índice de hansenianos e, como muita gente passa por nossa casa, nos aconselharam a fazer o teste.

Depois de uns dias de espera, felizmente, o resultado foi negativo para ambos.

13 de janeiro de 1986

De novo São Francisco de Assis. Ninguém tão perto de meu coração como Francisco de Assis; ele me devolve a pureza original, a ternura, o amor a todos os seres da criação, a liberdade de espírito e a serenidade diante da irmã morte.

Ao ler o livro de Nelson Porto e Leonardo Boff, Francisco me relembrou:
- A perfeita alegria.
- A sensibilidade para entrar em comunhão fraterna com toda a humanidade.
- A dama pobreza para me tornar irmão.
- O serviço aos pobres.
- Assumir em paz o fracasso, o sofrimento e até a morte.
- A contemplação para identificar-me com o Senhor Jesus.
- A busca permanente para fazer a vontade do Pai.

Propostas para este novo ano:
- Crescer em liberdade interior.
- Ouvidos atentos à realidade para descobrir a vontade de Deus na vida do povo e nas intuições interiores. Tempo para a oração.
- Crescer em humanidade, mais fraterno, mais gratuito.
- Reacender a utopia, manter vivos os sonhos e os ideias que dão sentido à vida.

18 de janeiro de 1986

Tem dias barra-pesada! Dói a solidão e dói a saudade!

3 de fevereiro de 1986

Depois de dois meses, volto a Serra Nova. Durante o dia visito o povo, as pessoas agradecem muito esse contato próximo: estive na escola, no posto de saúde, no sindicato. Sempre termina a visita com a celebração da Eucaristia.

Fiz uma reunião com as lideranças para tratar os dois temas que estão, este ano, na pauta nacional: a Constituinte e a Reforma Agrária. De fato eram os testes para a Nova República e, nos dois, pouco se avançou: uma Constituinte sem povo, e uma Reforma Agrária do jeito que os latifundiários queriam.

8 de fevereiro de 1986

Ontem chegou de Roma uma carta privada para Pedro. Quem a escreve é o cardeal Gantin, e faz acusações muito pesadas a Pedro e à nossa Prelazia.

Pedro tem se negado a fazer a *"visita ad limina"* do jeito que é feita. Na carta, o cardeal fala de *"desvios de ordem pastoral, doutrinal e disciplinar"*, *"de escândalo público e de intromissão em outras Igrejas particulares"*, referindo-se à ida de Pedro à Nicarágua. Conclusão: *"O Santo Padre vai tomar medidas em relação à direção da Prelazia, o que será comunicado em breve".*

Quais serão essas sanções?

A cruz se aproxima e vamos precisar de muita oração e discernimento.

Espero que a verdade acabe se impondo e Roma veja que o nosso trabalho pastoral responde aos desafios desta realidade, tentando ser fiel ao evangelho de Jesus de Nazaré.

17 de fevereiro de 1986

Irmã Irene e eu chegamos, hoje cedo, a Luciara. Vamos ficar aqui alguns dias. O povo reclama de nossa pouca presença na cidade e é certo, Luciara fica sempre no fim da linha.

A pastoral aqui tem que se preocupar com os idosos. Tem muita gente sozinha, doente, pessoas que precisam de apoio e companhia.

Há um certo desânimo nas lideranças. Na reunião do Conselho ficou claro que há desorganização; vários são os motivos: quem lidera fica na roça. Há lideranças que dão o nome só para se mostrar, mas não assumem no dia a dia e, como em todo lugar, os conflitos entre as famílias repercutem na comunidade. O pequeno grupo, sempre fiel, sente-se sem forças e apoio. Precisamos estar mais presentes aqui. Oxalá um dia pudesse haver aqui uma equipe pastoral!

21 de fevereiro de 1986

Li o livro de Gonzalez Faus e Josep Vives, *Creer solo se puede en Dios, en Dios solo se puede creer*, belo na sua singeleza, profundo na sua crítica à sociedade de consumo, incapaz de crer no Deus da vida; deixar Deus ser Deus. A experiência da fé no Deus transcendente se faz assumindo a história, a carne, o humano. Nega a Deus quem destrói o ser humano.

Terminou a mais famosa novela da TV brasileira, *Roque Santeiro*, paródia da realidade nacional, Brasil se vendo no espelho.

7 de março de 1986

Muitos acontecimentos nos últimos dias, preciso refletir devagar.

Cascão veio a São Félix do Araguaia depor por um crime que não cometeu. É uma perseguição política por causa do nosso trabalho.

O juiz foi correto, o que não é normal no Brasil e menos ainda aqui na região. Cascão foi inocentado.

Acompanhou-o muita gente solidária, de dentro e fora da Prelazia.

Pedro, depois da carta do cardeal Gantin, consultou a CNBB, Dom Paulo Evaristo e outros amigos bispos, vários deles também estão sendo pressionados. Pedro decidiu escrever uma carta ao papa, evangélica, aberta e livre. Diz o que muita gente hoje na Igreja gostaria de dizer. Tenho certeza de que será um grande documento para a história, pela lucidez com que expõe os temas mais polêmicos deste pontificado: Teologia da Libertação, Ecumenismo, Celibato para os Sacerdotes, América Central, entre outros.

Vamos ver qual será a reação.

20 de março de 1986

Pedro está escrevendo o livro sobre a sua viagem à Nicarágua. Leva por título *Nicarágua, combate e profecia*.

Ontem, ligou um repórter da revista *Veja*, queria saber como estão nossas relações com Roma e se Pedro faria a visita *"ad limina"*. Pedro lhe explicou que a fé se vive na história através das mediações econômicas, psicológicas, políticas. É bom que a revista *Veja* ouça também a Boa Notícia do evangelho.

Com Chico dos Bonecos continuo organizando o livro *Poesia, Mística, Libertação*.

Do resto, a rotina do dia a dia: ensaios do teatro de Semana Santa e visitas ao sertão.

7 de abril de 1986

Começa a Assembleia Nacional dos Bispos do Brasil.

Hoje, falei com meus pais, senti-os cansados e com saudade.

Tirei o dia para rezar. A fé é um ato amoroso, encontro com o amigo na penumbra. Ando longe do Deus amoroso, perdido no vazio existencial.

18 de abril de 1986

Na volta de Serra Nova, li o livro de Eduardo Hornaert *A memória do povo cristão*, sobre os primeiros séculos da igreja.

No começo do Cristianismo se formaram as pequenas comunidades familiares, a igreja doméstica, visível na partilha, no louvor, na ajuda aos pobres e na escuta da palavra. Assim queremos ser de novo.

O específico do Cristianismo é o perdão sem limites. A comunidade deve ser generosa no *perdão*.

21 de abril de 198

Passei o dia com a Irmã Suzana na aldeia São Domingos em Luciara. Ela está sozinha e me comprometi a visitá-la periodicamente. A festa do dia do indígena acabou dando briga por causa da bebida, herança dos "tori".

25 de maio de 1986

Estamos em Santo Antônio do Rio das Mortes. Eusângela, Maria José, Inês Ethene e eu dando um curso sobre a Reforma Agrária organizado pela CPT. Veio conosco Alberto, padre mexicano que está conhecendo a Prelazia.

Participaram aproximadamente 40 lavradores, muito atentos e interessados.

Terminei de ler *O Amante*, de Margarete Duras. Sutil, inteligente, narra com muita propriedade o processo da vivência de uma paixão, de um amor puro e verdadeiro, e os preconceitos que o envolvem. Quem domina a situação é a protagonista, e o amante aparece como uma sombra sempre presente. Só ela parece ter o controle dos acontecimentos, firme e segura no meio de um mundo caótico.

11 de maio de 1986

Estou em Paraíso, a caminho de Tocantinópolis. Ontem foi assassinado o Pe. Josimo, em Imperatriz, quando entrava na sede da CPT. Josimo recebeu, nos últimos anos, muitas ameaças de morte pelo seu compromisso com os camponeses da região de Tocantinópolis. Estava em Imperatriz a caminho de Miracema do Norte, onde teríamos a assembleia da CPT. Ao entrar na sede da CPT em Imperatriz, o pistoleiro o esperava na calçada. Ao subir a escada, o pistoleiro o chamou pelo nome, Josimo se voltou e foi aí que o pistoleiro disparou vários tiros, deixando-o gravemente ferido. Ainda conseguiu entrar na sede da CPT ensanguentado. Foi levado ao hospital, mas não sobreviveu. O pistoleiro depois disse textualmente: "*não matei um padre, matei um comunista*". Como a situação estava pesada, o bispo havia combinado com Josimo que, após a assembleia da CPT, saísse da região por um tempo, até serenarem os ânimos. O pistoleiro, a serviço do latifúndio, lamentavelmente, chegou antes.

Vamos para o velório Pedro, o padre Chico, que já foi preso junto com o Pe. Aristides, Maria José, Mercê e eu.
A vida, o povo, a morte, a luta.
Hoje é o dia da Ascensão do Senhor.

13 de maio de 1986

Estou em Miracema do Norte voltando do enterro do padre Josimo em Tocantinópolis. O velório foi impressionante, milhares de lavradores revoltados com a violência, e muitas autoridades políticas e religiosas, entre elas o ministro da justiça, Paulo Brossard, e o secretário-geral da CNBB, Dom Luciano Mendes de Almeida.

A Igreja de Tocantinópolis está dividida, a maioria dos padres não aprovava o trabalho de Josimo, e o povo se omitia. Como era o domingo do dia das mães, o clero colocou Josimo para ser velado numa pequena sala, com o objetivo de enterrá-lo logo, sem chamar a atenção, e para que não atrapalhasse a festa das mães. Quando as autoridades e o povo de fora da região começaram a chegar, Tocantinópolis tomou consciência de quem era Josimo e o que ele representava. O colocamos na catedral e ali foi celebrada a missa com a crítica do clero local. Agora a CPT vai ter que avaliar seriamente o caminho a seguir.

15 de maio de 1986

Terminou a assembleia da CPT. Muitas coisas aconteceram nesta semana na região e em minha vida. A morte de Josimo acordou minha consciência. Diante do corpo morto prometi crescer na entrega, superar-me no serviço, viver mais radicalmente o evangelho no meio dos pobres.

Josimo foi um padre exemplar, lúcido, próximo do povo, humilde, negro, filho de uma lavadeira e com uma consciência política muito clara. O sangue dos mártires é semente de novos cristãos também hoje.

Na volta para casa escrevi estes dois poemas:

JOSIMO MORAES TAVARES
Venho de enterrar um homem
ainda tenho terra úmida nas mãos
e um grito de dois gumes na garganta.

Venho de enterrar um homem
Josimo Moraes Tavares
na memória do povo para sempre.

Venho de enterrar um homem que conspira
definitivamente vivo!

LEVANTA-TE JOSIMO, É OUTRO TEMPO AGORA
Eram doze horas em todos os relógios do povo.
O inimigo desta vez não erraria o alvo.
Teu grito de sal e de mistério
incomodava como as árvores no meio do caminho.
Nos olhares seminus dos pobres o teu destino definido.
A carne
frágil como os astros
tatuada pela mão de Deus no fogo do sertão
não mais te pertencia.
Eram doze horas em todos os relógios do povo.
A terra guardava no seu ventre
o segredo da vida e da morte nas sementes.
Preparada
esperava teu sangue negro como adubo
impossível esconder agora a violência do fruto.
Incontrolável
o Tocantins invade as margens
não é mais o tempo de segurar o grito.
Lavradores com estrelas na garganta e foices nas entranhas
decepam séculos.
Agora não é mais a hora de Brasília
o povo fará justiça para sempre.
Eram doze horas em todos os relógios do povo
e tu ressuscitavas!
Josimo
levanta os olhos renascido
e deixa que o prazer tome conta de teu corpo
é outro tempo agora
sem cercas
sem polícia
sem incêndios na noite alucinada
a morte foi abortada no seu ventre.
Repartida
a terra se enche de arrozais
os lavradores planejam seu destino
o poder nas mãos de todos

sem algemas a vida virou festa e poesia.
É Páscoa!

14 de abril de 1987

Em vários lugares deste diário tenho falado de Zé Rodrigues, homem do povo, teimoso e valente, que garantiu a terra para Santo Antônio dos Rio das Mortes na luta contra a fazenda dos Abdalla.

Hoje, ressuscitou.

Emocionado, escrevi este poema:

CANTO FINAL POR ZÉ RODRIGUES
Houve um tempo de pavor e exílio em Santo Antônio do Rio das Mortes!
Descia o medo incontrolável
como desce a sombra última algemada.
Ali a cerca da "Marruá" assassina,
o latifúndio genocida
e "os Abdalla" derramando o sangue entre as águas.
O sertão porém tecia segredos no silêncio das horas
homens como açudes
ipês amarelos selvagens na beleza.
Liderava a luta Zé Rodrigues
a impassível teimosia.
Desafiando a morte invadiu o espaço do inimigo
conspirou na vertigem do grito
socializou a esperança
instinto de justiça
e aquela sabedoria infinita que nasce no corpo dos pobres.
Natural como as pedras
ignorou argumentos da "legalidade" absurda e avançou.
Sem pressa chegou sempre onde quis chegar.
Firmeza absoluta
insubornável
o sabiam "os Abdalla"
as paredes e os meninos
o INCRA e a polícia
os companheiros.
Repousava em seu olhar a solidão primeira na fé total dos simples
faro animal de liberdade
digno como um patriarca primitivo.
Cometeu erros como todos os que intuem o futuro

mas não traiu o sonho.
Têm homens que morrem no combate e são heróis
morreu Zé Rodrigues no barco "DIVINO PAI ETERNO"
às três hora da manhã no Rio das Mortes
caminho da terra que ajudara a conquistar.
Deixou dito:
quero que me enterrem nu na terra
amor primeiro
para nascer definitivo eu quero ser terra.
Este poema é um dever
memória de um homem rude e puro que guiou seu povo.

BELO HORIZONTE
1991-2002

10 de janeiro de 1991

Depois de dez anos na Prelazia de São Félix do Araguaia, pedi um tempo para voltar a Belo Horizonte, poder estudar jornalismo, algo que sempre desejei, e me aproximar mais das comunidades do Vicariato, dado que passei muito tempo à margem das mesmas.

Fui destinado para a Fraternidade Agostiniana do Barreiro, como responsável da formação dos futuros religiosos no período da filosofia. Depois de fazer todos os trâmites na PUC Minas, começarei em fevereiro o curso de jornalismo no *campus* do Coração Eucarístico.

Começa uma nova fase na minha vida e novos desafios.

O grupo de cultura da Prelazia, do qual faço parte, elaborou um projeto para *"Manos Unidas"* da Espanha, e conseguimos um financiamento da Comunidade Econômica Europeia para capacitar um grupo de jovens em várias áreas artísticas: teatro, circo, música. Esse grupo está integrado por 15 jovens da região do Araguaia e coordenado por vários agentes de pastoral da Prelazia, entre eles Cascão, Fernanda Macruz, Chico dos Bonecos e eu. Essa turma vai chegar em fevereiro a Belo Horizonte e vou acompanhá-los. O projeto é ficar morando aqui dois anos e, depois, voltar para a região Amazônica trabalhando a arte e a cultura como meio de transformação social. Queremos despertar novas lideranças nessa área, além de recolher e documentar tudo o que é feito pelo povo na dimensão artística. Vou ajudá-los no primeiro momento, já que nenhum deles conhece Belo Horizonte.

1º de janeiro de 1992

Há muito tempo eu queria fazer o retiro espiritual inaciano de um mês; felizmente chegou a hora. Vou ficar todo este mês de janeiro na casa de retiros em Itaici, SP, e quem vai coordenar o retiro é meu antigo amigo e professor de teologia na PUC do Rio de Janeiro, o Pe. Álvaro Barreiro.

O objetivo do retiro é olhar para trás e perceber a ação de Deus em minha vida, minhas infidelidades e incoerências e, ao mesmo tempo, olhar para o futuro, fazer as escolhas certas e cortar definitivamente as amarras que me prendem e não me deixam voar ao infinito. Quero fazer uma verdadeira experiência de Deus, Ele me ama e a salvação se realiza em mim.

Para que isso aconteça é preciso criar espaço interior, deixar Deus agir, estar atento às moções do Espírito, criando liberdade interior. Deus se revela na Escritura e na vida, preciso aprofundar a experiência de Deus que outros, antes de mim, fizeram.

Estou disposto a mergulhar fundo na vivência dos exercícios e espero que sejam um momento de graça e um divisor de águas em minha vida espiritual.

25 de janeiro de 1992

Ao longo das três primeiras semanas fui vivenciando o processo apresentado pelos exercícios: o princípio e fundamento, a experiência do pecado no Universo, no mundo, em mim e, depois, toda as meditações sobre a vida de Jesus de Nazaré, sua paixão, morte e ressurreição.

Nesta última semana, vemos como a primeira missão de Jesus ressuscitado é consolar e confortar seus discípulos, levando a paz, a alegria e o perdão. Esta é minha missão hoje como sacerdote: consolar os corações feridos, ser mensageiro de esperança. Viver estes valores na formação dos jovens, na paróquia, com o grupo de irmãos agostinianos, nas lutas do bairro.

Estou vivendo uma alegria interior muito profunda. Ao longo do mês as dúvidas e incertezas foram clareando e termino o retiro sabendo qual há de ser o rumo da minha vida.

Ao começar os exercícios disse ao diretor espiritual: até aqui tive clareza da minha vocação, agora estou confuso, preciso reencontrar-me comigo mesmo. Ele me disse: seja honesto e sincero consigo mesmo, não se engane, siga as moções do Espírito, a voz interior e aja conforme essa voz. Se criar esse espaço de liberdade saberá o que fazer daqui em diante. E eu disse para mim mesmo: seja qual for a resposta, a seguirei à risca.

E assim aconteceu. Ao reler minha história uma voz profunda e clara me dizia: como foi possível que você, menino de onze anos, deixasse a família, o mundo de sua infância e fosse atrás de seu sonho longe de casa? Como foi possível que aos vinte e um anos você saísse de seu país, indo para o Brasil rumo ao desconhecido? Como é que aos trinta anos, já a caminho da maturidade, você impelido por uma força estranha partisse para a missão da Prelazia de São Félix do Araguaia rumo a desafios inimagináveis? E após estas perguntas vinha outra: você foi feliz ao dar todos esses passos e fazer todas essas rupturas? E a resposta era inequívoca: muito feliz. Então, qual é o problema? Você está no rumo certo. A questão é que agora tenho que optar entre o sacerdócio e o matrimônio e, diante deste desafio, estou confuso.

Após um longo processo, sem clareza para definir-me, fui fundo em minha alma, como nunca antes tinha ido. Suei sangue, como Jesus no horto, mas uma luz interior, inequívoca e inconfundível, luminosa e forte, maior que a angústia, me apontava o caminho. Se destes conta de fazer outras rupturas, darás conta desta agora. Tua vocação e tua forma de ser feliz no mundo é esta, o que não te exime de escolhas e renúncias. E assim foi. Segui a voz da alma e acertei.

Entrei ao retiro confuso e angustiado, saí dele lúcido, com o coração em paz e sabendo qual era meu caminho. Pensei: de agora em diante tudo o que vier será café pequeno, a grande escolha foi feita e a voz da alma me confirma: bem-feita.

Pela cruz se chega à luz.

28 de janeiro de 1992

> *"A tua vida será anunciar-me, diz o Senhor,*
> *te chamei e te preparei,*
> *caístes e te levantei,*
> *nada mais te prende,*
> *tua vida de agora em diante*
> *é viver para o evangelho,*
> *e eu estarei sempre contigo,*
> *não temas".*

Com estes exercícios espirituais se fecha uma etapa em minha vida e se abre outra nova. Percebo que algo fundamental mudou dentro de mim e tudo ficou mais claro, sou outro sendo o mesmo. Consciente do que quero, seguro Naquele que me dá segurança, mais livre e mais humano.

Volto disposto a enfrentar a vida com novo ardor e nova consciência.

30 de janeiro de 1992

Terminaram hoje os exercícios espirituais de Santo Inácio de Loyola. Foi um mês de graça e benção, revi minha vida a fundo e saio renascido. Vou sentir saudades de Itaici, uma referência em minha história humana e espiritual. Aqui me reencontrei comigo.

6 de março de 1992

Leio estes dias *O evangelho segundo Jesus Cristo*, de José Saramago. Não quero discutir teologia e ideias apresentadas por ele. Claro que não concordo com certas interpretações relacionadas com a fé, quero analisar o livro como obra de arte, literatura escrita em português e, nesse sentido, o livro é de uma beleza inigualável, de um lirismo fascinante, arte em estado de graça. Leio tudo o que José Saramago e Gabriel García Márquez publicam. É um prazer inigualável penetrar na alma de escritores tão diferentes e tão próximos.

25 de abril de 1992

Passei a Semana Santa na Prelazia, fiquei em Luciara. Revivi a alegria do reencontro com o povo e os amigos.

15 de junho de 1992

Estou na Colômbia, em Barranquilha, para uma reunião da Comissão de Justiça e Paz da OALA (Organização dos Agostinianos da América Latina), da qual faço parte. Viemos Francisco Morales e eu.

No fim de semana, visitamos as comunidades da província de Colômbia, está sendo uma oportunidade para abrir meus horizontes e conhecer mais e melhor a América Latina.

Estou impressionado com o luxo e a riqueza desta província, e como a maioria dos frades vivem longe do povo. E o pior que se vive isso sem remorso, tranquilamente.

4 de julho de 1992

Estou de férias com a família em Girona. Passamos estes dias em "Las Ansias", um lugar maravilhoso na montanha, em uma casa alugada, antiga reitoria paroquial, onde a família descansa. Passo sempre as férias aqui. Prefiro a montanha à praia.

Hoje, celebramos o aniversário da sobrinha Irene, 13 anos.

Leio estes dias reportagens sobre Camarón de la Isla. A sua morte prematura mexeu com a minha sensibilidade artística. Ele, o grito de um povo, a paixão de séculos, a voz desgarrada do cante "jondo".

Leio, em *El País*, *El honor de la espécie*, de Faulkner, e sinto que ele fala de mim, de nós, é o poder absoluto da literatura.

Eu, que queria dizer coisas definitivas, poeta menor querendo a luz!

8 de julho de 1992

Sou incapaz de escrever poesia de encomenda. Escrevo movido pela emoção e é o instinto que me guia. Creio na inspiração e sei que escrever é um ofício que se aprende; eu quero a síntese.

Escrever poesia é inevitável, sem ela o tédio toma conta e tudo passa a ser vulgar. Orgasmo é o poema, semente que no tempo irrompe, a eternidade agora.

Como Manoel de Barros, o que eu quero é *"fazer o celestiamento do ordinário"*.

10 de julho de 1992

Nada mais intenso que a criação poética, só comparável com a emoção mística. Entra-se em outro espaço, o espaço da liberdade e da emoção acelerada; entra-se na luz e, por instantes, tem-se a impressão de tocar o infinito no tempo finito. O poema final é o fruto dessa experiência.

31 de julho de 1992

Dia lindo em "Las Ansias", natureza fascinante, paz em tudo! A igreja, a praça, a casa, quanta história aqui retida, quantas vidas por aqui passaram, aí está o cemitério para lembrar que nós passamos.

Há uma calma natural, o ritmo que a natureza impõe e me sinto parte dela, em conexão com o Universo como um elo da corrente. Meu coração pulsa e se interroga, meu coração de carne pede amar. Deus é amor, ouço no inconsciente, e calo.

Rodeado de montanhas, intuo o canto dos pássaros, deliram as "cigarras" até morrer exaustas; ao fundo a fonte, a brisa leve da manhã, beleza em estado puro.

E dentro de casa a mãe põe ordem na diária desordem que o viver carrega enquanto leio *Árbol adentro*, de Octávio Paz.

6 de agosto de 1992

Sou um homem que vive esperando o próximo livro de Gabriel García Márquez.

Agora me delicio lendo *Doze cuentos peregrinos*, e tenho a impressão de que Gabriel García Márquez vive em mim, ele consegue traduzir em sua literatura aquilo que vivo e sinto. Com seus romances, ele prova que nada supera a boa literatura.

Terminam as férias e já começo a ter a cabeça no Brasil.

9 de agosto de 1992

Aeroporto de Barcelona. Fim das olimpíadas, saio para o Rio de Janeiro às 22 horas.

Um aeroporto revela o rosto plural de uma única humanidade.

"Tal vez amar es aprender a caminar por este mundo", escreve Octávio Paz em *Árbol adentro*. Há anos tento aprender a caminhar e, agora, volto ao Brasil, à luta cotidiana, depois de um mês de convivência familiar gratificante.

19 de agosto de 1992

Ah! Se eu tivesse 20 anos e a visão do mundo que tenho agora, estudaria antropologia e cinema. São dois mundos aos quais não tive acesso e que, agora, ao estudar jornalismo, percebo que despertam em mim emoções múltiplas.

Talvez viver seja saber renunciar a muitas coisas. Morrerei tendo deixado para trás sonhos e projetos, somos limitados e incompletos.

20 de setembro de 1992

Sensível, meu coração se apaixona fácil pelas pessoas e pelas coisas, há uma bondade original em mim, sou filho de meu pai, ele tão humano e tão sensível. A sensibilidade é uma graça e uma cruz, sofro horrores ao ver as mesquinharias nos relacionamentos e as perversões disfarçadas de virtudes nos detalhes cotidianos.

Quantas realidades para integrar na minha personalidade! Arte, música, pintura, poesia! Uma vida é pouco para tantos sonhos e projetos.

15 de dezembro de 1992

Hoje, faz 20 anos que cheguei ao Brasil. Vinte anos de graça, descobertas, ideais. Foi Deus que me trouxe a este país maravilhoso.

22 de dezembro de 1992

Hoje, participei, na comunidade da Vila Cemig, da novena de Natal, e me senti de novo em São Félix do Araguaia. Jesus nasce, de fato, no meio dos pobres, e uma alegria interior me fez vislumbrar com clareza o meu caminho.

Desejo morar na Vila Cemig, esta ideia me persegue há tempo. Morarmos dois ou três irmãos num barraco no meio da favela. Desde esta realidade tudo fica mais claro.

23 de dezembro de 1992

Como é bela a ternura de uma mulher que ama! Regenera a alma e redime da morte!

24 de dezembro de 1992

Vigília de Natal! Noite bela como a vigília da Páscoa, ambas celebrações falam de vida e luz.

Leio *Espiritualidade da Libertação*, de Pedro Casaldáliga e José Maria Vigil. Sei que foi Pedro, pelo seu estilo inconfundível, quem escreveu o capítulo que agora medito: *Cruz, conflitividade, martírio*.

Para quem conhece de perto Pedro, como eu o conheço, sabe que diz o que crê e vive.

A mim me falta capacidade de sofrimento, de permanecer firme no conflito, de assumir a cruz de cada dia; me falta grandeza espiritual e profundidade evangélica. Longo é o caminho.

3 de janeiro de 1993

> *"Mário Quintana*
> *teu nome rima com banana*
> *mas você é uma uva!*
> *Uma uva daquelas ancestrais*
> *na minha infância*
> *de pedras e mistério.*
> *Nalgum lugar recôndito da memória*
> *eu sou tu!"*

Proteger o menino que levamos dentro a vida toda, essa é a missão da poesia, a revolução maior, gerada pela inocência da carne. Fantasia e realidade irmanadas, olhar o mundo de dentro para fora, viver interiormente, e a palavra como ressonância e lampejo da luz interior, meus olhos expondo publicamente a alma, olhar profundamente para dentro, porque é no interior do ser humano que a verdade habita.

Hoje te vi, Mário Quintana, na TV, e me emocionaste e inquietaste, e bastou meia hora ouvindo-te para compreender-me a mim mesmo, mais e melhor que se tivesse lido o Alcorão. Tua singeleza me faz amar-te; tua pureza é a prova de que já passeaste de mãos dadas com Deus no paraíso.

4 de janeiro de 1993

Estou com José Maria Lobo, irmão agostiniano, em Igarapé, na casa que temos aqui para nos retirar e descansar; é a segunda noite que dormimos aqui. A noite é misteriosa e bela, chove mansamente, e a luz dos relâmpagos ilumina a mata. Multidão de sapos cantam em mil tons e línguas diferentes; estou em sintonia com a natureza, sou parte dela e uma paz serena povoa meu corpo e meu espírito. Há em mim uma lucidez que me pede para ir mais fundo em tudo, o êxtase pleno de quem pergunta deslumbrado: por quê? Como? Até quando?

Reli nesta tarde o Cântico 41 do livro *Cântico Cósmico*, de Ernesto Cardenal. Tudo é cópula, comunhão, orgasmo no Universo, o amor busca e une os seres.

Suspeito que é muito o que não percebo, meus olhos cegos para a beleza inebriante, e é tão breve o existir! Preciso me embebedar sorvendo a terra, o céu, a cor da madrugada, cheiros, sensações, sou carnal.

17 de fevereiro de 1993

Estou em Santiago de Chile, numa reunião da OALA (Organização dos Agostinianos da América Latina). Antes tinha estado aqui num curso da CLAR, (Conferência Latino-Americana dos Religiosos), em setembro de 1979. Hoje visitei Valparaiso e Viña del Mar. Lembrei, é claro, de Pablo Neruda.

21 de fevereiro de 1993

Hoje, Juaquin Garcia, frade agostiniano de Iquitos, e eu fomos a Isla Negra. Lá vi teus olhos azuis, e o clamor e a emoção do mar, tua casa, teu barco, útero e âncora da terra, a matéria que modelou teu canto. E te vi, confesso que eu te vi, e fiz silêncio diante do teu túmulo. Fazia tempo que minha alma desconhecia essa emoção tão tenra e tão humana que tu despertaste em mim quando ainda era jovem. Se é verdade que nós somos o que é nossa poesia, precisa nascer em mim um coração de amante, tão puro como o teu. Fui visitar-te em tua casa como quem vai ao encontro de si mesmo, e tu estavas esperando-me na varanda, sentado frente ao mar, eterno na espuma do Pacífico. Tua benção, Ricardo Eliecer Neftalí Reyes, irmão Neruda!

26 de fevereiro de 1993

Estou fazendo um retiro com os seminaristas na casa que temos em Igarapé; a Irmã Marina di Polto é a orientadora. Revejo as anotações de um ano atrás no retiro espiritual de Santo Inácio.

Desde criança fui um homem muito amado, dócil e profundamente religioso.

Fui para o seminário aos 11 anos, porque quis e fui feliz em Salamanca. No noviciado pensei seriamente em me tornar monge contemplativo na Trapa de Dueñas, li o livro da vida do Irmão Rafael e fiquei entusiasmado; via nessa vida a radicalidade do evangelho. O mestre de noviços, padre Samuel Rubio, homem santo e sábio, me orientou e me fez ver, com muito tato, que outro era o meu caminho. Permaneceu, porém, em mim, a vontade da entrega radical. E foi assim que, ao terminar a filosofia, pedi para vir para o Brasil. Eu estava envolvido com tudo o que se referia à América Latina: Teologia da Libertação, Che Guevara, Cuba, Dom Hélder Câmara, Dom Pedro Casaldáliga, e vislumbrava que, aqui, poderia viver numa vida ativa o que sonhara viver na contemplativa.

Contra todos os prognósticos, os formadores me concederam vir para o Brasil ainda estudante, e fiz os estudos de teologia na PUC do Rio de Janeiro. Os irmãos Félix Valenzuela e Luciano Nuñez, que viviam no Brasil, fizeram de tudo para que os padres da Espanha me permitissem vir. Sou muito grato a eles.

Terminada a teologia, meu primeiro destino foi ser pároco na paróquia Cristo Redentor, no Barreiro de Cima, em Belo Horizonte, e formador dos seminaristas no período da filosofia. Depois de cinco anos e um longo discernimento, os coordenadores do Vicariato permitiram a Valeriano Martin Casillas e a mim irmos, a título pessoal, trabalhar na Prelazia de São Félix do Araguaia. Quatro anos depois o Vicariato assumiu São Félix do Araguaia como mais uma casa do Vicariato, o que foi muito bom, e o Pe. Paulo Santos, conhecido como Paulinho, irmão muito querido, passou a fazer parte da comunidade.

Fiquei na Prelazia por dez anos. Em janeiro de 1991, pedi para voltar a Belo Horizonte para estudar jornalismo e trabalhar algumas questões pessoais que, no momento, me preocupavam.

Saí da Prelazia, mas a região do Araguaia e aquela igreja e aquele povo não saíram de mim. Um dia ainda volto!

12 de março de 1993

Ansiosamente espero agosto para ver o ipê amarelo em flor; e ainda é março!

14 de abril de 1993

Acabei de ler *Esta noite a liberdade*, de Dominique Lapierre e Larry Collins, e estou em êxtase. Gandhi tem o poder mágico de desencadear em mim os sentimentos mais puros da alma. Fostes tu, irmão, uma Alma Grande. Alma gêmea quer ser a minha!

7 de maio de 1993

Há instantes síntese na vida. De repente, numa fração de segundo, clareia toda a vida passada e vislumbra-se o futuro. Nada maior que a memória. Leio *Rumo à estação Finlândia*, de Edmund Wilson, e vejo a evolução do pensamento, as pessoas que marcaram o Ocidente, os processos humanos. Vejo-me a mim mesmo. Há um tempo em que brota o amor e o sonho; outro é o tempo do amadurecimento e da colheita.

Hoje é um dia belo, com sol e luz nesta manhã esplêndida do Barreiro. E mesmo com uma dor serena na alma, sou capaz de sentir-me parte de uma história milenar, porta aberta ao futuro.

20 de maio de 1993

É maio e faz frio em Belo Horizonte. Passei uma semana de cama, gripado.

Anoitece, e o vento acirra minha alma em nostalgia. Uma paz com sabor a framboesa se apossa do meu corpo ainda dolorido.

Há certezas definitivas! Nesta hora de solidão e luz, a vida vem toda de uma vez, em enxurrada. E vivo o agora arrumando o mundo nos detalhes, limpo o quarto, remexo nas gavetas à procura de lembranças, molho as flores do jardim, revejo poemas esquecidos. Memória e desejo, isso somos.

23 de junho de 1993

Estou em Lima numa reunião da OALA (Organização dos Agostinianos da América Latina). Peru, terra de Arguedas e Gustavo Gutiérrez. Vejo a miséria e o luxo misturados, provocando-me, e Deus e o amor e o sentido da existência martelando meu coração. Quero mais, quero ir até os porões do meu ser para entender-me e entender-Te.

Ah! Saudade e luta é a vida nesta terra! Nada mais perigoso que a mediocridade e a rotina.

3 de agosto de 1993

Está conosco Maximino Cerezo Barredo, amigo Claretiano e pintor da Libertação. Tem murais espalhados por toda a Prelazia de São Félix do Araguaia, e pela América Latina. Está pintando o mural da igreja matriz na paróquia Cristo Redentor do Barreiro de Cima.

Recomeça o semestre.

Vieram me visitar minha irmã e meu cunhado. Passamos um mês muito agradável, visitamos Rio de Janeiro, São Paulo, Foz de Iguaçu e conhecemos, juntos, Ouro Preto, Congonhas e a gruta de Maquiné.

16 de agosto de 1993

A tarde está triste e fria e entro nas funduras da alma e emerge, nítido, o amor como saudade. Vazio de ti ou vazio de Deus? Ando atrás da síntese percorrendo caminhos que só eu conheço, não me servem respostas prontas, eu sou o caminho que agora faço.

2 de setembro de 1993

Já é setembro e estou vivo. Tempo este de morte e massacres: Candelária, Vigário Geral, Ianomâmis, perdido o sentido da vida tudo é caos neste país.

Perto da igreja da Candelária, no Rio de Janeiro, oito jovens foram assassinados pela polícia na noite do 23 de julho. Conhecido como chacina da Candelária, o crime revoltou o Brasil.

A tragédia de Vigário Geral foi um massacre ocorrido na favela de Vigário Geral, no Rio de Janeiro, na madrugada do 29 de agosto. A favela foi invadida por um grupo de extermínio; 21 moradores foram executados.

Também em agosto ocorreu o massacre perpetrado por garimpeiros na aldeia Haximú, na fronteira entre Brasil e Venezuela. Foram executados homens, mulheres e crianças indígenas.

Cerezo Barredo terminou o trabalho do mural e partiu, fez uma obra maravilhosa: no mural que preside a igreja, a Trindade Santa abraça a comunidade que celebra a Páscoa. No centro, Cristo Ressuscitado mostra as chagas. Nas laterais, imagens da realidade do bairro, e o povo, em caminhada, mostra nas faixas que as pessoas carregam os nomes das comunidades que formam a paróquia.

Foi excelente e muito fraterna a convivência de Cerezo Barredo conosco. Ele é a expressão perfeita do que é ser um bom amigo.

Estou de malas prontas para ir a Conocoto, no Equador, para uma reunião convocada pela Cúria Geral da Ordem.

7 de setembro de 1993

Estou em Conocoto, Equador, participando do encontro convocado pelo padre geral, Miguel Angel Orcasitas, para concretizar, na

Ordem, as conclusões da 4ª Conferência Episcopal Latino-Americana de Santo Domingo.

São seis da tarde e chove. Há tanto tempo que não via a chuva! O reencontro com a chuva revigora a alma e emerge a poesia. A chuva lenta e mansa nos redime da maldade. Como é belo acordar no meio da noite e sentir a chuva batendo leve na janela! Nessa hora a alma torna-se pura porque a meia-noite todos somos bons. Ternura é a palavra!

Não faço ideia do que vai acontecer aqui nas próximas semanas.

14 de setembro de 1993

Aniversário de minha mãe, 68 anos. Ela e eu, a vida! Quanto caminho percorrido e eu tão longe. Na minha origem ela está e sua presença me acompanha.

Este encontro em Conocoto está sendo positivo, o mais significativo é a consciência dos jovens religiosos latino-americanos. Será possível revitalizar a Vida Religiosa se entrarmos a fundo na realidade popular, comprometendo-nos com os pobres e formando pequenas comunidades fraternas, testemunhais e proféticas.

12 de outubro de 1993

Festa de Nossa Senhora Aparecida. Várias coisas aconteceram no último mês. Voltei do Equador ruim, pensava que era um problema de rins e acabou sendo úlcera no duodeno. Fiquei uma semana no hospital São José em Belo Horizonte. Passei alguns dias sofridos, somos corpo e, quando o corpo falha, tudo rui. Estou recuperando-me devagar.

12 de novembro de 1993

No dia 15 completarei 43 anos. Sinto-me um homem na metade do caminho, realizado, feliz, integrado e com essa paz que o tempo proporciona, a certeza de ter acertado na escolha e iluminado pela fé no Deus da Vida. Sou um homem maduro, com um espinho no coração que não será tirado, um espinho que às vezes dói e me estimula, que sangra e me mantém vivo, um espinho que já é parte de mim e como tal o amo.

15 de novembro de 1993

Passamos o dia comunitariamente em Igarapé. São 43 anos de vida e 18 de ministério sacerdotal. À noite, celebrei a missa na comunidade do Solar-Pongelupe e o povo fez uma festa cheia de crianças, simples e verdadeira.

O povo conserva resíduos de bondade extraordinários, o amor é sincero. E a vida continua.

3 de dezembro de 1993

Chego cansado ao fim do ano. Avaliações, formaturas, férias dos seminaristas, preparativos para o Natal. Muito para agradecer, e novos desafios vislumbro pela frente.

5 de janeiro de 1994

Estive no fim de ano em São Félix do Araguaia. Voltar à Prelazia é sempre uma experiência renovadora, a certeza do carinho do povo, o amor que permanece. O compromisso coerente da Igreja na luta por seus ideais, é animador e me desafia.

Começo o ano disposto a radicalizar na oração e no serviço, entregar-me de corpo e alma à missão. *"Dai-me, Senhor, o querer querer"*, como rezava Santo Inácio de Loyola.

10 de janeiro de 1994

O que será do mundo nesta tarde cinzenta e chuvosa? Também meu coração almeja a paz e está como a tarde: na solidão banhado.

"Busco em Ti o descanso, após tantos anos no desterro inevitável!"

9 de fevereiro de 1994

Será que viver é limitar-se? Será que a vida está feita de escolhas? Nada é completo na precariedade da existência. Luta permanente entre a ânsia do absoluto e os limites do cotidiano. Há de ser sempre assim? O fato é que tenho que fazer escolhas, e meu coração pede tudo.

2 de maio de 1994

Há tempo que não escrevo, talvez porque agora vivo rodeado de muita gente e as atividades são muitas. No sertão, escrever era a única saída para não enlouquecer.

A solidão é faca, agora faço muitas coisas e vivo pouco interiormente, sou uma pessoa normal entre pessoas normais e sensatas.

Mas esta tarde li o *Livro dos Abraços*, de Eduardo Galeano, e a emoção tomou conta de meus olhos, e voltei a ser eu mesmo. Nenhum poeta conhecerá a morte.

6 de julho de 1994

Fui eleito Vicário Provincial na assembleia que tivemos esta semana. Confio na providência divina. Se Ele dá o cargo que é carga, dará também a graça.

15 de agosto de 1994

Estou no México para uma reunião da OALA (Organização dos Agostinianos na América Latina). Passei um mês de férias delicioso com a família na Espanha.

México é um país fascinante, e mais agora, depois de ler nas férias *A conquista de México*, de Hugh Thomas.

Na Espanha me encontrei com Paco Morales, companheiro de infância e irmão de sonhos, juntos viemos para o Brasil movidos pelos mesmos ideais; também ele estava visitando a família em Madrid.

Leio o livro *Adulto y Cristiano*, de Javier Garrido, excelente roteiro para entender a realidade que vivo aos 40 anos.

3 de setembro de 1994

Estive hoje com Ernesto Cardenal no encerramento da semana da poesia, em Belo Horizonte. A prefeitura popular do PT, coordenada por Patrus Ananias, tem trazido pessoas maravilhosas para a cidade, valorizando a arte e a cultura.

Cardenal leu poemas do *Cântico Cósmico*, que os presentes custaram a entender, porque lia em espanhol, e os poemas são densos e profundos. Poesia é uma forma de ser e de viver!

3 de outubro de 1994

Minha fragilidade me faz lembrar que sou humano, meus limites me fazem compreender que a vida é risco, amor e desafio.

Desde ontem lembro que amanhã celebra-se a festa de São Francisco de Assis, modelo e sonho para mim, a mais pura encarnação do ideal que almejo.

3 de novembro de 1994

Mais real que a realidade presente é a memória do vivido, o desejo realizado, o que foi sonho e um dia explodiu na concretização do impossível. Nada mais real que a memória do amor mantida na intimidade imperecível. Somos nossa memória projetada para o futuro.

O amor vivido um dia preside e ultrapassa o tempo. A eternidade está no passado.

16 de novembro de 1994

Ontem fiz 44 anos de vida e 19 de sacerdote. O carinho dos irmãos, do povo, dos amigos, reforça a opção feita e confirma a certeza de ter feito a opção correta.

Só gratidão a Deus e à vida!

20 de novembro de 1994

Cheguei a Roma hoje cedo. No aeroporto me esperavam os frades Agustin Arirama, peruano, e Luiz Antônio Pinheiro, do nosso Vicariato e que está fazendo seus estudos de doutorado aqui.

Às 9h30, fui à basílica de São Pedro para participar da missa presidida pelo papa. Inevitável a constatação do contraste entre esta Igreja e as comunidades rurais de Mato Grosso ou da periferia de Belo Horizonte, sendo a mesma Igreja na fé, tão diferente na expressão cultural. É preciso tornar a Igreja mais universal, menos eurocêntrica, valorizar as culturas populares dos diversos Continentes, a fé sempre se encarna na cultura.

Percebo a beleza do canto, a solenidade dos ritos, a grandiosidade da arte na basílica. Tenho sensibilidade para o belo, mas fico pensando: não foi neste contexto que viveu e caminhou por este mundo o filho do carpinteiro.

O clamor do povo, o grito de dor dos oprimidos tem que ecoar também no Vaticano.

Vim a Roma para um encontro de três dias com o padre geral da Ordem de Santo Agostinho. Ele e sua equipe querem conversar com os novos Provinciais e Vicários eleitos.

1º de dezembro de 1994

Cheguei a Belo Horizonte depois de rodar 24 horas pelo mundo. De Barcelona me mandaram num voo para Paris e, de lá, para o Rio de Janeiro.

O encontro com a Cúria Geral em Roma serviu para tomar pé da situação da Ordem e conhecer de perto os irmãos que estão à frente dela. Eles valorizam muito nosso estilo de vida e nosso compromisso com a realidade do povo. Há, porém, os que nos questionam e temem que nos politizemos demais. Nem todos na Ordem veem com bons olhos a Teologia da Libertação.

Aproveitando a ida a Roma, estiquei a viagem até Girona e passei cinco dias com a família.

Agora é preparar a assembleia vicarial, a organização das comunidades e o planejamento para o próximo quatriênio.

19 de dezembro de 1994

Depois de quatro anos estudando jornalismo, chegou a formatura, mais uma etapa vencida; nosso paraninfo foi Chico Pinheiro, jornalista da Globo e amigo antigo. Foi ele quem deu espaço no *Jornal do Brasil* a Pedro Casaldáliga, numa entrevista histórica, defendendo-se das denúncias feitas pelo bispo Dom Geraldo de Proença Sigaud, acusando Pedro de comunista.

Organizamos as comunidades depois de muito diálogo, nosso estilo é fraterno, nada imposto, tudo decidido em assembleia, isso leva tempo, mas é mais eficaz. Penso que a primeira tarefa de quem coordena o grupo é ser um irmão próximo, capaz de ouvir e animar a vida religiosa na fidelidade ao evangelho.

Esteve conosco na assembleia Nicolás Castellanos, agostiniano, foi bispo em Paléncia, na Espanha. Depois de alguns anos como bispo, renunciou ao cargo e foi de missionário para Bolívia, atualmente vive em Santa Cruz de la Sierra. Também nos acompanharam Carlos Guadama, agostiniano da Bolívia, e Jesus Palácios, agostiniano da Espanha.

Pedro esteve no Barreiro de Cima para a ordenação de presbítero de Dionísio do Carmo, frei agostiniano criado no bairro. A celebração foi maravilhosa, muitos símbolos e com muita participação popular. Pedro sempre marca a alma da gente pela sua palavra profética. *"Ordenar-se de padre, disse ele a Dionísio, é rebaixar-se ao serviço".*

Começo esta nova tarefa de Vicário Provincial com disponibilidade. Deus caminha com a gente.

22 de dezembro de 1994

"O homem que descobriu sua parte feminina é perigoso", diz Adélia Prado.

23 de dezembro de 1994

Continuo lendo Adélia Prado e ela me revela que sentir-se amado é mais gratificante que amar. Deus me ama e isto me basta para dar sentido à monotonia cotidiana. O amor que reparto é consequência do amor que antes recebi.

3 de janeiro de 1995

Fui a Bragança Paulista para a profissão religiosa de três frades bolivianos. Passei pela casa de teologia em Diadema, estão fazendo obras, aproveitando as férias dos seminaristas. Ao longo do mês cada religioso estará indo para sua nova comunidade.

24 de janeiro de 1995

Simpósio sobre Ecoteologia em São Paulo. Tudo faz parte de tudo, tudo está interligado, somos terra e parte desta Terra. A casa comum deve ser cuidada. É preciso aguçar a sensibilidade para cuidar de cada coisa que vive e respira, a Terra é um ser vivo. Viver em harmonia com a vida que pulsa no universo, aí reside o segredo do futuro.

A poesia nasce da admiração, da contemplação serena, a poesia intui, o olhar do poeta vê além das aparências. Assim é meu olhar, admiro e calo para sorver o mel da vida.

7 de fevereiro de 1995

Minha vida agora é viajar visitando as comunidades, dialogar com os irmãos, lidar com conflitos e surpresas, adentrar-me mais na alma humana. Preciso conhecer-me cada vez mais para conhecer melhor o ser humano.

16 de fevereiro de 1995

Meu caminho para a experiência de Deus passa pela experiência humana do amor; não há como viver o amor a Deus sem as mediações humanas. Algo disso experimentei no retiro de Itaici em 1992. Não é preciso negar o amor, é preciso integrá-lo como caminho para o Amor.

Devagar as peças vão se encaixando. Intui isto ao ler algo sobre a mística no livro *História humana, revelação de Deus*, de Schillebeeckx.

4 de março de 1995

Estive no Panamá, na Assembleia-Geral da OALA (Organização dos Agostinianos na América Latina). Uma das melhores coisas da viagem foi a ida à missão de Tolé – me senti na Prelazia, o mesmo espírito, a mesma realidade, o mesmo caminhar de uma Igreja que se organiza e se estrutura ao redor da participação dos leigos. Visitei, junto com os frades Lain, Pedro López, Zarate, Iturbe e Moya, uma ponte construída pela comunidade indígena.

Da reunião da OALA, ficou a relação fraterna com alguns religiosos, e a tentativa de envolver a Ordem como um todo num processo de mudança e conversão. Estamos muito distantes da realidade sofrida do povo.

Tenho que me cuidar, do contrário vou viver viajando a maior parte do tempo e distanciando-me da realidade concreta.

21 de março de 1995

Encontro de estudo e reflexão em Cochabamba, Bolívia.

A comunidade agostiniana não é apenas uma comunidade de trabalho, é antes de mais nada uma comunidade de vida, importa mais a qualidade dos novos religiosos que a quantidade deles.

É preciso criar relações pessoais na Vida Religiosa, aceitar o outro como ele é, saber doar-se, crescer na maturidade humana e afetiva, ser livre e dar um verdadeiro testemunho de pobreza e radicalidade no seguimento de Jesus.

A Igreja não se reduz à estrutura, a Igreja deve ser a geradora de comunidades, possibilitar a criação de relações interpessoais, promover a vida.

9 de abril de 1995

São cinco e meia da tarde e aqui estou, mais uma vez na rodoviária de Barra do Garças a caminho de São Félix do Araguaia. Esta rodoviária, por onde tantas vezes passei, é uma síntese perfeita do Brasil: gente humilde e pobre à procura de emprego e saúde; peões, policiais, bêbados, prostitutas e cachorros, tudo misturado, é a vida pulsando. Já me deitei mais de uma vez nos bancos esperando a conexão com o próximo ônibus. Tenho agora duas horas para descansar, já que o ônibus da Xavante só sai para São Félix do Araguaia às oito da noite.

Nesta semana passei seis noites seguidas no ônibus, tive que ir duas vezes ao Rio de Janeiro e, agora, estou a caminho de São Félix do Araguaia. Tenho viajado muito e isso provoca um sentido de irrealidade, sensação de não estar em parte nenhuma, de não criar relações duradouras com os irmãos, todos eles muito empenhados em superar-se e responder aos desafios da missão.

Volto a São Félix do Araguaia depois de um ano com sentimentos misturados, emoção, saudade e expectativa.

Com certeza Deus conduz minha história, nossa história, como diz o lema dos 25 anos da Prelazia.

20 de abril de 1995

Hoje estou em Vila Rica. Durante a Semana Santa ajudei em São Félix do Araguaia e em Luciara e, agora, vim visitar os irmãos Dionísio e Saraiva que residem em Vila Rica, e Felix Valenzuela que mora Santa Terezinha. Voltar à região é reviver as experiências de quinze anos atrás, quando Valeriano e eu chegamos a Santa Terezinha pela primeira vez.

A passagem por São Félix do Araguaia e Luciara foi muito agradável, experimentei o carinho das pessoas e o apreço que têm por nós, agostinianos. O povo espera que um dia possa voltar e eu assim o desejo.

A comunidade religiosa está bem entrosada, tenho partilhado a vida em profundidade com eles, vim para conviver fraternalmente. Volto feliz. Minha impressão é que as comunidades religiosas estão se esforçando para levar à prática as propostas da última assembleia, vejo espírito de oração e partilha.

Ontem, 19 de abril, dia do indígena, estive na aldeia Tapirapé. O grupo de teatro levou a lona do *"Araguaia, Pão e Circo"* e apresentou um espetáculo cultural no meio da aldeia. O grupo de Santa Terezinha continuou o projeto inicial, e o material do circo está sendo bem aproveitado. Um circo no meio da aldeia não deixa de ser algo original!

Amanhã saio por Paraíso; as estradas estão péssimas, a região é um retrato do país abandonado.

26 de maio de 1995

Porque tu estás triste, eu estou triste! Tomou conta de mim a melancolia como uma nuvem imensa, e é por isso que ouço agora *El concierto de Aranjuez*, de Juaquin Rodrigo, intimista e lírico, e acendo agora uma vela para iluminar minha tristeza e clarear a escuridão da noite.

6 de junho de 1995

Leio um texto sobre os sacramentos e a saúde psíquica. Freud afirma que o ser humano é um ser de desejos. A civilização é criada para controlar nossos desejos, a civilização é uma privação. A religião é um apoio para suportar a própria vida, um sistema de ilusões, nos priva dos desejos, mas alimenta o desejo de ser Deus.

Jung faz outra abordagem da religião, mais positiva e integradora.

No ser humano, diz Jung, existe a luz e a sombra. O inconsciente é herdado, fruto da experiência pessoal e coletiva. A pessoa adulta integra em si harmonicamente o masculino e o feminino, o consciente e o inconsciente, a luz e a sombra.

Ser o que a gente é, não criar imagens ou viver em função de responder ao que os outros esperam, ser eu, disso se trata.

O rito estabelece um sentido para a vida, para o indivíduo e para o grupo. O rito dá identidade ao grupo, coloca ordem no caos e ajuda a lidar melhor com as perdas e as crises.

A oração é falar com Deus e ouvir Deus. Dizer a minha verdade, encontrar-me com Deus significa encontrar comigo mesmo e com os outros.

21 de junho de 1995

Minha alma tem saudade de quê, de quem? Eu sou minha saudade. Em grande parte, somos o que nos falta e, por isso, suspiramos. Saudade do seio materno, do beijo; saudade do verso, do poema, do ipê amarelo no sertão; saudade do silêncio, do pôr do sol sobre o Araguaia; saudade do povo e dos amigos; saudade da utopia, da delicadeza e da harmonia ancestral; saudade do infinito; saudade de Ti, Deus humanizado!

15 de julho de 1995

É sábado e acabo de chegar a Belo Horizonte voltando de São Félix do Araguaia, onde fui participar da celebração dos 25 anos da Prelazia. Muita festa, muito canto, dança e alegria, a certeza de uma Igreja que tem futuro porque tem uma bela história de luta e esperança. Valeu a pena ter aberto o caminho da Prelazia para o nosso grupo.

3 de agosto de 1995

Visitei as comunidades de Bragança Paulista, Diadema e Rio de Janeiro. Ser coordenador do grupo me enriquece em nível pessoal, estou aprendendo a lidar melhor com os conflitos humanos, a experiência da coordenação possibilita que desabrochem em mim dimensões que estavam adormecidas. Nada mais fascinante, complexo e desconcertante que a alma humana.

12 de setembro de 1995

Estou em Cachoeira do Campo para participar dos exercícios espirituais do clero de Belo Horizonte, orientados por Dom Serafim Fernandes de Araújo, arcebispo da capital mineira.

A espiritualidade presbiteral tem sua raiz na caridade pastoral, isto é, na doação total e permanente de si mesmo. Doar a vida é mais do que fazer coisas para o povo.

Reflito sobre as questões fundamentais da vida: quem sou? Vivo o que professo? Vivo feliz e realizado como ser humano? Vou fundo na vida?

Tenho que viver mais ancorado no essencial, ampliar o espaço interior, beber na própria fonte: Deus e o Povo!

20 de setembro de 1995

E se há em mim saudade é porque tenho um coração que ama!

2 de novembro de 1995

Dia de Finados. Cheguei hoje cedo de São Paulo. Na segunda-feira fui para o Rio de Janeiro, na terça de Rio para São Paulo e, na quarta, de São Paulo para Belo Horizonte; três noites no ônibus.

No encontro com os religiosos há vários problemas de fundo. Acho que estou sabendo lidar com esse material sensível que é o coração humano. O cargo, sendo carga pesada, me está ajudando a desenvolver dimensões novas da minha personalidade. Que é um sacrifício e uma cruz ser Vicário, isso é, mas ao mesmo tempo me possibilita aproximar-me mais dos irmãos, e conhecendo suas fragilidades, assumo mais as minhas.

11 de dezembro de 1995

Nossa assembleia Vicarial tratou o tema do planejamento pastoral.

Planejamento não é só uma questão técnica, é também uma questão política.

O marco referencial deve levar em conta o marco situacional, o marco doutrinal e o marco operativo.

Quais devem ser as ações construtoras do plano:
– Equipe coordenadora, sensibilizar e provocar posicionamentos, motivar.
– Fé nas pessoas, otimismo realista.
– Respeito ao estágio de consciência do grupo.

- Consciência de possíveis situações de conflito.
- Envolvimento dos participantes.
- Metodologia participativa: pessoal, grupal, plenário.
- Clareza do grupo quanto à proposta.
- Construção do plano como resultado do trabalho do grupo.

28 de dezembro de 1995

No dia em que o cinema completa 100 anos, viva o cinema!

Vi *Terra Estrangeira*, drama histórico do povo brasileiro na sua luta pela sobrevivência.

O cinema é fantástico, tem o poder de nos transportar para outras realidades. Adoro Buñuel, Fellini e Glauber Rocha, e o maior de todos, Chaplin.

1º de janeiro de 1996

Começa um novo ano, somos nós que dividimos o tempo indivisível, para não enlouquecer. Quero, neste ano, cultivar a poesia limpa, a beleza sutil da realidade cotidiana, viajar ao mais profundo do coração humano adentrando-me no meu próprio coração.

Almejo a pureza na palavra e na relação, a grandeza da alma, superar definitivamente preconceitos, sectarismos ou dogmatismos. É tudo tão relativo!

Semear a vida, adubar a vida, festejar a vida, é isso o que eu quero neste começo de ano.

15 de janeiro de 1996

Estou na casa do pai de Frei Vicente Salles, em Crato, no Ceará. A semana passada fiz uma viagem longa, atravessei a Bahia até chegar a Crato. Visitei Juazeiro do Norte e senti o espírito do Pe. Cícero. Muitas emoções atravessando os sertões, me senti na região da Prelazia: o mesmo povo, a mesma cultura, o mesmo jeito de falar num relacionamento fácil e espontâneo. A família de Vicente é numerosa e pobre, o pai tem 81 anos, muito lúcido e inteligente, adora passarinhos e já de madrugada trata deles.

José Maria me comunicou que faleceu em Belo Horizonte Dona Sebastiana, mulher admirável, liderança na paróquia Cristo Redentor do Barreiro de Cima; tenho por ela a maior admiração. Durante dez anos fez hemodiálise três vezes por semana, sempre com o sorriso no rosto, reunia em sua casa um Círculo Bíblico e um grupo de crianças da catequese, presença viva de Deus.

16 de janeiro de 1996

É só voltar para o sertão que jorra em mim a vontade de escrever.

Passei a manhã com o seu Vicente, pai do Frei Vicente, na roça, limpando o milho. O contato com a terra, a natureza imensa, a lentidão do tempo, as sementes desabrochando, tudo isso desperta em mim memórias de infância guardadas no inconsciente. Há algo definitivo na solidão do sertão, harmonia do ser humano com a natureza.

À noite, reuni com o povo para rezar a novena, encontro fraterno, a alegria da fé e da partilha. A experiência do sagrado na relação humana.

E o dia todo a rádio ligada para não se sentir só.

Visitei a imagem do Pe. Cícero, santo popular canonizado pelo povo à margem do que Roma possa ter dito.

Três figuras sintetizam o Nordeste: o Pe. Cícero, Luiz Gonzaga e Lampião com Maria Bonita. A religião, a arte e a revolta contra as estruturas de uma sociedade injusta.

Na casa do pai de Frei Vicente ainda não tem luz elétrica.

19 de janeiro de 1996

Agora, no desejo de conhecer as famílias dos religiosos para conhecer melhor os religiosos, estou visitando a família de frei Ivo Cardoso, em Campo Maior, Piauí.

A família é enorme, mora no sertão, família patriarcal, todos os filhos ao redor dos pais, há algo de aldeia indígena na vida deste povo. Frei Ivo e frei Vicente são fruto deste povo e destas comunidades.

O povoado, São Francisco, tem umas 20 famílias, escola, cisterna comum, capela e boteco. À noite fazem a novena de São Sebastião, as mulheres rezam dentro da capela e os homes ficam fora batendo papo.

Porcos, bodes, cabras e galinhas invadem as ruas e convivem pacificamente com as pessoas que por lá se movimentam. E, no meio do povoado, um campo de futebol faz as crianças sonharem com estádios maiores e com a fama de um dia serem um craque. Tampouco aqui chegou a luz elétrica.

Cresce em mim o desejo e a certeza de, terminando o quatriênio, voltar para São Félix do Araguaia, ali tenho minha casa.

9 de fevereiro de 1996

Esta semana, Pedro Casaldáliga veio a Belo Horizonte e o acompanhei na consulta ao médico, nas entrevistas da TV, na ida ao cinema e nos diálogos com Patrus Ananias, atual prefeito da capital e velho amigo. Vimos juntos *O carteiro e o poeta*, obra maravilhosa, arte e poesia. O encontro com Patrus Ananias foi muito positivo, girou em torno da espiritualidade, e sobre os rumos da Igreja e do Brasil.
A presença de Pedro faz renascer em mim a esperança. Gravou na TV Minas um programa de uma hora com Peninha.
Começa o semestre e, com ele, a chegada do novo grupo de seminaristas. Nestes dias estou corrigindo as provas do livro *Memorial do Corpo*. Mais um mês e está pronto.

28 de fevereiro de 1996

Amadurecer é esticar o olhar para ver mais e mais longe, é ser capaz de surpreender-se cada dia com a beleza da vida e do ser humano, tendo, ao mesmo tempo, a capacidade humana de saber relativizar quase tudo, porque tirando Deus e a fome, como diz Pedro, o resto é tudo relativo.

13 de março de 1996

Nada está definitivamente resolvido na vida, mas eu já intuí o caminho, porque há uma luz interior que me guia e orienta, e o segredo que essa luz me revela é que nada do que o coração ama verá a morte, tudo se integra até chegar na plenitude do amor.

18 de março de 1996

Retiro Espiritual. Tema: revitalizar a Ordem e a Vida Religiosa Agostiniana na América Latina.
Desafios da Vida Religiosa hoje:
– Superar o secularismo e a mundanização.
– Assumir a realidade dos pobres.
– A inculturação.
– Conviver com o pluralismo.
– Valorizar o papel dos leigos e da mulher.
– Viver na liberdade do Espírito.
Caminhos para a revitalização da Ordem na América Latina:
– Primazia do crítico sobre o dogmático. Pelo amor que eu tenho à Igreja devo questioná-la, ser profeta dentro dela.

- Primazia do antropológico sobre o eclesiológico. O centro é o ser humano, a Igreja é meio.
- Primazia do utópico sobre o fato concreto. O mais importante não é o passado, é olhar para o futuro, o Reino está no fim.
- Primazia do social sobre o pessoal. Pecado social em estruturas injustas.
- Primazia da ortopráxis sobre a ortodoxia. Novos modelos de ação.

A partir destes conceitos urge renovar a estrutura da Vida Religiosa na América Latina.

20 de junho de 1996

Estou de férias com a família, cheguei cansado depois de dois anos na coordenação do grupo. O encontro com o lar, a mãe, a irmã, o cunhado e os sobrinhos reforça os laços familiares. Quero curtir este tempo gratuito com a família.

21 de junho de 1996

Passo as férias com toda a família em "Las Ansias". Ao fazer a caminhada pelo bosque refletia: tive uma infância feliz, fui um jovem inquieto, movido pelo ideal e a utopia, sou um adulto seguro do que quero e fecundo no trabalho, espero ser um idoso sereno, com a lucidez que dão os anos e as experiências vividas.

9 de julho de 1996

Estou no Capítulo Provincial intermédio em "El Escorial".

Hoje conheci uma mulher extraordinária, uma dessas mulheres que são uma surpresa generosa da vida, Luzia, freira e irmã do Pe. Félix Valenzuela. Tem 70 anos e é cega. Mulher livre, feliz e engajada. Fomos visitá-la minha mãe, que ao voltar de uns dias de férias em Zamora me acompanhou até "El Escorial", o Pe. José de Jesus Saraiva, que veio do Brasil para o Capítulo Provincial, o Pe. Jesus Palácio, frei agostiniano e Mari Pepa, leiga solidária que, junto com seu marido, José Maria Concepción, fazem parte da fraternidade leiga agostiniana em El Escorial.

Saí do encontro com ela convencido de que a vida tem sentido.

27 de agosto de 1996

É agosto e não chove em Belo Horizonte, os ipês, porém, já floriram e é tudo saudade do sertão. Impossível ser ateu depois de contemplar um ipê amarelo.

Minha alma está serena e há brilho em meu olhar. Como é bom tornar-se adulto e ser dono do próprio coração que ama.

Amanhã é a festa de Santo Agostinho.

28 de agosto de 1996

Hoje as comunidades se reúnem para celebrar Santo Agostinho e reforçar a fraternidade que nos dá identidade.

Leio *O manuscrito Carmesí*, de Antônio Gala, sobre a conquista de Granada. Reflexão profunda sobre a vida, o poder, a religião, a poesia.

Meu coração está povoado de presenças que me acompanham. Atinjo, às vezes, isso que poderíamos chamar felicidade, algo que nasce dentro e se espalha mundo afora, a certeza interior de que acertei na decisão tomada, e isso me dá paz e segurança.

3 de setembro de 1996

Há pessoas maravilhosas que, com só sua presença, dignificam a vida, pessoas cheias de encanto e doçura.

Vivo os problemas próprios de quem tem um cargo de governo.

6 de setembro de 1996

A chuva cai serena e, lentamente, beija o chão nesta tarde de setembro. Tudo é frágil e belo nesta hora, e é como se meu coração fosse parte da tarde, uma peça a mais no tempo e na memória. Sou a consciência emocionada que reflete sobre o que vê, e é por isso que o sentimento capta o que a razão ignora.

Leio *El primer hombre*, livro póstumo de Albert Camus, existencial e humano.

9 de setembro de 1996

Estou no aeroporto de Guarulhos a caminho do México para uma reunião da OALA. Nos aeroportos experimento a solidão e a tristeza, no meio da multidão a certeza de estar só.

10 de setembro de 1996

Cheguei de manhã ao México, desde o quarto em que estou hospedado vejo o céu cinza, e o ruído dos motores dos aviões confirma que não estou longe do aeroporto.

Aproveito o dia antes da reunião para continuar lendo *El primer hombre*, de Camus, e sou eu um homem, certamente não o primeiro nem o único, que tenho o raro prazer de saborear o que é a boa literatura. Sua descrição das paisagens, dos cheiros, da vida em sua infância, contagia e emociona. Definitivamente afirmo: não existe prazer maior que a literatura, a música, a arte – a beleza salvará o mundo.

Enquanto leio, trovões invadem a tarde e seu silêncio; vem a chuva.

Narrando sua infância, a escola, o professor, a igreja, Camus toca na alma franciscana que me habita e observo este convento, grande e frio, sem detalhes de amor e delicadeza, com quartos em série, sem a marca pessoal de cada um, e penso que o ser humano é, antes de mais nada, família humana, e que a vida religiosa só tem sentido se for comunidade familiar.

14 de setembro de 1996

Hoje minha mãe completa 71 anos, está bem, passei com ela julho e agosto.

Fomos hoje a Morélia, lá se abriu o processo de beatificação de Fray Juan Bautista Moya. Pensei, enquanto liam atas e processos: por que demoram 400 anos para reconhecer a santidade de alguém que viveu em outra época e não canonizam Dom Oscar Romero, que é um testemunho de vida para milhões de pessoas no mundo agora?

Havia no auditório, entre outras pessoas, uma mãe indígena com a criança adormecida no seu colo, imagem belíssima de confiança e abandono no regaço materno. Pensei: assim é Deus conosco. Para que toda essa burocracia inútil de fórmulas canônicas frias e vazias?!

19 de setembro de 1996

São as 22h15 e chove, trovões e relâmpagos povoam o céu de Morélia, também há música latino-americana e, de repente, tomo consciência de que estou no México e de que o mundo é grande e, ao mesmo tempo, tão pequeno. E na distância sinto saudade dos amigos e quero voltar logo para o lar. Esta noite, porém, estou no México.

25 de outubro de 1996

Retiro espiritual orientado por Dom José Maria Pires. Escutar Deus, a realidade e meu coração, é esse o desafio.

8 de novembro de 1996

Hoje fiquei abalado, fui no médico e ele me disse que terei que fazer uma cirurgia na próstata e acrescentou: não poderei mais ter filhos. Eu assumi há muito tempo não ter filhos, mas uma coisa é não os ter por opção, e outra, não os ter por não poder gerá-los. Balançou minha cabeça.

9 de novembro de 1996

Ainda abalado pela notícia de ontem, recebi, hoje, a visita do amigo Eduardo Mourão. Os dois vivemos, a 20 anos atrás, no Barreiro de Cima, a descoberta da luta nos movimentos sociais e a vontade de mudar o mundo e mudar a nós mesmos. Filho da classe média de Belo Horizonte, ao terminar a faculdade largou tudo e veio morar na região do Barreiro e trabalhar na educação popular. Depois, fui para o Araguaia e ele para a Inglaterra, onde fez doutorado em psicologia. Encontrar-nos hoje foi rever nossas histórias pessoais e nossas novas experiências, e o mais bonito é que, por caminhos tão diferentes, chegamos às mesmas descobertas, mantendo vivos nossos ideais. Quando se vai fundo na vida se descobre a verdade e esta é comum, independente de credos ou ideologias; ele se declara ateu, eu sou religioso católico, os dois somos irmãos e amigos.

"Uma coisa afirmo: não me neguei à busca, abri caminhos interiores arrebentando os limites do corpo. Quando me encontrar Contigo, Deus de Amor, uma coisa poderei dizer e será verdade: não me neguei à busca, do resto, Senhor, tu sabes tudo e tudo compreendes!"

11 de novembro de 1966

Amo a solidão, sei estar a sós comigo, o silêncio serena minha alma. Caminhante e tímido, assim me vejo. Não a solidão que nega o encontro, é a voz interior povoada de presenças.

O que eu persigo é agudizar a sensibilidade e a intuição, isso me basta.

23 de novembro de 1996

No dia 18 me fizerem a operação da próstata no hospital Felício Rocho em Belo Horizonte. Tudo transcorreu como previsto, uma infeção, porém, no dia 20, complicou o processo de restabelecimento.

Fazer a experiência da fragilidade física é um momento de graça. A saúde e os amigos, diz Santo Agostinho, são os bens mais preciosos. Esta realidade me aproximou de tantas pessoas doentes pelas quais muitas vezes passamos depressa, quando o mais importante é a atenção e o cuidado. Tenho sentido este cuidado vindo de mãos amigas e amorosas.

Sou corpo e se ele fraqueja a alma treme.

23 de dezembro de 1996

Estou sozinho em casa, os seminaristas saíram de férias e o Pe. Paulinho está no Mato Grosso. É tempo de Natal e os sentimentos mais puros e humanos tomam posse do coração. Vivo este mistério de Deus feito carne humana na alegria da fé.

31 de dezembro de 1996

Último dia do ano, tempo para balanço. A memória guarda o positivo e relativiza o sofrimento. Em nível pessoal foi positivo, em nível nacional, os conflitos de terra se acirraram.

Somos seres de esperança e sempre cremos que o futuro será melhor.

14 de janeiro de 1997

Estou em Cochabamba participando do retiro espiritual orientado pelo Pe. Francisco Galende, frade ostiniano de Panamá, e acompanhando a assembleia do grupo de Bolívia.

Partindo do chão real, com os pés na terra do nosso povo, o desafio é resgatar a memória profética da Vida Religiosa e revitalizar nosso Carisma.

18 de janeiro de 1997

Depois da assembleia em Cochabamba dei um pulo até La Paz. Atravessei de ônibus o altiplano. De fato, América Latina é indígena e é pobre por ser empobrecida. Vou aproveitar estes dias para conhecer mais a fundo este povo e esta cultura milenar.

20 de janeiro de 1997

Hoje me levaram para conhecer o santuário de Copacabana e o lago Titicaca. Paisagens deslumbrantes: o sol, a neve na montanha, o lago, flores silvestres dão ao entorno uma delicadeza encantadora. Subi até o calvário desde onde se vê o lago, a vista é grandiosa. O povo do altiplano vive na maior pobreza, cultiva apenas algo de milho e batatas e tira das ovelhas e das cabras seu sustento.

O santuário de Copacabana foi atendido durante duzentos anos pelos frades agostinianos, que no período da Independência foram expulsos, mas se mantêm lá os símbolos da Ordem Religiosa.

Tinha estado em Copacabana em 1973 quando o Pe. Luciano Nuñez nos ofereceu uma viagem à Bolívia, a Adolfo Chilan e a mim, como forma de comemorar nossa profissão solene. Na ocasião participamos em Yungas de um encontro de pastoral promovido pela OALA.

13 de fevereiro de 1997

Um texto de Rubem Alves, que agora medito, diz que a oração é dizer a *palavra verdadeira*; encontrar-se consigo mesmo, descobrir a beleza, e Deus no interior da gente. "*Intimior intimo meu*", diz Santo Agostinho.

Vivo em estado de graça porque o amor me torna livre.

14 de fevereiro de 1997

Projeto de vida para este ano:
- Animar os irmãos do Vicariato na busca fundamental para cumprir os objetivos do quatriênio.
- Estar mais presente nas comunidades e na vida dos formados, presença amiga e solidária.
- Conhecer mais a fundo a realidade boliviana, agora que estamos num processo de aproximação entre os dois Vicariatos.
- Dedicar um tempo diário à leitura e à oração.
- Cuidar da saúde, fazer esporte e manter a caminhada diária.
- Conhecer mais a fundo o trabalho que Tio Maurício desenvolve com os meninos de rua, e ajudar na medida do possível.

29 de março de 1997

Estou na Vila Rica ajudando na Semana Santa. Chove sem parar e a estrada é um lodaçal enorme. Constato que as comunidades da zona rural estão bem organizadas e o povo assume bem a caminhada da Igreja, de acordo, é claro, com o jeito sulista de onde vieram.

12 de abril de 1997

Levo uma semana gripado; a gripe me derruba, experiência dolorosa de purificação.

Aproveito e leio *Soy um teólogo feliz*, de Schillebeeckx. O livro respira liberdade, alegria e maturidade cristãs. Há tantos desafios a superar na Igreja e tantas coisas a serem mudadas: estruturas de poder que caem apodrecidas, o papel da mulher, o celibato obrigatório para o clero, a descentralização e o protagonismo das igrejas particulares, tão urgente e necessário.

Urge tornar a Igreja mais comunitária e participativa, os leigos assumindo seu protagonismo nas decisões através dos Conselhos e pastorais. A dívida histórica da Igreja para com as mulheres é algo que clama ao céu. Foi uma mulher a primeira testemunha da ressurreição, são as mulheres as que sustentam a caminhada das comunidades no dia a dia, mas estão ainda impossibilitadas de assumir certos ministérios. A Igreja tem uma dívida histórica com as mulheres, como a teve com os negros e os povos indígenas.

Por que pessoas casadas não podem exercer o ministério ordenado como sacerdotes? Já há diáconos casados. Como tantas outras coisas que mudaram ao longo da história, também isto mudará, mas será tarde demais.

Descentralizar a Igreja, tarefa urgente. Valorizar as Conferências Episcopais e as Igrejas locais, colocar em prática o princípio da subsidiariedade, disso se trata.

Seria tão bom! Seria!

28 de agosto de 1997

Festa de Santo Agostinho. Tirei a manhã para ler *Lealdade*, de Márcio Souza. Dias atrás fui falar no ISI (Instituto Santo Inácio) com o Pe. Bernardo Morissete, jesuíta canadense, para fazer orientação espiritual com ele, e para ele me indicar alguém conhecido para começar um período de terapia.

A conversa com o Pe. Bernardo Morissete foi longa e frutuosa, saí do encontro feliz. Fiz um resumo da minha vida para chegar aonde queria chegar, o difícil que é viver integralmente o celibato. Ele me disse: seja fiel a si mesmo, não se engane, seja transparente e não perca o ideal do celibato como horizonte, creia nele, mesmo que nem sempre consiga atingi-lo.

Me indicou uma psicóloga para fazer terapia.

11 de setembro de 1997

São as 17h30 e estou no barco *"República Independente do Araguaia"* com o Pe. Félix Valenzuela e Manu. Navegamos de Santa Terezinha para São Félix do Araguaia. A tarde é serena, o silêncio nas praias, a luz no horizonte. Escrevo na parte traseira do barco e, no caminho, leio *A família de Pascual Duarte*, de Camilo José Cela.

Voltar ao Araguaia é voltar a mim mesmo, muito caminhei nestes dezessete anos que me separam da primeira vinda à região. Hoje me conheço melhor e sou mais dono dos meus sentimentos. Vou começar a terapia e sei que muitas sensações novas afloraram em mim, vou enfrentá-las.

Sou como o Araguaia, calmo na superfície, profundo e misterioso no fundo. O Araguaia e eu, o sol, os mergulhões e as garças nas praias, a mata delimitando o espaço, tudo é belo e abro os olhos da alma para sorver tanta beleza.

18 de setembro de 1997

Comecei a terapia na linha psicanalítica, já fiz várias sessões. Vão aparecendo aspectos da minha personalidade que, de alguma forma, já conheço: o desejo de agradar sempre a mãe, e a mãe pode ser a instituição religiosa, a Igreja, a cisão entre afetividade e sexualidade, a minha insegurança, consequência de uma figura paterna frágil.

29 de setembro de 1997

Cedo, a minha mãe ligou para lembrar-me que, hoje, faz 35 anos que saí de casa e no meio do caminho de Pozuelo de Tábara ela se despediu de mim, voltou para trás e eu segui para adiante. Era o dia da festa de Moreruela de Tábara, São Miguel Arcanjo.

Lembro perfeitamente desse dia e de todos os detalhes que o cercam.

Continuo a terapia, sinto que é uma forma de estar vivo.

1º de outubro de 1997

Alberto Caeiro:
"Sinto-me nascido a cada momento para a eterna novidade do mundo".

*"Pensar é não compreender,
pensar é estar doente dos olhos".
"Eu não tenho filosofia
tenho sentidos".
"Amar é a eterna inocência
e a única inocência não pensar".*

SÃO FÉLIX DO ARAGUAIA
2003-2011

1º de janeiro de 2003

Terminado o meu segundo período como Vicário Provincial, pedi para voltar à Prelazia e aqui estou de novo. Cheguei a São Félix do Araguaia no fim de dezembro. Hoje, acompanho pela TV, na casa de Maria José Souza Morais, a Zezé, advogada da CPT e nossa vizinha, a tomada de posse de Lula como presidente do Brasil.

Nos próximos anos minha preocupação maior será cuidar da Irmã Irene e de Pedro, os dois já idosos e sozinhos, serei o filho cuidando dos pais.

16 de fevereiro de 2003

Hoje, Pedro completou 75 anos e pediu logo a substituição como bispo. Sente-se limitado fisicamente.

Sabemos, por informações verazes, que o Vaticano tem problemas para a mudança, não quer repetir aqui o que aconteceu em Recife com a saída de Dom Hélder Câmara. Ele indicou para substituí-lo vários nomes, entre eles o meu.

Certamente os nomes indicados por ele serão ignorados.

23 de junho de 2004

Já faz um ano e meio que Pedro pediu a substituição e nada de mudança. Foram indicados vários nomes para substituí-lo, mas não toparam ou exigiram que Pedro saísse de São Félix do Araguaia. Ele vive toda esta situação com muita angústia.

Em todo este tempo nem uma palavra por parte do Vaticano de agradecimento ou apoio. Quanta falta de humanidade em nossa Igreja!

2 de fevereiro de 2005

Hoje, foi nomeado bispo de São Félix do Araguaia Dom Leonardo Ulrich Steiner, frade franciscano. As informações são positivas, é parente de Dom Paulo Evaristo Arns e tem manifestado grande admiração por Pedro. O esperamos com o coração aberto.

5 de maio de 2005

Dom Leonardo assumiu como bispo da Prelazia no dia 1º. Nos primeiros momentos vamos partilhando inquietudes, Pedro e os que fazemos parte da equipe vamos informando-o sobre a realidade da Prelazia.

Estou escrevendo vários contos a partir da realidade, talvez um dia os publique.

Leio mais uma vez nestes dias o livro de Juan Rulfo *Pedro Páramo e El Llano en Llamas*. Se publicar os contos já sei qual será o título: *Sertão em chamas*.

17 de novembro de 2008

Quando voltei à Prelazia em 2003, vinha sabendo que minha primeira missão era cuidar de duas pessoas muito especiais e que, na época, estavam sozinhas em São Félix do Araguaia, a Irmã Irene Franceschini e Pedro. A isso tenho me dedicado estes anos. Ao mesmo tempo, tenho animado a pastoral do regional de São Félix do Araguaia.

Com a chegada de Dom Leonardo, algumas coisas mudaram na Prelazia.

Foram criadas as paróquias e nomeados os párocos com todos os direitos e deveres que lhes confere o Direito Canônico. Antes, a responsabilidade pastoral estava a cargo das equipes pastorais, integradas por leigos, religiosas e padres. Cabia às equipes a animação pastoral de uma região e, nelas, havia sempre um padre que assumiu as tarefas específicas do ministério. As equipes continuam, mas agora o pároco tem poderes especiais que o cargo lhe confere.

Antes, a maior parte da equipe era formada por leigos e leigas. Agora os padres e freiras são maioria.

Na primeira fase da Prelazia, para se tornar agente de pastoral, era preciso fazer uma preparação. Nela eram apresentadas as opções e a linha desta Igreja, e quem concordava com as opções pastorais era admitido na equipe. Dessa forma, havia uma ação afinada e coesa. Agora, ao faltar agentes de pastoral, às vezes vêm padres de outras regiões do país para ajudar por um tempo determinado, mas que nem sempre estão afinados com esta Igreja, e há na atual equipe os que discordam do trabalho anterior, dizendo que "esta Igreja não fez pastoral, fez política". Isto gera confusão no povo.

Durante muitos anos a Prelazia não teve como prioridade organizar uma estrutura econômica própria. O dinheiro vinha de fora, havia muitas ajudas de instituições eclesiais e de amigos solidários. Tampouco a Prelazia se preocupou, salvo raras exceções, com a formação do clero local, porque vinham muitos agentes de fora. A nova realidade exigiu enfrentar estes problemas.

Dom Leonardo, nestes três anos, tem-se aberto aos desafios da região, assumiu compromissos concretos com os indígenas xavante, os

Direitos Humanos e a defesa do meio ambiente. O povo da Prelazia e o contato com Pedro têm sido para ele uma graça enorme, e assim ele o manifesta por onde passa.

Irmã Irene adoeceu e teve que voltar para São Paulo, onde faleceu aos 89 anos no dia 13 deste mês. Pedro, aos seus 80 anos, vai perdendo faculdades físicas, mas a lucidez permanece intacta. Nada o abala, com alegria diz: *"nunca vou reclamar do irmão Parkinson"*.

Durante vários anos, ao ficarmos só nós três nesta casa, formamos, no dizer do povo, a Santíssima Trindade: Pedro, o Pai, Irene, o Espírito materno, e eu, o filho. Fomos felizes, uma verdadeira família. Foi nesta época que escrevi o poema *"Esta Casa"*.

*Outros virão
e esta casa sendo a mesma será outra!
Haverá outros sorrisos
e outras serão as palavras revoando nela.*

*Fervilharão sonhos
como estes que agora aqui sonhamos?
A luz que nos iluminou arrebentou todas as cercas!
Terão outros esta luz que aqui nos habitou?*

*A casa não é a casa apenas,
são os que nela amam e nela tecem utopias.*

*Aqui ficarão para sempre os olhos lúcidos de Pedro
e sua palavra de profeta,
a teimosia de Irene e sua absoluta vontade de ser livre,
meu desejo de amar,
e o sangue dos mártires e a alma dos poetas.*

*Farol foi esta casa de adobe e barro,
por aqui passaram Presidentes e Sem Terra,
o pranto do povo
e a coragem dos que aboliram as fronteiras.*

*Outros virão,
e se tiverem puro o coração
talvez ecoe em seus olhos o ideal que nos iluminou,
o sonho maior que move as estrelas!
Nesta casa o amor fez sua morada!*

10 de junho de 2010

Ontem, fui escolhido para ser Vicário Provincial pelos próximos quatro anos. É a terceira vez, isso me exige voltar para Belo Horizonte a partir do próximo ano. Minha vida gira em torno de Belo Horizonte e São Félix do Araguaia, duas cidades que amo.

O grupo me escolheu numa votação tranquila, e eu interpreto esta escolha como a vontade de Deus para minha vida agora. Pedro não queria que fosse escolhido, mas não teve jeito. Eu coloquei duas condições para aceitar o cargo mais uma vez: que o Pe. Félix Valenzuela assumisse a economia do Vicariato, e o Pe. Paulinho me substituísse no cuidado de Pedro. Os dois aceitaram.

O segundo semestre deste ano vai ser para ouvir os irmãos, organizar as comunidades e preparar a saída da Prelazia.

2 de julho de 2010

Estou em Madri, cheguei hoje para o Capítulo Provincial que começará na segunda-feira em Salamanca.

Volto a Salamanca 48 anos depois daquele 29 de setembro de 1962, quando aqui cheguei pela primeira vez, com 11 anos. De Salamanca para Leganés, depois "El Escorial", Rio de Janeiro, Belo Horizonte e São Félix do Araguaia. Voltar às origens é voltar ao fundamento, à motivação primeira que era o amor a Deus entregando a vida no seguimento de Jesus. Os pobres sempre me sensibilizaram como opção e compromisso.

Estarão comigo no Capítulo Provincial Luiz Augusto de Mattos e José Maurício da Silva, frades agostinianos brasileiros, representando nosso Vicariato.

Vou aproveitar a vinda para passar duas semanas com a família.

7 de julho de 2010

Começou o Capítulo Provincial em Salamanca. Tudo me fala da minha adolescência e, percorrendo os lugares, me vejo menino iniciando uma longa caminhada.

Recebo a notícia de que o Pe. Santiago Baños, amigo e companheiro de caminhada em Belo Horizonte, está com um câncer no esôfago em estado avançado; nem sei como reagir, ele está este mês com a família em León. Quero visitá-lo nestes dias junto com Luiz Augusto e José Maurício.

A realidade da Igreja na Europa é muito diferente do que vivemos na América Latina.

O novo Provincial é Miguel Angel Orcasitas. No discurso de posse deixou claras sua visão e sua posição. Europa, em grande parte, é uma sociedade marcada pela cultura hedonista, materialista e ateia. Ser profeta aqui exige atitudes diferentes do que na América Latina.

17 de julho de 2010

Minha missão como Vicário Provincial:
- Estar próximo de cada irmão, animá-lo no seu processo, ser amigo e cuidar com carinho do Vicariato como um todo.
- Sarar algumas feridas do grupo.
- Crescer no sentido de pertença, somos família.
- Levar o grupo a um compromisso maior com os pobres e abrir-se às grandes causas da humanidade.
- Fazer o possível para que alguns irmãos cresçam em coerência e superem dicotomias.
- Fomentar uma espiritualidade encarnada que sustente a vida diária e dê força nos fracassos.

4 de agosto de 2010

Cheguei a São Félix do Araguaia.

Após o Capítulo Provincial, entrei em depressão sem um motivo consciente ou, talvez, seja cansaço. A situação do Pe. Santiago me abalou, o fato é que fui ao fundo do poço, e a família ficou preocupada. Começo a ser eu de novo, mas vou aproveitar o próximo ano em Belo Horizonte para trabalhar melhor meus medos e inseguranças, vou fazer uma boa terapia.

Em São Félix do Araguaia o povo da comunidade fica preocupado com a minha saída, e a pergunta é sempre a mesma: e Pedro como fica? Quem vai cuidar dele? É gratificante constatar que a comunidade percebe que sou a pessoa mais próxima do Pedro.

12 de agosto de 2010

Penso, frequentemente, na mudança que farei, no fim do ano, voltando a Belo Horizonte depois de oito anos em São Félix do Araguaia.

Mas esta passagem não é apenas de lugar, algo se move dentro de mim, e sei que esta mudança abrange dimensões profundas da minha vida. Entro na década dos 60 anos, simbolicamente o tempo da serenidade, da liberdade interior, da lucidez, sem me perder em inquietações menores e, ao mesmo tempo, a experiência da limitação física, coisa que nunca vivenciei, porque sempre tive boa saúde.

Algo novo se anuncia com a mudança de lugar e com as novas responsabilidades que assumo.

27 de agosto de 2010

Estou viajando de voadeira com Manu, piloto da embarcação e amigo, indo de Santa Terezinha para São Félix do Araguaia. São dez da manhã e o rio está sereno, suas praias enormes convidam ao descanso do corpo e da alma; ao longe, a triste realidade das queimadas no meio da mata. Fui a Santa Terezinha para conversar com o Pe. Dionísio do Carmo e saber o que pensa para os próximos anos, agora é o tempo da escuta. Vou ficar dois dias em Luciara para ajudar nos festejos da cidade.

Na Ilha do Bananal há focos de incêndio e fumaça, há, porém, ipês amarelos que resistem.

28 de setembro de 2010

Estou no hospital São Pio X em Ceres. Vim com Pedro fazer a revisão da sua saúde. O amigo Itamar, de Goiânia, nos recolheu de carro em Gurupi e nos trouxe até Ceres. Hoje cedo Pedro teve uma queda brusca de pressão e nos deu um susto. O doutor Antônio, que é quem o acompanha há anos, me disse que numa dessas crises pode morrer.

São três da tarde e Pedro começa a falar: *"A fé é uma escuridão, não há certezas. Quem é Deus? O que é a revelação?"*.

Incapacitado já para a leitura, todos seus membros vão aos poucos definhando: olhos, ouvidos, paralisia por causa do Parkinson. Ele brinca: *"restará olhar para as estrelas"*.

Dias atrás, ao voltar de uma viagem, sentei ao seu lado e me confidenciou que está preocupado com o rumo que as coisas vão tomando na Prelazia e me disse: *"li que os elefantes, quando estão prestes a morrer, se afastam da manada e ficam sozinhos"*. Não estou entendendo nada, disse eu ironicamente, que metáfora é essa? E pela primeira vez falou da possibilidade de sair de São Félix do Araguaia e ir para outro lugar se for ficando mais limitado. Minha saída para assumir o cargo de Vicário Provincial também o abala. Depois do que aconteceu hoje, vou falar com o doutor Antônio para vermos o que se pode fazer de agora em diante.

29 de setembro de 2010

Festa de São Miguel Arcanjo e festa em Moreruela de Tábara, onde vivi minha infância. Continuo com Pedro no hospital. Nos exames aparecem três problemas graves:
- O Parkinson e suas consequências.
- Próstata aumentada com a consequente retenção da urina.
- Coração fraco, o que gera essas quedas abruptas de pressão.

Hoje conversamos o doutor Antônio, Dom Eugênio, bispo de Goiás e eu, para avaliar o quadro da saúde de Pedro. Está claro que nestas circunstâncias não é aconselhável voltar para São Félix do Araguaia.

30 de setembro de 2010

Hoje, às nove horas, no horário da Espanha, nasceu Genís, filho da minha sobrinha Irene e de Miquel. Falei com minha irmã e minha mãe, estão felizes, é o primeiro neto e o primeiro bisneto. O mundo se renova!

2 de outubro de 2010

Levo cinco dias no hospital São Pio X em Ceres cuidando de Pedro; ele está bastante debilitado e dependente, precisa de ajuda para tomar banho e se alimentar. Muito tempo no hospital torna-se cansativo, aqui, porém, é um espaço familiar, o doutor Antônio é um homem formidável.

Hoje chegou Maritxu Ayuso da Espanha e vai me ajudar no cuidado de Pedro.

Nos tempos livres leio *Uma mujer dicifil*, de Jonh Erwin, muitos romances dentro do romance. Maravilhoso!

Aos poucos vou conhecendo pessoas de Ceres e criando relações fraternas e cultivando a amizade. Sei que, agora, o que tenho que fazer é isto, cuidar de Pedro. Quando 35 anos atrás intuí que meu lugar era viver em São Félix do Araguaia, não imaginava que acabaria sendo o filho mais velho de Pedro, e teria o privilégio de cuidar dele na velhice, não o sabia, mas o inconsciente já o adivinhava.

21 de outubro de 2010

Estou lendo *El fator humano*, de Johs Carlin, sobre Mandela.

Mágico, alma grande, o perdão redime, visão política extraordinária, não é fácil estender a mão ao inimigo, libertar do ressentimento aos negros e do medo aos brancos. Linda a frase: *"a minha força é a força de dez porque meu coração é puro"*. Leio o livro agora que vou assumir, pela terceira vez, a coordenação do Vicariato dos agostinianos, e há também entre nós medos e desconfianças. Intuo que meu papel é criar pontes, fazer gestos concretos que dissipem os medos e libertem a todos.

13 de novembro de 2010

Devia viajar hoje para Roma, para o encontro da Cúria-Geral com os novos Vicários e Provinciais. Mas uma depressão nos últimos quinze dias me fez desistir da viagem. Vou me refazendo com medicação e terapia.

Na segunda-feira completarei 60 anos de vida e 35 de padre. Avalio a caminhada: valeu a pena, me encontrei com meu destino, vivo feliz minha vocação; renúncias houve, feridas há, mas estão curadas.

Neste ano tenho me defrontado com as minhas debilidades psíquicas. Em julho, nas férias, começou uma depressão que depois passou e, agora, voltou. A saída da Prelazia, ter que deixar Pedro neste momento em que ele está muito fragilizado fisicamente, a volta para Belo Horizonte, são fatores que mexem comigo. Vou investir no meu autoconhecimento e aprender a lidar melhor com meus limites.

14 de novembro de 2010

Intuo que esta crise de depressão abre em mim a possibilidade do novo, é um parto. Estou vivendo a graça de poder reler em profundidade minha história: as rupturas e a entrega sempre generosa. Agora vislumbro que esta dor é uma bênção. A terapia, a medicação e a fé serão instrumentos para reencontrar, de novo, a alegria de viver.

Aos 60 anos algo novo se anuncia!

26 de dezembro de 2010

Estou no ônibus, saindo de São Félix do Araguaia, a caminho de Belo Horizonte. Se fecha mais uma etapa, novos caminhos pela frente e novos desafios. Há meses venho trabalhando interiormente a saída, as perdas e os ganhos. São Félix do Araguaia marcou definitivamente minha vida, é parte da minha história. A despedida de Pedro foi serena de ambas as partes; a despedida da comunidade na missa de ontem na Catedral foi marcada pela emoção.

BELO HORIZONTE
2011-2018

30 de dezembro de 2010

Estou em Dois Córregos, SP, para participar da missa de sétimo dia do pai de Frei André Ricardo Zago. No próximo ano tinha programado visitar as famílias dos três religiosos desta cidade (Márcio, Paulo Fernando e André), mas adiantei a visita por causa da morte do pai de André. O contato com as famílias dos religiosos é fundamental para construímos laços de verdadeira fraternidade e compreender melhor o religioso, fruto dessa família. Agradeceram muito minha presença entre eles; espero poder fazer isto com as famílias de todos os irmãos.

Passei a manhã em Ventania na casa da família de Frei Márcio Vidal. A manhã estava exuberante, o sol brilhava num céu limpo, o vento leve balançava as folhas dos eucaliptos, entrei na capela e rezei. Abri a Bíblia e saiu o capítulo 6 de Isaías, onde se narra a sua vocação.

Lembrei da minha.

Na parte da tarde visitei a chácara do pai de Frei Paulo Fernando, foi um dia completo.

3 de janeiro de 2011

Ontem, domingo, passei a tarde com amigos queridos: William Castilho e Maninha. Estava também Raquel Rigotto. William e Maninha têm uma casa no retiro do Chalé, lugar paradisíaco perto de Belo Horizonte, no meio da serra.

Lembramos nossos tempos de juventude. Morávamos todos na região industrial de Belo Horizonte e entramos na luta do povo pela redemocratização, fazendo parte dos movimentos sociais. Foi para Raquel Rigotto e Eduardo Mourão que escrevi o *Poema de Amor num tempo de opressão e de guerra*, e que eles leram como compromisso de amor num ritual próprio, celebrado na casa de William e Maninha no bairro Eldorado.

Nos encontrar 30 anos depois, e partilhar nossas vidas tão ricas e profundas, percorridas por caminhos tão diversos, foi uma viagem no tempo. Raquel agora se aproximou do budismo e compartilhou conosco sua experiência integradora e luminosa: os contrários se integram e se encontram. Menos dramática que nossa visão ocidental da cruz, no budismo tudo precisa de tudo: a noite e o dia, a dor e o prazer, o sonho e o tédio, harmonizar tudo, esse é o segredo da felicidade.

Reavaliamos nossa militância política e constatamos que tivemos o privilégio de fazer parte de uma geração que teve sonhos e utopias, ideais pelos quais arriscar-se, e isso foi algo que marcou definitivamente nossas vidas. Hoje o momento é outro, e precisamos ir fundo na alma do povo e em nossa própria alma.

Experimentar a amizade madura revela Deus, é presença do divino em nós.

Estou terminando de ler *El sueño del Celta*, de Mario Vargas Llosa, magnífico.

Vou retomar a terapia com o doutor Norton Caldeira.

6 de janeiro de 2011

Hoje é o aniversário de minha irmã, 57 anos. Falei com ela e com a mãe. Minha mãe lembra que, como ela nasceu no dia dos Santos Reis, e na Espanha quem traz os presentes de Natal são os Reis Magos, eu disse que os Reis me tinham trazido de presente uma irmã de verdade. Afirma também que o dia 6 de janeiro de 1954 foi uma quarta-feira, e que o dia 14 de novembro de 1950 (nasci de fato no 14 ao anoitecer, mas meu pai me registou no 15) era uma terça-feira.

Minha irmã me segredou que cito pouco o nome dela nos meus poemas quando falo da infância. É certo, talvez seja porque éramos iguais, não havia entre nós distâncias, ao falar de mim falo dos dois.

Estavam todos juntos em casa: filhos, o neto Genís, bisneto da minha mãe... "*só faltou você, disse minha mãe*".

Continuo com a terapia, nela descubro que preciso trabalhar a nova fase da minha vida que se abre com os 60 anos. Sinto medo de adoecer, de limitar-me fisicamente. É outra forma de lidar com as perdas, o fato é que tenho que aprender a viver sadiamente a nova experiência que é envelhecer.

24 de janeiro de 2011

Terminei a releitura do livro de Pagola *Jesus, aproximação histórica*. Que maravilha! Creio em Jesus como revelador de Deus. Deus é assim, como Jesus foi. Alimentar esta fé me traz alegria e confiança, me situa de forma nova diante da vida e do mistério da morte, logo agora que acompanho, emocionado e próximo, a fase terminal do amigo e irmão Santiago Baños.

Minha cruz nesta nova fase é saber lidar sem angústia com a depressão, poder dizer como Pedro diz do Parkinson, "o irmão Parknison", eu afirmar "irmã depressão".

Ao terminar o livro de Pagola sobre o Jesus Histórico, tenho mais clareza sobre mim mesmo e meu processo humano. Ao final de contas, comprometi minha vida no Seguimento de Jesus, viver como Ele viveu, amar como Ele amou.

4 de fevereiro de 2011

Estou em Bogotá, terminou hoje a Assembleia da OALA (Organização dos Agostinianos na América Latina); veio comigo Frei Paulo Fernando.

No Assembleia me encontrei com velhos amigos. O ambiente da Assembleia foi fraterno, a Província da Colômbia brilhou na organização e acolhida e foi eleito como Secretário-Geral o Irmão Victor Lozano de Iquitos.

Sem tensões, a OALA está hoje sintonizada com a linha geral da Igreja, o discurso é de profetismo, mas na realidade não há gestos proféticos, talvez a missão em Cuba seja o novo.

Visitamos a Catedral de Sal, monumento grandioso.

Há muitas vocações na Colômbia, mas na linha tradicional de Igreja.

No dia 29 de janeiro, vindo para a Assembleia, recebi, ao chegar em Bogotá, a notícia da morte de Santiago Baños, irmão e amigo. Recebi também um *e-mail* de Frei Betto agradecendo o livro que lhe enviei, *Incerta Travessia*, tecendo rasgados elogios aos meus poemas. Dito por Frei Betto (modéstia incluída, como brinca Pedro), me enche de orgulho.

10 de março de 2011

Depois de vários meses de depressão que me levou a entrar em profundidade no meu passado, volto agora a sentir a alegria e a paz interior.

Terapia, medicação, acompanhado pelo doutor Norton Caldeira, e oração pessoal me restituíram a luz na alma. Renasço mais livre e capacitado para entender os mistérios da alma humana.

17 de março de 2011

Estou no aeroporto de Congonhas a caminho de Brasília para a reunião da CRB Nacional (Conferência dos Religiosos do Brasil). São seis horas da manhã e espero a hora da saída lendo o livro IX das Confissões de Santo Agostinho, recolhendo material para escrever os poemas para *Confissões, um Poema Musical*, que o músico e violonista Geraldo Vianna está compondo. Ele me pediu para escrever a letra a partir das Confissões de Santo Agostinho.

Nos últimos dias visitei o teologado em Diadema.

29 de março de 2011

Participei hoje de uma palestra do Pe. João Batista Libânio no colégio Santo Agostinho de Contagem. O tema foi: "*Valores*". Ele enfatizou o que é valor: beleza, verdade, bem, amor, alegria. Na verdade, é o que nos torna humanos. Excelente orador, ouvi-lo é sempre um prazer.

12 de abril de 2011

Terminei de ler o livro *Conversa sobre a fé e a ciência*, de Frei Betto e Marcelo Gleiser com Waldemar Falcão. Uma maravilha o diálogo, pela sua abertura e criatividade, novos caminhos, novos desafios, somos um grão de areia neste universo maravilhoso! E ao mesmo tempo somos únicos, divinos!

23 de abril de 2011

Estou em Luciara desde quarta-feira, vim para ajudar nas celebrações da Semana Santa a Zecão e Rita, casal amigo de longa data e membro da equipe pastoral da Prelazia. Eles têm três filhos maravilhosos, um menino e duas meninas: Mateus Terra, Dandara Terra e Nayara Terra.

Hoje Zecão e eu fomos celebrar a missa na comunidade São Bento. Chegamos às quatro da tarde, hora marcada para a celebração e encontramos todos dormindo após passar a noite na farra, na pinga e no forró. A líder da comunidade disse que rezaram durante a quarta, quinta e Sexta-Feira Santa até meia-noite, mas que, no sábado de aleluia, caíram na farra. A vida neste sertão é dura, hoje eu não teria estrutura para viver sozinho nesta solidão medonha; a equipe foi a solução para não abdicar dos sonhos. Zecão me diz que ele tampouco teria estrutura para morar sozinho, a família o salva e o estabiliza.

Maikon, jovem de 18 anos, mora na comunidade e tem problemas de epilepsia, numa das crises bateu na irmã e, com medo de apanhar, se escondeu na casa de uma família da comunidade. O trouxemos para Luciara, penso que fomos lá para celebrar uma missa que não aconteceu, mas fizemos o mais importante, evitamos uma tragédia trazendo Maikon.

18 de maio de 2011

Reunião de formadores sobre a Espiritualidade Agostiniana: Interioridade, vida comunitária, serviço ao povo.

30 de maio de 2011

Estou na rodoviária de São Paulo de volta a Belo Horizonte. Passei pelas comunidades de Bragança Paulista e de Diadema e, hoje, participei da defesa da tese de doutorado de Frei Arthur Vianna, frade de nosso Vicariato, na PUC de São Paulo. Arthur é brilhante.

5 de julho de 2011

Neste mês os seminaristas estão de férias com suas famílias e aproveito para ler dois livros: *Momentos estelares de la Humanidad* e *A arte de ser leve*, de Leila Ferreira. Leila me entrevistou anos atrás no programa que ela tinha na Rede Minas. A amiga Dorinha entregou para ela o livro de poemas *Memorial do Corpo*, e Leila me chamou. Era para ser uma entrevista de 15 minutos e acabou sendo uma hora. Partilhei minhas experiências e a entrevista teve grande repercussão.

Refletindo estes dias, me defino como um homem religioso, no sentido maior, místico e poeta. Deus como sentido último da minha vida. Sempre vi com clareza que a felicidade está em lutar para transformar este mundo, ter causas pelas quais viver e morrer.

9 de julho de 2011

Estou participando do encontro vocacional em Bragança Paulista. São 25 jovens com sonhos e inquietudes. Aproveitei a estadia em Bragança Paulista e fui visitar a irmã de Frei Luiz Augusto, Telma, que está na fase terminal de um câncer, num hospital de Campinas.

18 de julho de 2011

Acabo de chegar a Belo Horizonte vindo da Romaria dos Mártires em Ribeirão Cascalheira. Participaram mais de cinco mil pessoas e lá pude rever muitos amigos e amigas da caminhada. Destaco o testemunho de Pedro no fim da missa: *"Esta é, provavelmente, minha última romaria aqui"*, destaco três coisas que ele disse:

– *Não esqueçam nunca os pobres, e os pobres têm nome e rosto, os peões, os sem terra, os povos indígenas, o meio ambiente, os Direitos Humanos, a mulher marginalizada. Vivam uma espiritualidade que alimente o compromisso com estas causas.*
– *Mantenham viva a memória dos Mártires, testemunhas da Testemunha Fiel, Jesus.*
– *Mantenham viva a esperança, somos o povo da esperança.*

Participei de muitas conversas sobre o futuro bispo da Prelazia, dado que Leonardo saiu para assumir a Secretaria-Geral da CNBB.

20 de julho de 2011

Terminei de ler nesta tarde o livro de Leila Ferreira, *A Arte de ser Leve*. Extremamente leve e lúcido, veio ao meu encontro não por acaso, nada de fato acontece por acaso. Li num momento da minha vida em que me deparo com algo que nunca tinha vivenciado, a depressão, e ela no livro narra que, há trinta anos, se trata da depressão e da síndrome do pânico.

22 de julho de 2011

Na caminhada diária de 50 minutos pensava, hoje, sobre aqueles que considero amigos, um amigo é a outra metade de nossa alma, cito de cor os que espontaneamente me vieram à cabeça: Pedro, Félix, Paulinho, Raquel, Cascão, Fernanda, Chico dos Bonecos, William Castilho, Maninha, José Maria Concepción, Mari Pepa, Eduardo Mourão, Joan e Maritxu. Como Pedro diz num dos seus poemas, "meu coração está cheio de nomes".

29 de julho de 2011

Estou em Limoeiro, perto de Recife; vim visitar a família do seminarista Renato de Freitas, aproveitando que vim ao Nordeste para participar do encontro vocacional do Vicariato. Povo alegre o nordestino, acolhedor e muito esperto. O encontro vocacional será em Carpina.

13 de agosto de 2011

Retiro espiritual com os seminaristas no Cenáculo em Belo Horizonte.

Revejo a minha história, fiz as escolhas certas.

Encontro com Jesus de Nazaré: conhecer suas opções para torná-las minha opção.

Para fazer a experiência de Deus que Jesus fez, é necessário entrar em contato com a realidade da exclusão, no encontro com o pobre fazemos a experiência do encontro com o Deus de Jesus.

A Igreja oficial cada vez está mais preocupada com a sua realidade interna (ritos, culto, normas, Direito Canônico) e menos com a realidade do mundo.

14 de setembro de 2011

Estou em Salt, de férias, e hoje é o aniversário da minha mãe, 86 anos. Mesmo estando razoavelmente bem, vai decaindo visivelmente. Minha irmã e meu cunhado cuidam dela de forma exemplar, isso me deixa mais tranquilo.

Tempo este para conviver mais com os sobrinhos e a família. Vou superando a depressão, lido melhor com ela porque agora a conheço melhor e não caio nas suas armadilhas.

21 de setembro de 2011

No dia 18 fizemos o batizado do sobrinho neto Genís. No dia 17 estive em Pals com o Grupo Araguaia e viajei a Barcelona para encontrar-me com Francesc Escribano e o grupo que está fazendo o roteiro do filme sobre Pedro, *Descalço sobre a Terra Vermelha*. Conheci o mundo fantástico de como se faz um filme, pude ajudar com o fornecimento de dados e outras informações que me foram pedidas.

Leio, de Javier Cercas, *Anatomia de um Instante*, sobre frustrado golpe de Estado acontecido na Espanha no dia 23 de fevereiro de 1981, também conhecido como 23 F.

Maravilhoso o livro.

29 de setembro de 2011

Hoje se completam 49 anos da minha ida para o seminário. Quem diria a mim que 49 anos depois eu estaria no Brasil depois de rodar o mundo! Só gratidão pela escolha.

10 de novembro de 2011

Estou no aeroporto de Belo Horizonte a caminho de Brasília e rumo a São Félix do Araguaia. Viajo com Francesc Escribano e Eduard Fernandez, que fará o papel de Pedro no filme *Descalço sobre a Terra Vermelha*. Vamos para ultimar detalhes sobre o filme; Eduard é um grande ator catalão.

Leio em espanhol *Relatos de um peregrino russo*, de grande profundidade espiritual.

"A religião, a relação com Deus se for por medo nos torna escravos. Se for por interesse nos torna mercenários. Só a relação gratuita e filial é que nos torna livres".

12 de novembro de 2011

Pedro e eu conversamos hoje sobre o futuro desta casa onde ele mora e onde nós, agostinianos, moramos com ele. Falamos também sobre o futuro da Prelazia, sobre o novo bispo que em breve deve ser nomeado, sobre nossa permanência na Prelazia.

À noite, celebrei a missa na capela da Vila Alta, na Vila dos pescadores.

24 de dezembro de 2011

São muitas as vivências deste ano que termina.

Aprendi a lidar melhor com a depressão e seus sintomas. Tenho sido feliz na coordenação do Vicariato, gostei de acompanhar os jovens no período da filosofia, e na paróquia com o povo do Barreiro de Cima, só alegria.

Ter escrito neste ano as letras de *Confissões, um poema musical* foi algo diferente em minha vida e me possibilitou conhecer gente maravilhosa do mundo da música.

Conseguimos um encontro com Gilberto Carvalho, ministro de Lula, e Paulo Maldos, para mostrar-lhes o projeto do filme. Fomos Francesc Escribano, Eduard e eu. Esperamos começar a gravação em São Félix do Araguaia em 2012. A estrutura para gravar o filme é enorme, parece uma loucura, mas esse filme só pode ser gravado em São Félix do Araguaia.

1º de janeiro de 2012

Chove torrencialmente neste primeiro de janeiro em Belo Horizonte, e leio *El império eres tu*, de Javier Moro sobre Dom Pedro I.

Propósitos sempre se fazem ao começar o ano, eu quero ir mais fundo em minha alma, ser um bom irmão de comunidade, aproximar--me mais do povo do bairro e dos seminaristas, e desabrochar em humanidade.

7 de fevereiro de 2012

Crônica de um dia normal:

Celebrei a missa na matriz as 6h30 e, depois das 7 horas até as 8, fiz caminhada no Parque das Águas, participando da Academia da Cidades. Participo três vezes por semana, é ótimo, me relaciono com muitas pessoas da comunidade e do bairro.

Às nove horas despachei com Marisa na secretaria do Vicariato e, às 10, tive uma entrevista com Dom Walmor, arcebispo de Belo Horizonte, para apresentar-lhe o Pe. Zezão, da Prelazia de São Félix do Araguaia, e que este ano morará conosco na Fraternidade enquanto termina seus estudos de pedagogia.

De 11 horas até meio-dia tive reunião com a comunidade do colégio para tratar da economia, depois almoçamos juntos e, após a "siesta", Frei Eustáquio, Frei Alberto e eu conversamos com dois seminaristas, orientando-os no seu processo. As 17h30 celebramos a missa em casa e depois do jantar fiz a caminhada até as 20 horas. Vi as notícias no jornal, li mais um capítulo do *Quijote*, respondi alguns *e-mails*, fiz a oração da noite e me deitei tranquilo.

Mais um dia na vida!

10 de fevereiro de 2012

Hoje atendi na Igreja na parte da manhã.

Uma mulher separada e que se casou pela segunda vez me perguntou se pode ou não pode comungar. Foi uma conversa longa, libertadora para ela.

Sei muito bem, por experiência, que nunca se deve dizer a alguém que pede orientação o que deve fazer ou não fazer. Essa é uma decisão pessoal dela. Cabe a mim apresentar cenários possíveis e, entre eles, ela fazer suas opções. Voltar ao primeiro casamento não é mais possível, ele já tem outra família, disse ela. Deixar a atual relação seria absurdo, dado que vivem há anos felizes. A pergunta então é: o que você pode fazer de melhor daqui para frente? O que Deus quer de você é agir da melhor forma possível daqui em diante. A resposta foi clara: continuar vivendo o amor e a fidelidade com o atual companheiro. Seria maravilhoso se tivesse dado certo o primeiro casamento, mas não deu. O que Deus pede dela é viver, daqui em diante, o projeto de vida que a torna feliz. E o Deus de amor e misericórdia, a quem a Igreja serve, não pode oferecer apenas a condenação como única saída a um casal que vive a fidelidade numa segunda relação.

Pastoralmente é necessário partir da realidade e não da lei. Aprendi isso estudando a teologia moral do Pe. Bernard Hering. A partir da situação existencial de cada pessoa, se propõe um caminho de crescimento humano e espiritual. Assim agiu Jesus, partia da realidade da vida das pessoas e não da lei e, no encontro com Ele, oferecia um novo caminho de salvação.

Depois me procurou uma mulher cuja história me impressionou. Sonhou em ser mãe, conseguiu engravidar e, por um erro médico, perdeu a criança e entrou numa depressão profunda. "Aliviar os fardos pesados dos ombros do povo", essa é minha missão também. Orientei-a para fazer terapia com Andreia, psicóloga que presta esse serviço gratuitamente na comunidade.

Fui ao hospital Júlia Kubitschek atender um doente e, depois do almoço, dediquei a tarde a conversar com os seminaristas neste início do ano. Chico dos Bonecos, amigo da primeira hora, me pede uma ajuda, sua filha Janaina ganhou uma bolsa e irá para Barcelona. Conheço alguém lá para ajudá-la no começo? Conheço. Minha sobrinha Anna mora lá, as coloquei em contato.

Tião do CIMI me pede ajuda econômica para o trabalho indigenista e Tio Maurício quer que lhe empreste os livros de Ernesto Cardenal.

Estou lendo pela terceira vez *El Quijote*... Meu pai adorava o livro, eu fico impressionado como um escritor pode ter tido capacidade de narrar a história da humanidade num só romance.

14 de fevereiro de 2012

Tivemos a reunião com as duas comunidades do Rio de Janeiro sobre o planejamento econômico deste ano, e aproveitamos Frei Zezinho, Frei Emerson e eu para conhecer Paquetá. Belíssima a baía da Guanabara desde o barco; a tarde estava linda e o pôr do sol oferecia um espetáculo deslumbrante.

22 de fevereiro de 2012

Estou em Itaici participando do seminário da CRB (Conferência dos Religiosos do Brasil). O tema: "*A loucura que Deus escolheu para confundir o mundo*".

Volto a Itaici 20 anos depois do retiro espiritual de um mês onde defini minha vida, Itaici me marcou definitivamente, para mim é um lugar teológico.

6 de abril de 2012

Sexta-feira Santa em Luciara, mais uma vez vivo a Semana Santa na casa de Zecão e Rita. Hoje cedo saímos a caminhar pela beira do Araguaia, o sol era esplêndido, a manhã irradiava luz e encanto, uma beleza paradisíaca.

A participação nas celebrações está sendo muito positiva. À noite em casa, conversa amiga sobre a vida na cidade, a política, a juventude.

Gosto de vir a Luciara.

8 de abril de 2012

Como já é tradição, celebramos a missa de Páscoa ao nascer do sol à beira do rio Araguaia. Uma lua enorme vai dando passagem ao sol que se insinua atrás da Ilha do Bananal, os pássaros acordam, toda a natureza desperta, o rio cheio e o povo chegando para a celebração da missa, cada um traz algo para partilhar depois no café comunitário. Eu disse ao contemplar tanta beleza: *"o papa pode celebrar a Páscoa na basílica de São Pedro, nós aqui temos o privilégio de celebrá-la nesta basílica esplêndida, infinitamente mais bela que qualquer obra feita por mãos humanas"*.

Volto para Belo Horizonte revigorado. Vida nova nos pede o apóstolo Paulo nas suas cartas.

18 de abril de 2012

Estou na rodoviária do Tietê esperando a saída do ônibus das 22 horas para Belo Horizonte. Visitei o noviciado em Bragança Paulista e o teologado em Diadema. Bons diálogos, boas reflexões.

A rodoviária a esta hora está serena e as pessoas caminham carregando malas e mochilas. Aeroportos e rodoviárias falam do provisório, estamos a caminho, nada definitivo.

Estou lendo *O museu da Inocência*, de Parmuk, e estou adorando.

Em Bragança Paulista está em andamento a criação da escola Santo Agostinho, obra social para atender às crianças carentes da região.

8 de junho de 2012

Estou participando, mais uma vez, do encontro vocacional. São 28 jovens inquietos, alegres, transmitem esperança.

Ontem fomos à missa do Corpus Christi. Vi casulas brilhantes, padres tristes, incenso abundante, multidão de coroinhas com roupas vermelhas e um exército em ordem de batalha desfilando com insígnias medievais e marchas militares, os Arautos do Evangelho. Não consegui ver Jesus caminhando a pé pelas estradas da Galileia no meio daquele espetáculo.

Na semana passada participei de um seminário sobre o Vaticano II, organizado pela FAJE, o ISTA e a PUC. É urgente voltar às fontes conciliares.

9 de junho de 2012

Retomar sempre a Bíblia! A importância da Palavra Sagrada: o que ela diz, o que ela me diz agora, o que ela me faz dizer ao povo, essa deve ser a estrutura de uma boa homilia.

14 de junho de 2012

Faz sol nesta manhã de junho em Belo Horizonte, um sol irresistivelmente belo povoa de luz o jardim e a alma. Ouço Villa-Lobos nas *Bachianas Brasileiras*. Retomei a leitura do *Museu da Inocência*.

No Vicariato vários irmãos com problemas de saúde. Hoje sai o resultado do linfoma de Paulinho. Luiz Augusto preocupado com a cirurgia do coração, Paulo Fernando pensa em fazer redução de estômago, Walter na radioterapia, e Luciano e José Maria fazendo uma revisão geral com a doutora Denise França.

A vida no seu dia a dia!

20 de junho de 2012

O semestre caminha para o fim, tenho conversas individuais com cada seminarista para avaliar seu planejamento de vida. Na próxima semana teremos a assembleia especial do Vicariato para encaminhar a Análise Institucional com Frederico e Marcio Horta.

Oriol, diretor do filme *Descalço sobre a terra vermelha*, me enviou um *e-mail* pedindo para acompanhá-lo nas filmagens em São Félix do Araguaia. Bem que gostaria de estar lá, mas será impossível, no mês de julho estarei na Espanha.

21 de junho de 2012

Estou emocionado ao terminar de ler *O museu da inocência*. A paixão que vira amor. O desfecho não podia ser outro. Grande romance sobre Turquia, Istambul, museus e colecionadores. O prazer de ler um bom romance é privilégio de poucos!

29 de junho de 2012

Participei hoje, na Câmara Municipal do Rio de Janeiro, da entrega do título de cidadão honorário do Rio de Janeiro ao Pe. Luciano Nuñez. Estava exultante, pessoas atendidas pela obra social marcaram presença, título mais do que merecido pelo seu testemunho de vida no serviço aos excluídos e aos moradores de rua.

Possivelmente ele volte para Espanha por problemas de saúde.

3 de julho de 2012

Estou no aeroporto do Rio de Janeiro, viajando para o Capítulo Intermédio da Província. Me acompanham Frei Luciano Nuñez, em cadeira de rodas, e Frei Paulo Fernando, que vai participar também do Capítulo.

Hoje Frei Luiz Augusto de Mattos fez a cirurgia do coração, correu tudo bem.

Devo pegar depois alguns dias de férias com a família.

18 de julho de 2012

Estou com a família de férias. Minha mãe cada vez mais limitada pela idade e, na outra ponta da vida, o sobrinho-neto Genís começando a dar os primeiros passos, entre os dois estou eu.

Férias são convivência familiar, leitura, passeios, nada de obrigações. Leio *La muerte de Artemio Cruz*, de Carlos Fuentes. Narrativa vigorosa, contundente, desafiadora.

21 de julho de 2012

Leio, de Tamayo, *Invitación a la utopia*. Voltando para Brasil, tenho vários desafios para o segundo semestre: definir nossa relação com o Vicariato de Bolívia, preparar o livro sobre os 80 anos do Pe. Félix Valenzuela, conversar com cada religioso, ajudar no discernimento vocacional dos seminaristas, e me engajar na campanha do amigo Patrus Ananias para a prefeitura de Belo Horizonte.

8 de agosto de 2012

Estou no aeroporto de Barcelona voltando para o Brasil. Durante as férias conseguimos conversar muito minha irmã e meu cunhado Josep Pascual sobre a situação da mãe. Vai perdendo as faculdades, mas se mantém serena e bem-humorada.

Genís, o filho de minha sobrinha Irene e de Miquel, com dois anos, é a alegria da casa. Os sobrinhos buscando seu caminho na vida, e minha irmã e cunhado, de olho na aposentadoria, a vida vai passando. Os jovens sem trabalho, e os velhos querendo deixar o trabalho. Formamos uma família maravilhosa!

30 de setembro de 2013

Terminou o Capítulo Geral da Ordem de Santo Agostinho. Foi eleito Geral da Ordem Frei Alejandro Antón.

O Papa Francisco, num dos dias do Capítulo, celebrou conosco a Eucaristia. No final da missa, ele se dispôs a conversar pessoalmente com cada um dos capitulares, o que nos encheu de gratidão e alegria. Homem próximo, amigo, simples, cativou a todos pela sua simpatia. Quando chegou a minha vez de cumprimentá-lo lhe disse que morava em São Félix do Araguaia, com Pedro Casaldáliga. Ele me disse textualmente: *"digale que lo admiro mucho"*.

Pensei: como o mundo e a Igreja dão voltas! Com o Papa João Paulo II Pedro teve problemas sérios, para Francisco é motivo de admiração e respeito.

Dois papas muitos distintos, uma só Igreja!

20 de novembro de 2013

Frei Betto, muito atento e delicado, me envia sempre seus novos livros. Recebi agora *O que a vida me ensinou*. Lendo-o me sinto identificado em muitas passagens. Frei Betto carrega em si uma bagagem extraordinária de vida: compromisso, espiritualidade, arte e beleza, humanidade em estado puro.

26 de setembro de 2014

Estou em Itaici para fazer, mais uma vez, o retiro inaciano. Desta vez o orientador é o Pe. Rainieri. Itaici marcou definitivamente minha vida. Vinte e quatro anos atrás fiz aqui o retiro de um mês, nele confirmei e reafirmei o rumo da minha caminhada ao fazer as rupturas afetivas necessárias para continuar no ministério sacerdotal e na vida religiosa.

Volto agora sereno, mais maduro e mais livre. Ao vir para o retiro falei com todos os irmãos, ouvindo-os antes de definir as comunidades para o próximo quatriênio. Nestes dias quero rezar e ter tempo e clareza para fazer o que seja melhor para cada irmão e para o grupo. Estou em paz.

2 de outubro de 2014

Em várias ocasiões, ao longo dos últimos meses, me assaltou a ideia de ir morar na favela, na Vila Cemig, onde as irmãs da Assunção têm uma comunidade. Fui para o retiro sem pensar nisso, mas durante o mesmo a ideia voltou com força.

Sinto um apelo interior forte para dar mais um passo concreto na radicalidade do seguimento de Jesus, e o passo agora é esse: morar na favela entre os mais pobres dos pobres, concretamente na mesma casa das Irmãs, já que não haveria uma comunidade religiosa do nosso grupo, disposta a isso, e não gosto de morar sozinho. No fim das contas, a experiência de morar com religiosas e leigos já a fiz em São Félix do Araguaia, e foi extremamente enriquecedora.

Ao longo da vida fui dando passos tentando responder ao chamado interior: ida para o seminário aos 11 anos, vinda para o Brasil aos 22, ida para a Prelazia de São Félix do Araguaia aos 30, ruptura afetiva definitiva aos 40 e, agora, percebo que o apelo interior é este. Às vezes vejo claro e me parece lógico, outras vezes me parece uma bobagem e um absurdo. Estou confuso.

Durante o retiro espiritual fui falar com o Pe. Rainieri sobre o tema. Ele me disse que a motivação parece inspiração de Deus, mas que precisa ser discernida na comunidade. Saí do encontro com a clareza dos passos a serem dados:

- Falar com as irmãs para ver se é possível morar na mesma casa delas, e se elas aceitariam. Se disserem que não acham oportuna a ideia, o caso está resolvido.
- Dialogar com pessoas significativas para mim: Pe. Félix, Tio Maurício, Frei Luiz Antônio e Pedro. Ouvirei com atenção o que eles me dizem.
- Partilhar esta inquietude com o Conselho Vicarial e, se houver consenso ou maioria a favor da ideia, apresentar a proposta na Assembleia Vicarial para juntos decidirmos.

Seguirei este caminho de discernimento e estarei aberto ao que Deus quer de mim agora.

Ontem foi a festa de Santa Terezinha e, no próximo dia 4, a festa de São Francisco de Assis. Os dois santos mais queridos, certamente eles vão me iluminar nas decisões a serem tomadas.

31 de outubro de 2014

Rodoviária de Água Boa. Volto de São Félix do Araguaia, espero o ônibus que me levará para Goiânia. Acabei de fazer o poema para o Natal e leio a revista *Perspectiva Teológica* da FAJE sobre o tema: Corpo e Teologia.

Evangelizar hoje exige dar uma resposta convincente à pergunta humana de "como viver com sentido".

16 de novembro de 2014

Gratidão pela vida, essa é a palavra. Sessenta e quatro anos de vida e trinta e nove de ministério sacerdotal. Experiência concreta do amor do povo, da comunidade, dos amigos.

E no meio da alegria também o sofrimento. Neste momento minha irmã me diz que minha sobrinha Irene passa por problemas de saúde, o que a deixa muito preocupada. Também Fernanda Macruz, companheira de Cascão e amiga desde os tempos da Prelazia, que acreditava estar curada de um câncer, volta a ter problemas, o que nos preocupa a todos. Hoje nos reunimos na casa de Juarez e Flávia, os amigos da Prelazia com a presença de Mada e Bia que vieram de Goiás, e juntos confraternizamos e matamos a saudade dos nossos tempos na região do Araguaia. Mada e Bia são duas religiosas francesas que viveram muitos anos em Ribeirão Bonito. Bia é enfermeira e foi ela quem prestou os primeiros socorros ao Pe. João Bosco Penido Burnier quando foi baleado em frente da delegacia em Ribeirão Bonito. Agora as duas moram no Tocantins.

Entro nos 64 anos com paz no coração e muito ânimo para os desafios que virão.

11 de dezembro de 2014

Estou em Chiclayo, Peru, para participar da ordenação episcopal de Robert Prevost, agostiniano amigo, e anterior Geral da Ordem. O Pe. Félix Valenzuela veio comigo. Hoje visitamos o museu "Tumbas reales de Sipan". Espaço fundamental para entender a história dos povos indígenas do Peru.

Estou lendo *Herança de Maria*, de Domingos Pellegrini. Me identifico com a narrativa que descreve a luta da esquerda nas décadas de sessenta e setenta do século passado, combatendo as ditaduras militares na América Latina.

31 de dezembro de 2014 – 1º de janeiro de 2015

Neste fim de ano, depois da celebração festiva da missa de ação de graças na igreja Cristo Redentor, no Barreiro de Cima, quis me retirar para fazer a passagem do ano no silêncio e na oração na capela de casa, lendo e relendo o *Evangeli Gaudium*.

Retomo a história da minha vida e vejo nela a graça de Deus me guiando. Orientado pelo amor de Deus caminho!

Cresce em mim a consciência de que devo ser mais firme e decidido, assumir a missão do governo, colocando-me mais decididamente a serviço dos pobres. Dirigir o Vicariato com doçura e com firmeza. Liderar é servir.

No primeiro dia do ano visitei várias pessoas doentes na casa de idosos na rua Eridano: Miranda, Levi, uma senhora idosa e sua filha. Em todas estas realidades, situações de dor e exclusão.

Fiz questão de almoçar no dia primeiro do ano com o senhor Gildo e Vicente, os dois idosos, sozinhos e doentes, atendidos pelos vicentinos. Fiquei, ficamos, felizes.

Passei a tarde e dia seguinte na casa dos amigos William Castilho e Maninha no retiro do Chalé. Esteve também o amigo comum Durval Ângelo. Foi um dia completo.

7 de janeiro de 2015

Caiu nas minhas mãos, através da amiga Dorinha, o livro *Cisnes Selvagens, Três filhas da China*, de Jung Chang. Não tinha a mínima ideia do livro e da escritora.

Estou impressionado com o relato extraordinário apresentando a realidade da China, o processo revolucionário e os conflitos pessoais, decorrentes da ideologia. Grande relato do século XX.

24 de janeiro de 2015

Estou em Lima, Peru. Amanhã começa o noviciado comum do Cone Sul. Já chegaram os 14 noviços. A equipe do noviciado é muito boa: os frades Márcio Vidal de Negreiros, Raul e Wilder. A casa muito acolhedora, situada em Chorrillos, à beira do mar. Vamos torcer para que esta nova experiência dê certo. A iniciativa partiu do Capítulo Geral em 2013.

25 de janeiro de 2015

Hoje de manhã, tivemos a missa de abertura do noviciado comum, presidida por Monsenhor Daniel, bispo agostiniano de Chulucanas. O ambiente é muito bom, há esperança e alegria, será um bom projeto. Tenho certeza de que é uma iniciativa motivada pelo Espírito.

24 de março de 2015

Hoje se completam 35 anos do martírio de São Romero de América. Lembro que no dia do seu martírio eu morava nesta mesma casa, a Fraternidade Agostiniana. Fiz um poema que saiu publicado no livro *Poemas de Periferia*.

Hoje a Doutora Denise França Magalhães Duarte, amiga que acompanha com extrema dedicação nosso grupo, me disse que apareceu um pequeno problema no exame que fiz para ver as artérias e coronárias. Parece que terei que colocar um *stent*.

"Deus é uma presença a ser sentida, experimentada, mas jamais definida", diz Spong no livro *Um novo Cristianismo para um novo mundo*. Por aí caminho.

4 de abril de 2015

Sábado de Ressurreição. Nesta semana tenho experimentado o carinho das pessoas, o que faz bem ao ego, e me compromete mais para viver na coerência.

As celebrações da semana têm sido muito vivas, a Páscoa renova a esperança.

Amanhã viajo para Espanha para o encontro dos Vicários e Provinciais em vistas à união das províncias espanholas.

10 de abril de 2015

Passei dois dias com a família em Girona, agora estou em Madrid para a reunião dos Provinciais que começa amanhã. Em casa vi a minha mãe muito debilitada. Minha irmã e meu cunhado estão esgotados cuidando dela.

30 de abril de 2015

No dia 27 foi me colocado um *stent* por causa da obstrução numa das artérias. Estou bem. O corpo vai dando sinais.

Leio o livro de Kaspers sobre o Papa Francisco. Algo novo está em marcha na Igreja e devo impulsar esse espírito na renovação do Vicariato, na formação para a Vida Religiosa, nas obras sociais e na educação como um todo.

1º de maio de 2015

"Deus, povo e poesia". Essa é uma boa síntese da minha vida!

26 de maio de 2015

Reflexão sobre a Vida Consagrada no encontro de Mario Campos dentro da Assembleia Vicarial:

Gratidão: passado
Profecia: presente.
Esperança: futuro.

Olhar o passado com gratidão, viver o presente com paixão no seguimento de Jesus, ser mensageiro da esperança olhando o que virá.

22 de julho de 2015

Estou de férias com a família na Espanha. Dias de descanso e convivência familiar. Fui com minha irmã e cunhado à Alemanha para visitar a sobrinha Anna e seu marido Oli e conhecer a filha deles, Emília.

Tempo de férias é sempre tempo gratuito para a leitura. Comecei a ler *Asi empieza lo malo*, de Julian Marias. Li e reli *Laudato Si*, de Francisco sobre o cuidado com a Criação.

Minha mãe está numa residência geriátrica, fisicamente bem, mas já não tem conhecimento das coisas reais; em setembro fará 90 anos.

A vida e seu mistério!

31 de agosto de 2015

Algo novo, pequeno, frágil se insinua em mim. Devo cuidar da semente que começa a brotar. Abrir-me ao novo, disso se trata:
– Refaço o compromisso de oração diária.
– Maior simplicidade de vida, deixar o carro, andar de ônibus.
– Começo a organizar a antologia poética: "*Poesia, obra quase completa*".
– Estou abrindo-me ao mundo do cinema, há uma lacuna em mim nesse aspecto. Vou começar pelo cinema iraniano.
– Terminei de ler *O Idiota*, de Dostoievski. Li tempos atrás *Crime e Castigo* e *Os Irmãos Karamazov*. Dostoievski, para mim, está entre os três melhores escritores de todos os tempos.
– Estou tomando consciência do que significa ser presidente de uma empresa como a SIC (Sociedade Inteligência e Coração), Registro civil dos freis agostinianos. Em cada espaço onde a vida me coloca, ser sempre eu, autêntico e verdadeiro.

5 de outubro de 2015

Estou na rodoviária de Água Boa a caminho de Belo Horizonte, depois de uma semana na Prelazia de São Félix do Araguaia.

Participei do retiro espiritual em Santa Terezinha, orientado por Frei Gilvander. Viajei a São Félix do Araguaia de voadeira junto com o Pe. Félix Valenzuela. Maravilhoso ainda o Araguaia no amanhecer desta primavera. Quanta beleza gratuita!

O reencontro com Pedro e a comunidade de São Félix do Araguaia é sempre um momento de graça. Celebramos a eucaristia no dia de São Francisco. Li e meditei a entrevista de Leonardo Boff sobre Francisco. Ele soube integrar suas sombras, e por isso se tornou absolutamente humano e livre. Preciso também integrar positivamente minhas sombras e carências.

Voltar a São Félix do Araguaia é um reencontro com meu passado mais profundo.

28 de outubro de 2015

Cheguei hoje a Madri para participar da reunião em que será eleito o presidente da Federação dos Agostinianos da Espanha, passo prévio para a fundação da nova Província. Será em El Escorial, nos dias 30 e 31. Tenho vontade de rever El Escorial e o que foi minha vida lá durante o noviciado e o primeiro ano de teologia.

Voltar à Espanha é reencontrar-me com meu passado. Quero ir um dia a Moreruela de Tábara e me ver menino, caminhando pela estepe, minha infância em carne viva.

15 de novembro de 2015

65 anos de vida e 40 de padre. Sinto que acertei nas opções fundamentais. Minha alma em paz. Celebrei com a comunidade. Passei a tarde em Mário Campos com dois casais amigos: Wesley e Michelle; Urbano e Bethe. Foi uma tarde deliciosa.

31 de dezembro de 2015

Passei o dia em casa lendo *Rayuela*, de Julio Cortazar. Fiz caminhada, participei da missa em ação de graças pelo ano que termina, e fechei o ano no silêncio, na capela de casa.

Amanhã, primeiro dia do ano, quero visitar Vinicius, paraplégico e em estado vegetativo há seis anos. Vive no hospital Santa Luzia, no Barreiro de Baixo, acompanhado pela mãe que não desgruda dele dia e noite. Impressionante a fé e o otimismo dessa mulher.

15 de janeiro de 2016

Estou no aeroporto de São Paulo a caminho de Lima para participar da profissão religiosa dos noviços. Leio nestes dias o livro escrito por amigos em homenagem a Dom Paulo Evaristo Arns, o pastor da periferia, da justiça e dos pobres. Coragem é a palavra! Homem destemido e livre como Pedro.

Preciso aprender deles a ter esse espírito rebelde.

Terminei de ler *Rayuela*, algo absolutamente diferente e fantástico. Começo a obra completa de Carlos Drummond de Andrade, presente de Júnia Teles, amiga querida, amante da boa literatura.

25 de abril de 2016

Faz dias que não escrevo neste diário. Duas motivações me levam hoje a retomar a escrita.

Primeiro, terminei de ler o livro *El Reino*, de Emmanuel Carrere, sobre Lucas, Paulo e a origem do cristianismo. O livro me leva a repensar o essencial: a vida simples, os valores que dão sentido ao viver diário, o compromisso concreto e real com os excluídos, andar contra a corrente, movido por convicções profundas, enfim, entrar em novas dimensões da existência.

Segundo: hoje faz 28 anos que meu pai morreu. A morte de meu pai suicidando-se numa crise depressiva me leva a relembrar minha relação com ele, agora que começo a me parecer fisicamente com ele. Guardo a memória de um homem simples, humilde, íntegro, trabalhador e honrado, sonhador como seu ídolo Dom Quixote. Pura bondade, frágil, nunca adaptado à região da Catalunha, para onde teve que migrar para sobreviver. A saudade de "Castilla" o acompanhava e o badalar dos sinos da igreja de Moreruela de Tábara ecoava em seus ouvidos. Sou muito do que foi meu pai, e são muitos os poemas em que eu revivo e reelaboro nossa relação.

26 de maio de 2016

Como hoje é a festa do Corpus Christi, me deparo com meu corpo, e de repente me veio à cabeça fazer um inventário corporal agora que chego aos 65 anos.

Tive sarampo na infância, nada anormal. Por volta dos 15 anos, em Leganés, comecei a usar óculos. Aos 20 em Madrid, me operaram de apendicite. Aos 33, em São Félix do Araguaia, comecei a sofrer com cálculos renais, algo que me acompanha até hoje. Em julho de 2014, estando de férias em Salt, tive uma hérnia de disco, o que me exige cuidados com a coluna. Em abril de 2015, em Belo Horizonte, me implantaram um *stent*, e, agora, em 2016 me operaram de duas hérnias inguinais. Desde 2010 tomo remédios para a pressão. O corpo fala. Sempre cuidei da saúde: nunca fumei, não bebo e faço caminhada diariamente e pilates duas vezes por semana. Somos corpo, e é preciso saber envelhecer com dignidade e gratidão.

20 de agosto de 2016

Acabo de ler *Si tu vieras con mis ojos*, de Carlos Sanz. Deslumbrante! Razão e coração, a arte e a ciência, paixão e amor entrelaçados, o amor em carne viva, a vida pulsando intensamente. Minha vida nessas vidas.

18 de setembro de 2016

Cheguei hoje cedo a Abuja, capital da Nigéria, para participar do Capítulo Geral Intermédio da Ordem. Quero documentar as impressões ao longo do Capítulo.

25 de setembro de 2016

Hoje participamos da missa com o povo na comunidade agostiniana perto de Abuja. Mais de duas mil pessoas e três horas de missa. O povo brasileiro é festeiro e acolhedor, mas o povo africano ultrapassa todos os limites. Foi uma experiência única. O encontro dominical é uma festa: roupas coloridas, música, canto, dança, a fé inculturada numa beleza deslumbrante.

29 de setembro de 2016

54 anos atrás eu saia de casa para iniciar a caminhada vocacional que me trouxe até aqui, em Abuja. Foi minha primeira grande ruptura, outras depois me acompanharam. Fiz o que devia fazer, fiel à intuição interior, e aqui estou hoje querendo reafirmar a caminhada.

15 de novembro de 2016

66 anos de vida e 41 de sacerdócio. Nesta fase da vida a síntese é necessária e eu me centro no essencial. Gratidão a Deus, ao povo, aos amigos.

25 de dezembro de 2016

Natal.
Aos 66 anos começo a perceber que, às vezes, a memória falha, esqueço nomes e as ideias não fluem com a mesma facilidade que antanho.

28 de dezembro de 2016

Passei o dia nas ocupações urbanas: Rosa Leão, Vitória e Esperança. Fui com Frei Eustáquio, Leonardo Péricles e Poliana, casal que coordena no Barreiro a ocupação Eliana Silva e que faz parte do MLP.

São mais de cinco mil famílias lideradas por jovens criativos e generosos. Me senti acolhido pelo povo simples. Há entre os pobres maravilhosos espaços de humanidade. Para mim foi numa epifania, uma revelação, uma graça no fim do ano. Meu lugar é entre este povo.

31 de dezembro de 2016

Revejo o que escrevi um ano atrás nesta mesma hora. Também hoje após a celebração da missa de ação de graças na Matriz vim para casa. Quero terminar o ano no encontro profundo comigo mesmo, com Deus, com os ideais que dão sentido à minha vida.

No dia primeiro, como sempre, vou visitar alguns doentes e, na parte da tarde, visitarei William e Maninha na sua casa do Retiro do Chalé, amigos de luta e esperança.

Não será fácil para o Brasil o ano que começa!

30 de março de 2017

Estou visitando as comunidades do Rio de Janeiro. Ontem foi fechada a casa dos idosos na obra social Santo Tomás de Villanueva, na comunidade de Marechal Hermes. O Ministério Público fez uma série de exigências que não podemos assumir. Os idosos foram encaminhados para a obra Narciso Cavalcanti. Foi um dia difícil porque dezoito funcionários tiveram que ser demitidos, e coincidentemente, na noite anterior à mudança, faleceram dois idosos. Apesar das demissões, os funcionários têm sido de uma dedicação exemplar. Bethe, coordenadora da Obra Social, junto com os outros funcionários, tem dado a vida no serviço aos pobres atendidos nesse espaço.

Aproveitei a estadia no Rio de Janeiro e fui com os freis Emerson e Danilo visitar o *Museu do Amanhã*. Impressionante pela beleza e visão futurista. Contrasta com a corrupção política que invade o Rio de Janeiro.

10 de maio de 2017

Há algum tempo venho pensando em retomar a terapia para lidar melhor com aspectos novos que vão surgindo no decorrer da caminhada, dimensões desconhecidas que se insinuam como consequência

da idade. Estou na "velhice", que agora denominam solenemente de "terceira idade" e descubro coisas que não apareciam antes:
- Medos que nunca tive agora afluem: viajar sozinho, adoecer. Medos!
- Vigiar para não dar espaço à depressão que às vezes me ataca. Percebo que tem a ver com mutações físicas. Corpo e alma irmanados. Quando a depressão se insinua se deforma a realidade, depois volto ao normal e tudo ganha brilho e sentido.
- Preciso enfrentar a morte de meu pai. O suicídio dele me afeta, e preciso lidar melhor com isso, é uma ferida que precisa fechar.

A retomada da terapia me ajudará a lidar melhor com esta nova etapa da vida. Cada uma das etapas tem sua riqueza e seus limites.

13 de novembro de 2017

Estou em Santa Terezinha, MT, para pregar o retiro espiritual da equipe pastoral da Prelazia. Vim junto com a Irmã Solange, dominicana.

Cheguei a Santa Terezinha para morar aqui em fevereiro de 1981, mas circunstâncias alheias ao decidido pela equipe pastoral fizeram que eu fosse para São Félix do Araguaia.

Chovia em janeiro quando cheguei pela primeira vez, e chove hoje torrencialmente. Aproveitarei estes dias para rever a caminhada aqui, e fazer um bom balanço das opções, os acertos e os erros.

21 de novembro de 2017

Voltei hoje a Belo Horizonte depois de uma semana em Mato Grosso. Creio que o retiro tocou o coração dos agentes de pastoral. Me senti muito à vontade. A equipe é frágil, muito diferente do que foi a equipe anos atrás quando Pedro era o bispo, mas os conflitos internos basicamente continuam os mesmos.

Passei por São Félix do Araguaia, reencontrei os amigos e vi o Pedro, frágil, limitado, lúcido.

Penso que devemos continuar mantendo uma comunidade na Prelazia. Frequentemente o Vicariato, como um todo, questiona nossa presença lá.

1º de janeiro de 2018

Na semana passada Frei Dionísio do Carmo sofreu um infarto; foi um milagre ter sobrevivido. Está internado no hospital Santa Rita. Na celebração do primeiro dia do ano, rezamos por ele.

Começo o ano ouvindo Villa-Lobos e lendo a literatura que me alimenta. À tarde visitei Michelle e Wesley, casal com quem me identifico, profundamente amigos, numa humanidade verdadeira. Michelle me pediu as folhas com os poemas escritos à mão, rabiscadas, e que eu ia jogar no lixo. Brincando ela disse: vou guardar, um dia vão valer uma fortuna. Quem dera!

Sinto que uma nova consciência vai emergindo em mim, mais livre, mais madura.

Nos próximos dias deve sair publicado o livro de contos que fui escrevendo ao longo dos últimos anos em Mato Grosso. O título, *Sertão em Chamas*.

Ano de expectativas. Em junho teremos eleição para o novo Vicário.

Espero o futuro com alegria e serenidade. É preciso aprender a lidar com as limitações que a idade vai impondo, saber sair da frente no momento certo e crescer interiormente.

17 de janeiro de 2018

Estou em Lima, amanhã será a profissão dos noviços. Grande expectativa pela chegada do papa ao Peru. O noviciado interprovincial é uma experiência consolidada e que deu certo.

Caminho nesta tarde à beira do mar pacífico. O mar, belo e misterioso, me atrai como uma mulher que se aproxima e se afasta sedutora. O mar, Deus e eu! *"Diário de un poeta y mar"*, escreveu Juan Ramón Jimenez, o poeta que me abriu ao mundo da poesia, e me fez entender que meu destino era ser poeta.

Mar, estepe "castellana", Araguaia nos meus olhos e montanhas de Minas, terra e água definindo meu destino!

1º de abril de 2018

Páscoa! Vida que renasce!

Repassando minha vida nestes dias da Semana Santa, de repente me assaltou uma ideia: entre os melhores amigos que tenho, um é ateu, outro é homossexual e vive em relação estável com seu companheiro, e a outra grande amiga é evangélica.

A relação humana verdadeira ultrapassa raça, sexo, crenças. O coração, se for verdadeiramente humano, há de ser universal.

É Páscoa!

14 de abril de 2018

Terminei de reler *Sobre héroes y tumbas*, de Alejo Carpentier. Épico, grandioso, lírico. Preciso aprofundar mais sobre a história do nosso Continente.

Vivemos no Brasil um tempo absurdo. Lula está preso e é impossível adivinhar o que virá pela frente. As forças da direita tomando as rédeas, "tratorando" tudo, e a história acontecendo na frente dos meus olhos!

Perplexo tento entender o momento que vivemos e situar-me na resistência ao caos que se avizinha.

9 de maio de 2018

Estou em São Félix do Araguaia. Vim com Paulinho para visitar Pedro e a comunidade amiga. Cheguei aqui com 30 anos e muitos sonhos. Aqui vivi experiências definitivas: eclesiais, afetivas e humanas. Vivi a vida intensamente nesta cidade.

Ao ver a Pedro prostrado e incapaz de comunicar-se, lembro que este homem marcou minha vida e a vida deste povo.

Escrevo isto na capela da casa, espaço ecológico e sagrado. Nela estão as relíquias de São Oscar Romero e de Ignacio Ellacuria. Aproveito a tarde para rezar e rever o meu caminho. Gratidão é a palavra!

23 de maio de 2018

Estou em Chapada do Norte, no Vale de Jequitinhonha. Vim com os frades Felipe Cruz, Agenor e Leandro para conhecer a região e ver a possibilidade de abrir aqui uma nova comunidade.

2 de junho de 2018

Estou na cidade de Goiás no encontro anual dos que fomos agentes de pastoral na Prelazia durante o período de Pedro como bispo. Estamos no mosteiro da Anunciação.

O clima é de saudade e partilhas profundas, amizade construída na luta. A missa de clausura foi na catedral de Goiás, no túmulo de Dom Tomás Balduino. Selamos compromissos.

Na última noite vimos o filme *Voo de Primavera*, sobre Dom Tomás Balduino, um documento excelente sobre a caminhada da Igreja no Brasil e na América Latina.

Estes encontros anuais mantêm nossos laços e nosso compromisso com a Prelazia de São Félix do Araguaia.

18 de junho de 2018

Viemos toda a comunidade (Dionísio, Anderson, Rodrigo, Leandro, Paulo Henrique e eu) passar uns dias no Caraça. Descanso, convivência e partilha comunitária.

O Caraça provoca em mim um olhar interior, mirar para dentro. Minha alma está serena e leio o *Cântico Espiritual*, de São João da Cruz, e o *Diário*, de Miguel Guzman, esposo de Mayte, casal espanhol, solidário com as nossas causas e amigo de muitos anos.

6 de agosto de 2018

Estou de novo diante do desafio de descobrir a vontade de Deus para minha vida agora.

Nas diversas etapas da vida, segui sempre a intuição interior e acertei. Agora termino o mandato. Que opções tenho pela frente? Seguir no Barreiro e assumir as obras sociais é algo que me motiva, gosto da periferia e do trabalho popular. Colocar-me à disposição do novo Conselho para integrar a nova missão de Chapada do Norte é um novo desafio e, se o fizer, tem que ser agora, daqui a alguns anos ficará mais difícil pelas limitações da idade.

Vou apresentar estas duas opções ao Conselho e assumirei com alegria o que for decidido num processo de discernimento fraterno.

26 de agosto de 2018

Hoje celebrei os 50 anos de Vida Religiosa. Minha primeira profissão foi no final do noviciado em El Escorial, o 28 de agosto de 1968.

A celebração foi na capela Santo Agostinho do bairro Flávio de Oliveira. Vieram muitos amigos. Na homilia disse:
– Minha vida sempre esteve marcada por um grande ideal: Deus e os pobres.
– Eclesialmente sou filho de minha geração: o Concílio Vaticano II e as Conferências episcopais da América Latina. Igreja povo, opção pelos pobres, Vida Religiosa profética.

- Cometi erros e pecados, mas Deus e a vida me deram bons irmãos e reencontrei o caminho.
- A última idade da vida possibilita maior liberdade, sabedoria e serenidade.

Gratidão a Deus, aos irmãos de comunidade e ao povo.

10 de outubro de 2018

Frei Luiz Antônio Pinheiro foi eleito Vicário na assembleia de junho. Nós dois viajamos hoje para Trujillo no Peru. Conversamos durante a viagem. Ele me propõe ir para o teologado em Diadema. Não estava isso nos meus planos. Disse a ele que me via no Barreiro, algo que já conheço muito bem, ou na nova missão do norte de Minas, mas que estou aberto ao que o grupo me pedir. Por agora é apenas uma sondagem, ele está ouvindo todos os religiosos. Seja qual for o desfecho final, aceito, acolho e assumo com alegria e paz.

25 de outubro de 2018

Hoje se reuniram os dois Conselhos do Vicariato, o que termina agora e o novo formado por Luiz Antônio. Entrei na reunião sabendo que iria para o teologado de Diadema e saí sendo destinado para a nova missão em Chapada do Norte. Vamos para essa nova comunidade no Vale de Jequitinhonha, na diocese de Araçuaí, os frades Felipe Cruz, Renato Freitas, Leandro Carvalho e eu.

15 de novembro de 2018

68 anos de vida, 43 de sacerdócio e um novo desafio pela frente. Vou feliz para Chapada do Norte.

21 de novembro de 2018

Preparo-me para uma nova etapa em minha vida. A ida para Chapada do Norte me abre a novos desafios.

Avaliando meu passado, percebo que, em grande parte, meu engajamento nos movimentos populares e nas lutas do povo estava movido pela ideologia, o que de fato é necessário. Mas agora percebo que devo integrar melhor a espiritualidade e o compromisso ideológico. Busco a síntese. Meu compromisso social e político nasce da vivência da fé no seguimento de Jesus, pobre, livre, comprometido com a construção do Reino de Deus, que abrange todas as dimensões da vida.

Vou para Chapada do Norte com três irmãos jovens e muito queridos. O primeiro trabalho pastoral nosso será darmos o testemunho concreto de vida fraterna. Como disse Francisco de Assis, *"Prega sempre, se for preciso usa palavras"*.

Leio nestes dias a vida dele escrita por *Tomás de Celano*.

23 de novembro de 2018

Chegamos a Araçuaí Frei Felipe Cruz, Frei Leandro Carvalho e eu para participar da assembleia diocesana que começa amanhã. Dom Marcello Romano nos hospedou em sua casa, simples e acolhedora. É o primeiro contato com a Diocese e com a realidade da região.

25 de novembro de 2018

Depois de participar da Assembleia Diocesana em Araçuaí, viemos para Chapada do Norte. À noite celebrei na matriz da paróquia Santa Cruz pela primeira vez. Foi uma eucaristia emotiva e muito participada. A igreja estava lotada e toda a comunidade muito feliz pela nossa vinda. Nossa chegada definitiva está prevista para meados de janeiro do próximo ano.

26 de novembro de 2018

Na parte da manhã, o secretário da paróquia, Robinho, nos mostrou a cidade, as capelas, a creche, a realidade local.

Duas pessoas vieram para conversar. Estavam angustiadas por problemas familiares, depressão, crise no casamento. Penso que o trabalho pastoral de "Conselheiro" é uma das dimensões importantes do ministério. É preciso ter tempo para o encontro pessoal e a escuta atenta. Vou tentar fazer isso.

À noite, celebrei na comunidade de Santa Rita do Araçuaí.

Na volta a Belo Horizonte vamos parar em Diamantina para conversar com Kaká. Foi prefeita de Araçuaí e, agora, trabalha na secretaria de ação social em Diamantina. Conversar com ela é importante para nos aproximar da realidade da região.

2 de dezembro de 2018

Amanhã começa a assembleia do Vicariato. Entrego o cargo da coordenação. Missão cumprida.

10 de dezembro de 2018

Estou me preparando humana e espiritualmente para a nova missão.

Estou relendo *Francisco de Assis, o santo Relutante*, de Spoto. O livro narra com muito realismo, ano após ano, o processo humano de Francisco. Há algo em Francisco que me atrai e fascina. Se tivéssemos vivido na mesma época, penso que nossas almas gêmeas se teriam encontrado. A mim, porém, me falta a coragem que ele teve arriscando tudo e saindo livre pelo mundo anunciando o amor de Deus. A minha timidez me trava.

18 de dezembro de 2018

Me preparo para a nova missão. Vou seguro porque creio no discernimento comunitário bem feito e aprovado pela autoridade legitimamente constituída.

O que o Senhor quer me revelar com esta nova experiência? Estarei aberto ao Espírito!

Hoje escrevi o texto para o livro de Ana Helena, *O bispo que quebrou todas as cercas*, biografia sobre Pedro. Quero visitá-lo neste fim de ano, verdadeiro Francisco de Assis do nosso tempo pela sua radicalidade no seguimento de Jesus e sua pobreza evangélica.

Hoje o Papa Francisco completa 82 anos, verdadeira bênção de Deus para a Igreja. Deus o mantenha na liderança da Igreja por longos anos.

29 de dezembro de 2018

Estou em São Félix do Araguaia. Levo aqui três dias; vim, como de outras vezes, para visitar Pedro e a comunidade.

Por toda parte um lamento só, muita gente doente: o senhor Paulo e dona Helena, dona Raimunda, Pedro, e a maioria das pessoas da comunidade desanimadas. Ovelhas sem pastor.

Tive reunião com Dom Adriano e a equipe de São Félix do Araguaia. Seria necessária uma nova equipe, jovem e dinâmica, mas no momento é impossível.

1º de janeiro de 2019

No primeiro dia do ano comecei, como sempre, rezando na capela de casa. Depois da caminhada diária, visitei o lar dos idosos; estive na casa de Maria Flor de Maio, fazendo uma visita a Dona Maria da Paixão, mãe dela e de frei José de Jesus Saraiva. Com 99 anos está muito forte e disposta. Na parte da tarde, passei na casa de uma amiga muito querida, Aparecida e, à noite, celebrei na comunidade Santo Agostinho. O povo estava triste porque, ontem à noite, Dona Josefa, muito querida na comunidade, foi atropelada por um ônibus e morreu no meio da rua, quando ia para a missa do fim do ano na capela. No fim do dia consegui falar com o Pe. Félix Valenzuela, Paulinho e Dom Adriano, desejando-lhes um novo ano de paz. Dia completo.

4 de janeiro de 2019

Nestes dias que antecedem a minha ida para a nova missão em Chapada do Norte, o povo das comunidades está mostrando-me muito afeto. Despedidas, celebrações em família, tudo conflui para me sensibilizar por tanto carinho e atenção.

7 de janeiro de 2019

Retiro em Mario Campos com Tio Mauricio preparando-nos para a nova missão.

Participamos do retiro Leandro Carvalho, Renato Freitas e eu. Felipe Cruz não pode participar por causa do acidente de carro que teve no fim do ano. Está imobilizado, tratando da coluna. Nem poderá ir conosco no dia 15 de janeiro, como estava programado.

Primeiro momento:

Encontrar-nos com nós mesmos. *"Te levarei ao deserto e ali falarei ao teu coração".* Análise do meu momento interior.

Meus medos e os desafios. Olhar para fora: escutar os apelos da realidade.

Reconciliar-me com as minhas sombras, fazer as pazes comigo mesmo. Isso repercute na relação com os outros: tolerância, respeito.

Segundo momento:

Abraão. Deixar a terra, partir, entregar o Isaac, libertar-me.

Moisés: sempre na vida há coisas que nos assustam. Enfrentar os meus demônios. Na noite escura se gesta a aurora.

Terceiro momento:

O que nos faz perder o encantamento com a pastoral? O que nos leva a perder a paixão pelo Reino? Como lidar bem com as crises. Profeta Elias. Salmo 12, 13.

Experiência do fracasso. Mas sempre há alguém que nos levanta para continuar o caminho.

O mundo tem feridas e meu corpo também.

Quarto momento:
Davi. Enfrentar os gigantes que nos assustam. Deus age através dos pequenos. Ascese: treinamento para lidar com nossas debilidades. O gigante Golias está dentro de mim, preciso vencê-lo.

Quinto momento:
Jesus de Nazaré. Jesus e o Pai. Gritar o evangelho com a vida. Processo de identificação com Jesus.
Personalidade humana de Jesus: observador da vida, disponibilidade para servir, liberdade total.

8 de janeiro de 2019

Continua o retiro com Tio Maurício.
Estou vivendo um momento de passagem, fecha-se uma etapa e começa algo novo e desconhecido, sempre guiado pela luz interior. Trabalho minha alma, ainda há muito a capinar.

Oração:
Possa meu ser,
– Senhor da Vida –
ser tocado por Tua graça,
pela Tua compaixão!
Possa meu coração
Deus amado,
ser tocado pela Tua ternura
e pela Tua paz. Amém.
Sexto momento:

Marta e Maria: atenção às pessoas, às vezes no trabalho pastoral ficamos muito preocupados com a organização e a estrutura e esquecemos das pessoas.

10 de janeiro de 2019

Fiz hoje novo cateterismo. Felizmente não foi preciso colocar outro *stent*.

12 de janeiro de 2019

Hoje foi a celebração do envio e da despedida na comunidade Santa Mônica. Celebramos o batismo de Jesus e, nele, nossa missão. Enviados para a missão.

Tenho experimentado o carinho e o amor do povo. Vou feliz e aberto ao novo.

CHAPADA DO NORTE
VALE DO JEQUITINHONHA
2019-2021

15 de janeiro de 2019

Tudo pronto para partirmos rumo à nova missão em Chapada do Norte, no Vale de Jequitinhonha.

Saímos às oito horas da manhã da Fraternidade Agostiniana do Barreiro: Frei Leandro Carvalho, Frei Renato Freitas, Robinho (secretário da paróquia em Chapada do Norte e que estava em Belo Horizonte), Frei Tailer, que nos acompanhou nesta primeira viagem e eu. Frei Felipe não pode viajar devido ao acidente que teve no mês de dezembro, atualmente se recupera lentamente e esperamos que, em breve, possa se incorporar à equipe.

Estou feliz e com o coração em paz porque sei que, neste momento, ir para Chapada do Norte é a vontade de Deus para minha vida. Vou aberto a partilhar com o povo e com os irmãos o que sou, e sei que serei muito enriquecido humana e espiritualmente por esse povo humilde, sofredor e generoso.

Obrigado, Senhor! De Ti vivo e para Ti vivo!

Chegamos à Chapada do Norte às cinco da tarde. Em Diamantina, encontramos o bispo da diocese de Araçuaí, Dom Marcello Romano que nos acompanhou até Chapada do Norte, onde fomos acolhidos com muito carinho por Dona Edna, cozinheira da casa paroquial, e por Dona Maristela, voluntária que atende na secretaria paroquial na parte da tarde.

16 de janeiro de 2019

Primeiro dia em Chapada do Norte.

Após a oração da manhã e depois de tomarmos o café, fizemos uma breve reunião para organizar o programa do dia. Robinho nos levou para conhecer a cidade e mostrar as várias capelas existentes. Saudei algumas lideranças que encontramos pelo caminho.

Na parte da tarde fizemos com Frei Felipe, via *on-line*, a programação de mês de fevereiro, esperamos poder visitar ao longo do mês as 45 comunidades.

Depois de organizar o meu quarto e desfazer as malas, visitei a casa de Dona Edna e Maristela e fiquei conhecendo a Valdirene, professora de pilates; marquei com ela uma entrevista para fazer uma avaliação e continuar com os exercícios que já fazia em Belo Horizonte e que me ajudam no tratamento da coluna.

João Campestre, amigo de Belo Horizonte, me ligou dizendo que conhece um artista plástico muito bom na região, Leandro Junior, que vale a pena entrar em contato com ele. Vou procurá-lo.

Agendei com Custódia a missa de São Sebastião. Messias, jovem professor em Capelinha, me procurou para conversar e pedir orientações. Terminei o dia participando do ensaio do coral dos homens na matriz.

19 de janeiro de 2019

Hoje celebrei pela primeira vez na comunidade de Tolda. Juntaram-se na capela várias comunidades: Água Suja, Água Limpa e Cajamunum, a comunidade celebrou a festa de Nossa Senhora Aparecida. Por que nesta data? Porque é a época em que todos estão na comunidade; a partir de fevereiro os homens e algumas mulheres migram para buscar trabalho no corte de cana e na colheita do café em São Paulo e no sul de Minas, e só voltam no fim do ano. Animou a celebração o grupo do congado de Chapada do Norte, religiosidade popular na veia. Povo alegre, festeiro e acolhedor, me senti em casa.

21 de janeiro de 2019

Tirei o dia para visitar as famílias e me aproximar da realidade.

Cedo, passaram por aqui o amigo Cascão e Dereco, cunhado dele, voltavam da Bahia e, ao passar por Araçuaí, desviaram-se da rota para conhecer o lugar onde estou agora. Almoçou conosco William, religioso sacramentino, filho do lugar e que, agora, passa uns dias de férias com a família. Profundo conhecedor da história de Chapada do Norte, foi ótimo escutá-lo. Na parte da tarde nos visitaram Orlinda, liderança da comunidade de Sampaio, e Paulo Tofolleti, padre casado, italiano, e que foi pároco aqui durante oito anos. Atualmente mora com a esposa Marta, que é chilena, na comunidade de Gravatá. Ele agora acompanha um grupo de crianças e adolescentes que precisam de cuidados especiais. Marquei com ele uma visita para conhecer seu trabalho.

No fim do dia visitei as famílias vizinhas, dona Nilma, o senhor Zé Praxedes e dona Gecy. Nas conversas vou recolhendo dados sobre a realidade e conhecendo as histórias do lugar.

23 de janeiro de 2019

O ritmo do interior é lento, acostumado ao corre-corre da cidade grande. Aqui a natureza impõe um caminhar mais vagaroso, preciso me acostumar. Desacelerar é a palavra!

Não é necessário estar ligado *on-line* as 24 horas do dia. É preciso saborear lentamente o dia a dia com as novidades que a vida apresenta neste microcosmos, metáfora e sinal do macrocosmos que é o mundo.

24 de janeiro de 2019

Na última semana de janeiro está programada a missão dos migrantes na paróquia. Virão missionários de vários lugares para visitar, durante uma semana, todas as comunidades. Hoje tivemos uma reunião preparatória com Dom Marcello Romano, Eva e irmã Rosângela, as duas fazem parte da equipe de coordenação da Pastoral do Migrante na Diocese.

25 de janeiro de 2019

Nesta tarde estava arrumando a casa e, de repente, vejo na TV que uma tragédia acaba de acontecer em Brumadinho. Rompeu-se uma barragem da Vale, as notícias iniciais falam de centenas de mortos.

Anos atrás houve outra tragédia semelhante em Mariana. A mineração em Minas Gerais é destruidora do meio ambiente e ceifa frequentemente vidas humanas, colocando cidades inteiras em situação de alerta.

28 de janeiro de 2019

Integrado na programação da semana do migrante, na parte da manhã visitei os doentes na sede e, na parte da tarde, fui para a comunidade do Batiero, ontem estive na comunidade de São João Marques, acompanhado pelo seminarista Joaquim, filho desta região e cursando teologia no seminário da Diocese. Ele me apresentou sua família, muito religiosa, e ele me pareceu muito inteligente e próximo do povo.

A missão está sendo uma ótima oportunidade para entrar de cheio na vida das comunidades, chegamos e pegamos o bonde andando.

4 de fevereiro de 2019

No domingo, dia 2, Dom Marcello Romano deu posse a Frei Felipe Cruz como pároco, mesmo não estando presente, e a mim como vigário paroquial. Esteve conosco Frei Luiz Antônio Pinheiro, nosso Vicário Provincial.

Aproveitei a volta dele para ir a Belo Horizonte, onde tinha que resolver algumas questões pessoais. Hoje tudo ficou esclarecido e eu volto para Chapada do Norte com o coração em festa, grande alívio e paz.

13 de fevereiro de 2019

Levo um mês em Chapada do Norte e são muitas as novas experiências no contato com este povo. Na parte da manhã, visito as famílias na sede, e, na parte da tarde, celebro nas comunidades, já conheço a maioria. Coisas que me surpreendem neste novo contexto:
- A maioria das pessoas são parentes umas das outras e casam-se entre si. Isto explica, em parte, o fato de que haja tantas pessoas com problemas mentais ou precisando de cuidados especiais.
- O povo é muito acolhedor, cultura quilombola, familiar, comunitária, o congado, os tambores, a devoção a Nossa Senhora do Rosário fazem parte da vida. A irmandade de Nossa Senhora do Rosário dos homens pretos, com mais de 195 anos de história, tem grande prestígio e é uma graça ser membro dela.
- Numa vida tão carente e sofrida, o ano se rege pelas festas religiosas. Já tivemos São Sebastião e Nossa Senhora da Saúde. Agora começa a preparação para a Semana Santa, depois vem a festa do Divino, a festa dos brancos, que disputava em prestígio e beleza com a festa de Nossa Senhora do Rosário, dos pretos, festa tombada e que dá muita visibilidade à cidade.

A festa do Divino, por ter como referência a corte portuguesa, apresenta-se com roupas luxuosas, cortejo cheio de glamour e a elite branca é a financiadora do evento.

A festa do Rosário é mais popular, devocional, os tambores e as procissões arrastam multidões e, mesmo com parcos recursos, enchem de luz, suor e beleza a cidade.

Cultura popular e religiosidade popular caminham lado a lado.
- Na maioria das famílias, seja da sede ou da zona rural, o tema é sempre o mesmo: os homens têm que sair para trabalhar fora da região. Uns vão para o corte de cana no interior de São Paulo, outros para a colheita do café no sul de Minas, muitos aproveitam o verão para trabalhar de mascates nas praias de São Paulo. As mulheres ficam durante meses sozinhas cuidando da casa e dos filhos. Aqui a migração é uma realidade que precisa ser avaliada em profundidade. O norte de Minas sempre foi esquecido pelo governo do Estado.
- Há muitas pessoas idosas morando sozinhas e muitas mulheres com depressão.

— Os jovens, se querem estudar ou trabalhar, têm que sair cedo para fora, o destino é, na maioria das vezes, São Paulo.

Ao me defrontar com a realidade sofridas das mulheres do Vale escrevi este poema:

MULHERES DO JEQUITINHONHA
A solidão nos olhos,
a infinita solidão da alma nos olhos ressequidos pelo vazio sem nome.
Essa solidão órfã e medonha eu vi,
juro que eu vi no rosto de Lídia, de Gení e Sebastiana,
na pele arrugada antes da hora,
cacto morto na estepe do sertão abandonado.

No Vale do Jequitinhonha eu vi
mulheres que carregam o peso do mundo,
mudas e altivas,
viúvas de marido vivo
porque sobreviver exige migrar para São Paulo,
viúvas da seca
que amamentam a vida ao som de cantos ancestrais.

Onde o prazer se o tempo é de combate?

Heroicas mulheres deste país perdido no labirinto da loucura,
fibra de aço e nostalgia
faróis de uma Pátria abandonada à rapina de uma elite cega.

Mulheres de alma limpa como lençóis alvejados no varal!
Não choram mais
porque os olhos só choram quando a dor tem limite

Rezam para sobreviver
e sobrevivem!

4 de março de 2019

Já se passaram praticamente dois meses em Chapada do Norte e, aos poucos, a normalidade vai se impondo. Há uma rotina: visita às famílias na parte da manhã, celebrações na zona rural à tarde, encontro com as pastorais à noite. Agora as pessoas já passam a ter rosto próprio, endereço, história. Na verdade, apenas três ou quatro famílias se ramificam e compõem toda a cidade: os Soares, os Evangelista, os Lourenço.

Sinto que estamos começando bem, o povo feliz com nossa presença e atuação, nos sentem próximos e fraternos. São muitas as pessoas que, todos os dias, nos trazem algo: quitandas, ovos caipiras, pão feito em casa, hortaliças, povo generoso.

Frei Felipe Cruz já chegou, foi recebido com muita festa pelo povo na praça da Matriz, depois tivemos uma confraternização no Centro Comunitário. Como ele ainda não se arrisca para ir na zona rural, eu estou saindo mais.

Esperamos poder criar, no futuro, uma obra social, tipo Aiacom (obra social agostiniana com menores carentes no Rio de Janeiro), mesmo que seja menor, para encontrar saídas para esta juventude que está sem opções; a única alternativa é viajar para fora.

Em nível interno nossa comunidade é uma maravilha, temos um relacionamento amigo, espontâneo, próximo e fraterno. Agora nos preocupa Frei Renato, foi detectado um problema na tiroide, vai ter que se tratar em Belo Horizonte e espero que supere este momento delicado.

19 de março de 2019

Começa o outono e retomo a leitura de *Grande Sertão, veredas*. O sertão inspira, mexe com o inconsciente, alimenta a alma, há um sertão em mim que precisa ser preenchido. A memória de Riobaldo, seus medos, seus sonhos, sua fé, suas culpas me tocam e atingem no mais fundo do meu ser.

Seu Zé "da Puia", meu vizinho, frágil, idoso e bom de prosa me conta que já "bateou" muito no rio Capivari. *"O senhor precisava ver as pepitas de ouro, depois da enxurrada eu catava no meio da rua!"*. Devoto fervoroso de Nossa Senhora Aparecida, escreveu na parede de sua casa para todo mundo ver: *"Aqui mora Nossa Senhora Aparecida"*. *"O senhor já foi ao santuário do Bom Jesus da Lapa?"*, ele quer saber, e ao lhe dizer que nunca fui, se surpreende. *"Como um padre não conhece o santuário do Bom Jesus?"*. Ele vai todos os anos em romaria.

Preciso de tempo para ir penetrando na alma deste povo, aparentemente não acontece nada, mas nessas outras camadas mais profundas a vida é rica e misteriosa.

Vejo nas notícias que Michel Temer foi preso.

21 de maio de 2019

Na medida em que as pessoas vão ganhando confiança conosco e sabendo onde nos situamos religiosa e politicamente, vão abrindo o jogo. Hoje, ouvi críticas pesadas à atual administração comandada por um grupo familiar que há anos se instalou no poder. O tempo do coronelismo ainda existe nesta região do país. Privilégios, desvio de verbas, péssima administração, compra de votos, assim funciona, e como o único lugar para conseguir emprego é a prefeitura, eles usam essa dependência para beneficiar os correligionários e perseguir os opositores. Acho que já vi esse filme em São Félix do Araguaia.

Vamos ver se o povo toma consciência e muda na próxima eleição.

29 de maio de 2019

Hoje, participei, na escola estadual do Batiero, de uma apresentação teatral sobre a história da região. O trabalho foi coordenado pelo professor Magno. Os temas apresentados nas cenas:
- Saída dos homens para São Paulo e Sul de Minas, a realidade da migração.
- Corte de cana, trabalho escravo.
- As viúvas de marido vivo, ou viúvas da seca, a tragédia das mulheres no sertão.
- A religiosidade popular como sustentação para manter-se vivo, as rezas, a festa do Divino, a folia de Reis e a devoção a Nossa Senhora do Rosário estão gravadas na alma deste povo.

Valores que vou descobrindo:
- O sentido festivo da vida, o tempo se mede pelas festas, no meio de tantas carências e sofrimentos a festa prevalece, herança quilombola.
- O sentido comunitário, a cidade é uma grande família, tudo se faz em mutirão.
- A religião como centro da vida.
- A hospitalidade, o povo se esforça ao máximo para acolher bem a quem chega.
- Economicamente este povo do Vale de Jequitinhonha é pobre por causa do abandono, mas é muito rico em cultura e fé. Apesar da pobreza, sempre há fartura e alegria na vida do dia a dia porque tudo é partilhado generosamente.

8 de junho de 2019

Tivemos, durante a semana, a Assembleia Vicarial em Mendes, Rio de Janeiro. Visitamos a primeira paróquia dos frades agostinianos da nossa Província quando chegaram ao Brasil em 1929. Lá estava o retrato do Pe. Antônio Fernandez como primeiro pároco, a quem eu conheci em 1965 no seminário de Salamanca, quando ele voltou para Espanha.

A decisão mais importante a meu ver foi não ter aceitado um contrato com a Vale para abrirmos um colégio em Carajás, Pará. Seria um bom negócio, mas um pecado imperdoável unir nosso nome a uma empresa assassina e ecocida que está judicializando as indenizações a mais das duzentas famílias vítimas da tragédia acontecida em Brumadinho no começo do ano, e que matou 272 pessoas, poluiu os rios e semeou o pânico na população.

Eu, desde que foi apresentada a proposta, tinha muito claro que seria negar nossa identidade e nossas opções. Vários do Conselho não pensavam assim. Antes da Assembleia, consultei o Pe. Dario, missionário na Amazônia, e ele me falou das atividades da Vale naquela região. A carta que ele me enviou ajudou enormemente no discernimento final. Foram 24 contra, e 4 abstenções, ninguém votou a favor.

27 de junho de 2019

Terminei de ler *Sodoma*, de Frédérit Martel. O livro expõe cruamente as vísceras de uma Cúria Romana onde, em parte de seus membros, reina a perversão. Como foi possível chegar a esta situação no coração da Igreja Católica? Nem na época medieval, quando São Francisco ouviu o chamado para reconstruir a Igreja em ruínas, a decadência era tanta. Pobre Papa Francisco, chamado agora também para reconstruir esta nossa Igreja!

9 de julho de 2019

"Llueve, detrás de los cristales llueve y llueve", cantou Joan Manuel Serrat há muitos anos. Chove nesta tarde em Salt, onde estou de férias com a família, e a chuva me leva a outro tempo, reconstruo minha história aqui, aonde cheguei adolescente vindo de uma infância rural e feliz. Voltar às raízes, reencontrar-me com meu passado nesta tarde de chuva e nostalgia, depois de andar mundo afora, talvez explique em parte meu olhar poético, prisma pelo qual enxergo a realidade.

Curto a serena alegria das pequenas coisas, dos gestos singelos, da vida em família, a felicidade é estar ao lado de quem se ama. Sobram as palavras, basta a presença iluminando a vida.

Nesta tarde de julho em Salt a chuva lavou minha alma e me batizou de novo na esperança.

19 de julho de 2019

Sempre tive uma boa saúde, sempre gostei de fazer esporte e cuido do corpo na caminhada diária. Depois dos 65 anos, o corpo dá sinais de fragilidade e prometo a mim mesmo nunca me queixar ou reclamar das limitações físicas, fazem parte do processo humano. Assumir as limitações é uma forma de pobreza, quero ser um idoso otimista, esperançado, com sonhos e ideais, a serena alegria de quem caminha para a maturidade humana e espiritual, o tempo da sabedoria.

17 de agosto de 2019

Quanto mais vivencio Deus na experiência amorosa da contemplação, mais exigente se torna o compromisso político na luta pela transformação da realidade. E esse compromisso tem causas concretas: a superação da pobreza das maiorias, fruto da injustiça, a destruição do meio ambiente, os preconceitos raciais e de gênero, a busca do diálogo entre as igrejas e as religiões, a defesa da mulher, causas de Deus nesta humanidade ferida.

Leio estes dias *Thomas Merton, contemplação no tempo e na história*, de Sibelius Cefas Pereira. Thomas Merton foi o mestre de noviços de Ernesto Cardenal quando ele quis ser monge contemplativo. Merton o orientou a fundar a comunidade de Solentiname.

30 de agosto de 2019

Fui convidado para integrar a "comissão da pessoa do migrante" da diocese de Araçuaí, estou também na coordenação das pastorais sociais, aos poucos vou me integrando nos trabalhos da diocese. Vamos a organizar o Fórum das Pastorais Sociais, quero convidar Durval Ângelo para coordenar o encontro.

13 de setembro de 2019

Estou em Barra do Garças, MT, para assistir o casamento de Marcinha e Leandro. A Marcinha a vi crescer em São Félix do Araguaia, muito amigo da família, de criança lhe prometi que faria seu casamento, e agora, trinta anos depois, aqui estou cumprindo a promessa.

23 de setembro de 2019

Hoje os professores do município, cansados do abandono da prefeitura com relação às estradas, decidiram interditar a ponte do rio Araçuaí, em Santa Rita. Fui convidado por eles para participar deste ato, o que mostra a confiança que já têm conosco, e eu aceitei em nome da nossa comunidade. O povo começa a vencer o medo. A ponte ficou fechada das seis da manhã até o meio-dia, os professores só permitiam a passagem em extrema necessidade. Na minha fala ao final do ato, disse que se Jesus morasse em Chapada do Norte hoje estaria ali, ao lado dos professores reivindicando direitos básicos. Nossa postura, logicamente agrada a uns e desagrada a outros, mas o povo vai entendendo onde nós nos situamos politicamente. O critério para o discernimento é: se agrada aos pobres e desagrada aos poderosos estamos no caminho certo.

21 de outubro de 2019

Chove em Chapada do Norte. Após meses de seca a chuva alegra a alma, chuva serena refrescando a vida

20 de novembro de 2019

Estou em Tolé no Panamá. Vim participar da comissão da OALA responsável pela organização do encontro de paróquias e missões da Ordem na América Latina. Há muitos anos estive aqui aproveitando um outro encontro também da OALA.

Hoje, fomos à zona rural conhecer as comunidades camponesas e indígenas. Os religiosos que integram a comunidade são todos panamenhos, jovens e dinâmicos. Lembro que eu estava em Salamanca, em 1966, quando os padres Julio de la Calle e Francisco Galende vieram para o Panamá para fundar esta missão. Percebo muitas semelhanças com a realidade de Chapada do Norte e a missão de São Félix do Araguaia, o povo simples em toda a América Latina se assemelha na acolhida e na bondade. Maravilhoso o trabalho desenvolvido pelos irmãos agostinianos nesta região.

16 de janeiro de 2020

Estou em Goiânia, mais uma vez a caminho de São Félix do Araguaia para visitar Pedro, a comunidade religiosa e os amigos.

Ontem se completou um ano da nossa ida para Chapada do Norte, um ano rico em experiências e descobertas. Mudar sempre enriquece.

Passando por Belo Horizonte, aproveitei para fazer uma revisão geral da saúde com a doutora Denise França, que nos acompanha com imenso carinho. Na próxima semana, voltando de São Félix do Araguaia, terei que fazer uma endoscopia e colonoscopia. No geral, estou bem de saúde, dá para enfrentar mais alguns anos a realidade exigente de Chapada do Norte.

Leio mais uma vez *El llano em llamas e Pedro Páramo*, de Juan Rulfo. Comecei a escrever contos a partir desta nova realidade onde agora estou inserido.

21 de janeiro de 2020

Pedro continua seu martírio lento e constante na cruz da doença e da limitação física total e absoluta. Transmite serenidade e paz e percebo que esta atitude é ponto de chegada de um longo processo de humanização e santificação.

A comunidade de São Félix do Araguaia espera uma nova equipe que dinamize o trabalho pastoral. Revejo amigos, e a memória do vivido, visto agora na distância, clareia meu longo processo até fazer a opção definitiva. Gratidão a Deus e aos irmãos que estiveram ao meu lado sempre.

Encontro na biblioteca da casa o livro de Pedro, *Creio na Justiça e na Esperança*. Leio este trecho sobre a Eucaristia:

"*Nunca pude prescindir das visitas ao Santíssimo, porque creio na presença real, sacramental.*

Minhas missas são outras, claro. A eucaristia tornou-se para mim verdadeiramente a Páscoa do Senhor. Amo a missa. Creio que a celebro com sentido. Como a celebração do sacrifício, a Aliança, o Encontro. Como a memória que o faz presente e nos convoca em torno Dele. Como a esperança da festa que O espera de volta. Como a ceia fraterna dos irmãos reunidos. Como a celebração da vida diária e da História, da Páscoa de Jesus e do mistério Pascal, do homem e do Cosmos, amados por Deus, salvos por Deus em Jesus Cristo morto e ressuscitado.

Continuo confessando-me com frequência. E a confissão me liberta e me robustece, como um banho de sangue reconciliador.

Falo de Jesus Cristo em todas as páginas. Creio que creio Nele e O adoro. Amo-O. Vivo Dele e por Ele. Gostaria de dar a vida por Ele. Espero em todo caso morrer Nele para viver com Ele eternamente.

Creio neste amigo que meus pais e a Igreja me apresentaram. Deus feito homem, nascido em Belém da casta de Davi, decaída, filho verdadeiro de Maria, judeu e operário, originário de um povo colonizado, homem que ama e sofre e morre, perseguido e condenado pelo poder dos homens, Ressuscitado pelo poder de Deus, misteriosamente igual ao Pai 'em quem habita corporalmente a plenitude da Divindade' cujo Espírito anima a Igreja, caminho, verdade e vida, salvador dos homens. O Senhor! Mortos os ídolos e os fantasmas, creio firmemente, creio unicamente Nele, o Deus-Homem, que assumiu, revolucionou e solucionou a história humana e é o rosto verdadeiro do Deus vivo e o rosto primogênito do Homem Novo".

Guardo dele, entre as minhas relíquias, a Bíblia Pastoral que um dia me deu com a seguinte dedicatória:

"A Pablo Gabriel
Irmão, Hermano,
– álter ego em tantas –
A Palavra do Pai se fez carne na história,
se fez morte e Vida para sempre.
Façamos toda nossa palavra
Como Ele,
Por Ele,
Carne humana fraterna
Páscoa histórica,
Vida.
À beira deste rio ou nas Minas.
Pedro Casaldáliga.
São Félix do Araguaia. MT.
Hoje.

26 de janeiro de 2020

Já de volta a casa, aproveitamos a avaliação comunitária para rever a caminhada deste primeiro ano em Chapada do Norte. Retomamos as grandes motivações que nos trouxeram aqui, avaliamos nossa vida comunitária, realmente fraterna e amiga; vamos sentir no futuro, quando estivermos em outras comunidades, saudades do que vivenciamos aqui. Aproveitamos o encontro para planejar a pastoral deste ano.

16 de fevereiro de 2020

Hoje é o aniversário de Pedro, 92 anos. Não é segredo para ninguém que Pedro marcou minha vida e minhas opções. Homem de

Deus e do povo; indignação diante da injustiça e teimosa esperança são valores que herdei dele.

Vim a Belo Horizonte para assistir ao casamento de Algilene e Rondinelli, amigos de longa data. O pai de Algilene, seu Dico, tem um carinho imenso por mim, ele é a pura bondade em carne viva.

Releio *Diário de um padre de aldeia*, de Bernanós. Visto a partir deste contexto de Chapada do Norte, o diário ganha um novo sentido, talvez um dia eu passe a limpo o meu diário, também eu um padre da periferia e do sertão.

13 de março de 2020

A face mutante do sacerdócio.
- Existe uma conexão íntima entre vitalidade espiritual e desenvolvimento humano saudável. "A graça pressupõe a natureza".
- O encontro com Jesus de Nazaré muda a vida ou não é encontro verdadeiro.
- Evangelizar é viver a alegria profunda de se sentir amado por Deus e pelo povo.
- Lidera bem quem entende a vida como serviço. Jesus, mestre e Senhor, lavou os pés dos discípulos.
- Desafios que se apresentam ao sacerdócio e à Igreja: trabalhar a dimensão humana, ser um homem de Deus e um servidor do povo.

O Sacerdote deve ser:
- Humano, trabalhar os ideais, os sonhos, o caráter, transmitir a alegria de viver.
- Maduro nos afetos, fraternidade sacerdotal, capaz de amar e deixar-se amar, construir relações profundas de amizade.
- Espiritualidade verdadeira, sair do raso, integrar a fé e a vida.
- Que dá segurança e orienta, firme e afetuoso, humilde e corajoso, bom conselheiro e guia.
- O povo não aceita a incoerência, as baixarias, o autoritarismo, a distância do povo, o clericalismo.
- O sacerdote atualmente tem que estar atualizado na teologia, reciclar-se, em formação permanente.
- Deve cuidar da saúde física e psíquica.

19 de março de 2020

Festa de São José e tempo de coronavírus.

Vendo o que já está acontecendo na Europa e o que começa a acontecer aqui no Brasil, consciente de que o pior ainda não chegou, percebo que a população está como a descrita naquela passagem bíblica quando diz que *"comiam, bebiam, se divertiam e casavam sem imaginar que o dilúvio estava a caminho".*

O coronavírus vai conseguir levar adiante mudanças necessárias e que, em muitos anos de luta, não conseguimos atingir, e vai nos forçar a um novo modo de vida; não dá mais para seguir destruindo a Terra, precisamos despertar para o cultivo de uma ecologia integral.

Estamos na quaresma, tempo apropriado para rever ideias e posições.

13 de abril de 2020

Por causa da pandemia, este ano, a Semana Santa foi totalmente diferente, apenas transmitidas as celebrações pelas redes sociais. Ficará marcada na memória do povo.

No domingo de Páscoa percorremos a cidade com o Santíssimo, e me surpreendeu a fé e a devoção do povo, ansioso por encontrar sinais visíveis que sustentem a esperança neste tempo de isolamento e medo. As famílias enfeitaram suas casas, as crianças jogavam flores ao passar, havia gente ajoelhada no meio da rua, muitos choravam.

Penso que esta nova realidade vai nos exigir muita criatividade.

30 de abril de 2020

Durante a pandemia começamos a colocar nos alto-falantes da matriz a Ave Maria, às seis da tarde. A música e a oração serenam o coração aflito e acalmam a alma deste povo sertanejo, tão profundamente religioso.

3 de maio de 2020

Reunindo as impressões do tempo aqui vivido, analisando as relações políticas e a nossa postura, acabei escrevendo um conto que sintetiza o que vivo agora.

Assim como no livro de contos *Sertão em Chamas*, narrei histórias da região do Araguaia, agora tenho vários contos, o primeiro é este, onde tento adentrar-me nesta realidade fascinante que é Chapada do Norte e seu povo quilombola.

QUANDO OS TAMBORES DO ROSÁRIO DESAFIAM A MORTE

Aquela noite choveu em Gravatá do Norte. Chuva torrencial como nunca antes tinha chovido. Após oito meses de seca, Gravatá do Norte amanheceu alagada. O que outrora fora o córrego das Onças, agora, seco e vazio de luz como uma árvore sem alma, rugia de novo majestoso entre os lajedos. Na rua as pombas sedentas beijavam a calçada com seus bicos e sorviam a água acumulada nas poças, levantando voo ao serem perseguidas pelos cachorros que famintos rasgavam os sacos de lixo à procura de comida.

Gravatá do Norte, situada no Vale de Jequitinhonha, no norte de Minas Gerais, nascera como Quilombo no século XVIII. Escravos fugindo dos bandeirantes à procura de ouro e pedras preciosas se refugiaram nesse lugar longe de tudo. E sobreviveram.

Dorinha Batista, conhecida como "viúva do finado Zequinha", "raizeira" e metida a adivinha sonhou naquela noite com seu defunto esposo e tremeu. Sem conseguir conciliar o sono foi cedo ao encontro da comadre Guiomar:

"Algo muito grave está por vir sobre Gravatá do Norte", ela anunciou solene. "Se cuida, minha comadre, esta noite sonhei com o Zequinha"! E fez o sinal da cruz.

"Cruz credo! Já vem você com suas superstições", exclamou a comadre Guiomar e começou a coar o café.

Na praça o sol amanhecia lentamente atrás da serra e já beijava com seus raios a torre da matriz. Como todas as manhãs, as garis Marinalva e Janaina varriam a rua e recolhiam o lixo jogado sem pudor no chão de terra: latas de cerveja, garrafas de água, plásticos e caixas de papelão emporcalhavam a praça onde os bêbados remanescentes da festa da noite anterior dormiam a ressaca.

Naquele povoado a solidão e a nostalgia se infiltravam nas frestas da alma como poeira que não desgruda das paredes:

Como todos os dias, o velho Reinaldo, conhecido como "Rei", caminhava cedo com seu bastão na mão gritando sozinho no meio da praça, porque a lucidez, nele, virou loucura:

"Bandidos safados, coronéis de merda, é isso o que vocês são! Este município continua refém da escravidão medonha e ninguém grita. Povo cagão! Quando vão se libertar! O tempo da escravidão passou. Gravatá do Norte foi quilombo da liberdade e agora virou escrava de uma dinastia de coronéis apodrecidos!"

Os que iam chegando à cidade, vindos da zona rural para retirar no Banco o minguado dinheiro de sua aposentadoria, riam do "Rei" e ao provocá-lo com chacotas o irritavam ainda mais.

"Aos loucos tudo lhes é permitido porque são loucos e não sabem o que dizem", disse entre gargalhadas o taxista Dimas Macaxeira que abordava os passantes oferecendo seus serviços.

Mas Rosalvo, mais conhecido como "Meia Sola", não gostou. Ele era funcionário público e apoiava o partido do prefeito. Durante a quaresma vestia uma túnica roxa de penitente e saia pela rua pedindo esmola. Aos domingos envergava sua batina branca e remedava o padre na celebração da missa. Desafeto do "Rei" e bêbado de carteirinha, a essa hora sóbrio ainda, ouviu a gritaria, sentiu o golpe e reagiu:

"Bando de safados são vocês comunistas de meia tigela. Além de destruir o país querem acabar com nosso futuro doutrinando as crianças nas escolas. Até mamadeira erótica já distribuíram. Onde vamos parar! Deus acima de todos!"

Chegaram nessa época a Gravatá do Norte quatro frades, sonhadores e com vontade de mostrar serviço. Identificados com a linha da Igreja pautada pelo Papa Francisco, remanescentes de uma teologia com os pés no chão e sabendo que o amor a Deus se traduz no compromisso com a justiça, começaram a visitar o povo e conhecer a realidade. Nesse tempo, a maioria do clero entendia muito de liturgia romana e pouco de sociologia, economia e política. Desejosos de fazer carreira eclesiástica, muitos dos padres, sobretudo os mais jovens, ignoravam o Concílio Vaticano II, disputavam as paróquias mais ricas e davam as costas a uma Igreja pobre entre os pobres, de portas abertas ao mundo dos excluídos. Enfeitiçados pelas roupas clericais, ostentavam casulas e batinas cheias de brocados medievais.

Não era o caso desses frades.

E caíram nas graças do povo que os acolheu de braços abertos.

"É um casamento que deu certo", dizia a velha Mundica, presidenta do grupo de oração "Mãos Ensanguentadas de Jesus", dona de uma mercearia e, em tempos idos, mulher cruel e desumana com os pobres, mas agora, já na velhice, viúva honesta e beata de sacristia.

E como nessa época chegou também o asfalto até o povoado, após anos de reivindicações e muita luta, as pessoas diziam:

"Duas coisas boas aconteceram este ano em Gravatá do Norte: o asfalto e os freis".

Povo comunitário, era pobre economicamente mas muito rico em religiosidade e cultura.

Novenas aos santos e festas folclóricas como o curiango, o congado e a folias de Reis, sempre com muita comida e muita música, tiravam Gravatá do Norte do marasmo cotidiano. Continuava a cidadezinha, duzentos anos depois, sendo um grande quilombo onde todos eram parentes, formando uma grande família.

Os homens, para conseguir um emprego e sustentar os muitos filhos, migravam para São Paulo para o corte de cana, para o sul de Minas Gerais para a colheita do café ou para mascatear nas praias no verão, deixando sozinhas as mulheres com seus filhos durante meses a fio. "Viúvas da seca" diziam os *sociólogos. "Viúvas de marido vivo" dizia o povo. E a depressão se impunha na alma das mulheres que ficavam.*

Também os jovens saiam para estudar na capital. Sem indústrias e sem recursos, porque a região fora abandonada pelo Estado desde sempre, todos dependiam da prefeitura para arrumar um emprego.

Quando no fim do ano os jovens e os homens voltavam, na praça da matriz havia malas, presentes, abraços, choros e reencontros que compensavam meses de ausência e solidão. Era também o tempo de acertar as contas com Deus: casamentos, batizados, dízimos, tudo se ajeitava.

Duas festas rivalizavam entre si: a festa do Divino, presidida pelos brancos e a elite, e a festa de Nossa Senhora do Rosário dos homens pretos, que aglutinava ao seu redor a imensa maioria do povo negro e quilombola. Ser Rei ou Rainha de uma das festas dava prestígio social e era o grande sonho de homens e mulheres que se preparavam ao longo de anos para fazer uma festa que ficasse na memória do povoado. Todos ajudavam porque a alegria era de todos. Organizar uma grande celebração era questão de honra.

O ano era de política e em outubro haveria eleições para prefeito. A disputa era violenta e a pacata Gravatá do Norte, nesses meses que precediam a eleição, virava em vulcão cuspindo fogo. "Zé Cachaça", que sonhava em ser vereador, alimentava uma rede social com fofocas, críticas e denúncias sobre o poder público. E a fervura só aumentava.

Os frades ouviam muito e, observando a vida do dia a dia, iam penetrando nesse mundo primitivo e fascinante.

Primitivo? Pensou um deles.

Não teriam que mudar seus conceitos sobre a realidade e deixar que o coração falasse mais alto que anos de dessacralização e racionalidade fria? Antes de ensinar teriam que aprender!

E o povo sussurrava nos cantos das ruas e nas janelas sempre abertas: "Se um deles se candidatar para prefeito ganha a eleição"!

Duas coisas chamaram a atenção logo no começo ao frade mais idoso, pródigo em imaginação surrealista.

"Há em Gravatá do Norte muitas pessoas com problemas mentais e muitas funerárias", comentou com Sebastiana Barbosa, no velório de Antônio Joaquim, marido de Corina. E foi Sebastiana quem introduziu o novo frade nesse universo invisível que ultrapassa a morte.

"O velório é sagrado", disse ela. "A morte é o momento mais solene da vida". E acrescentou:

"O povo passa a noite velando o defunto e, ao longo das horas, se faz memória do vivido e sua história se refaz e os vivos aprendem o caminho do futuro à luz da vida do morto, ali deitado, de corpo presente, presidindo a despedida. É como se se percebesse a sombra do vento numa noite clara".

E no enterro o povoado inteiro acompanha o falecido até sua última morada. Depois a vida volta aos trilhos.

Na rua, a caixa de som levada numa moto anunciava o último comício antes da eleição. O prefeito, candidato à reeleição, marcou o encontro com seus correligionários na praça da Matriz; a oposição, na praça da igreja do Rosário. O clima na cidadezinha ia esquentando com o passar das horas.

Na frente da Prefeitura, o "Rei", qual profeta apocalíptico, continuava gritando: "O tempo dos coronéis vai acabar".

Do nada, sem saber de onde e de repente, um tiro certeiro espatifou no chão o corpo do "Rei", e seu sangue tingiu de angústia a calçada ainda molhada. Houve um silêncio interminável.

Dorinha Batista ouviu o tiro e aflita se lembrou do sonho.

Foi Gislene, alcoólatra a vagar dia e noite pela rua, a primeira a chegar perto do "Rei" que agonizava. Abraçou seu corpo, beijou seu rosto e o colocou no colo.

Ao longe, na igreja do Rosário, os tambores começaram a tocar. Primeiro lentamente, depois, o povo foi se juntando, convocado pelo som ensurdecedor dos tambores de Nossa Senhora do Rosário dos homens pretos.

A multidão, em passeata, carregou o corpo do Rei pelas ruas da cidade e, nesse dia, ao som dos tambores do Rosário, Gravatá do Norte, desafiando o medo, rompeu grilhões de séculos.

Os quatro frades estavam no meio do povo acompanhando a multidão.

14 de maio de 2020

Hoje foi a Páscoa da mãe. Só gratidão a Deus e a ela pela sua vida. Tive pais maravilhosos, na sua humildade e pobreza econômica, deram a minha irmã e a mim dignidade e valores fundamentais que pautam nossas vidas.

Passei a noite repassando nossas vidas, o coração sereno com a paz que ela me transmitiu. Difícil foi aquela primeira morte, separação, aos onze anos; difícil para ela e para mim, mas hoje vejo que tudo o que aconteceu depois fez sentido.

15 de maio de 2020

Hoje, as onze horas de aqui, e quatro da tarde na Espanha, enterramos a mãe. Pude seguir a breve cerimônia via *on-line*. Presentes apenas sete pessoas: Carmen, Josep, Albert, Irene, Mariangels, Maria Eugênia e Mosen Félix.

Carmen e eu estamos serenos sabendo que foi feito o que foi possível fazer.

Lembro que, três meses depois de eu ir para Salamanca, ela não aguentou a saudade e foi me visitar no seminário. Depois se encheu de coragem e veio três vezes ao Brasil para acompanhar-me nos momentos de crise. Sempre me dizia que eu, desde menino, era diferente dos outros meninos. Eu lhe argumentava que todas as mães pensam o mesmo de seus filhos; ela insistia na ideia de que eu era especial.

Enquanto escrevo começa a cair uma chuva leve neste maio atípico, minha alma em sintonia com a tarde.

Leio nestes dias *Jesus, um hebreu da Galileia*, de Barbáglio, e *El Estrecho Dudoso*, de Ernesto Cardenal.

17 de junho de 2020

Já levo três meses de quarentena sem sair de casa. Estamos nos comunicando com as comunidades através das redes sociais e da rádio Bom Sucesso de Minas Novas.

Para mim, a solidão não é problema, ao contrário, gosto e me faz bem.

Tenho aproveitado este tempo para organizar o novo livro de poesia *Poemas para iluminar a noite*.

Há anos levo comigo os livros de Jorge Luis Borges. Releio agora *História Universal de la Infâmia*.

Nestes meses, a morte tem sido uma presença constante, partiu a mãe e, agora, estão partindo pessoas muito queridas, vítimas da pandemia.

15 de julho de 2020

Pandemia, isolamento, quarentena, é isso o que vivo agora mais intensamente.

Sem poder visitar as famílias e as comunidades, o jeito é aproveitar o tempo lendo, rezando, escrevendo. Começo a ler *La noche enamorada, San Juan de la Cruz*, de Pedro Miguel Lamet. Maravilhoso! Vejo a São João da Cruz e Santa Teresa iniciando a reforma do Carmelo, atravessando aquela estepe castelhana. A primeira fundação masculina, na pobreza absoluta, e me vejo aqui em Chapada do Norte, iniciando uma nova missão, depois de ter aberto caminho na Prelazia de São Félix do Araguaia. Mas nós estamos muito mais cômodos do que aqueles primeiros carmelitas reformados. De qualquer forma, os sinais de Deus são claros:

– O povo aqui está feliz com nossa presença, cresceu o fervor, a participação e a autoestima.

– Nós quatro estamos felizes e sabemos que é um tempo privilegiado. Somos uma verdadeira comunidade de amigos, o que nem sempre é possível vivenciar em outras situações. Somos diferentes por história, idade e formação, mas temos liberdade para tratar de forma adulta nossas diferenças.
– O povo nos mostra seu afeto trazendo todos os dias algo do que eles têm ou produzem. No domingo, Cida do É, grande amiga, sempre nos garante um apetitoso almoço.
– Na diocese somos valorizados, e cada um de nós já assumiu alguma tarefa em nível diocesano.

Ler o diário das fundações de Teresa dá um sabor novo a esta nova realidade que agora vivo. Neste diário também vou documentando nossa caminhada.

Nós viemos achando que evangelizaríamos este povo e, na verdade, Deus já tinha chegado aqui muito antes de nós, e é o povo quem nos está evangelizando, claro que nós também contribuímos no processo.

Bendito Vale de Jequitinhonha, tão rico em valores humanos e espiritualidade!

8 de agosto de 2020

Hoje, festa de São Domingos de Guzman, Pedro fez a sua Páscoa! Descansa em paz, pai, amigo, irmão! Viveste radicalmente o prometido na tua sagração episcopal:

*"Tua mitra será um chapéu de palha sertanejo,
o sol e o luar, a chuva e o sereno,
o olhar dos pobres com quem caminhas
e o olhar glorioso de Cristo, o Senhor.
Teu báculo será a verdade do Evangelho
e a confiança de teu povo em ti.
Teu anel será a fidelidade à Nova Aliança do Deus libertador
e ao povo desta terra.
Não terás outro escudo senão a força da Esperança
e a liberdade dos filhos de Deus,
nem usarás outra luva que o serviço do amor".*

15 de agosto de 2020

Estive em São Félix do Araguaia acompanhando o povo da Prelazia na sua despedida de Pedro. Participando de um momento de oração no Centro Comunitário, fiz um poema no qual creio captar a grandeza do momento. Com sua morte, Pedro adquire ainda uma dimensão maior na sua santidade revolucionária e na sua humanidade.

Comecei a cinquenta anos atrás este diário, motivado pelo testemunho de Pedro, ao conhecer os compromissos assumidos por ele na sua sagração episcopal. Sonhei, aos meus vinte anos, trabalhar com ele na Prelazia de São Félix do Araguaia, e assim aconteceu. Fecho este diário com este poema Pascal, ele que foi, antes de mais nada, um homem Pascal e de Esperança.

AMANHECER NO ARAGUAIA
Como todas as manhãs há milhões de anos
o sol abriu seus olhos sobre a Ilha do Bananal
e beijou o Araguaia na solidão da aurora!

Como todas as manhãs
uma fresta de luz atravessou o Centro Comunitário Tia Irene
e leve como a flor de pequi no chão pisada
iluminou o anfiteatro.

Eu estava ali pelo amor levado
– talvez nasci para eternizar nos meus olhos esse instante –
e vi,
confesso que eu vi
um raio de sol iluminando o rosto sereno de um homem santo.

Deitado na canoa karajá e livre como o vento
um raio de sol pousou sobre ele e era Deus a beijá-lo.

Confesso,
eu vi,
nada extraordinário aconteceu,
apenas isso,
tão natural, tão belo,
a luz do sol na manhã do dia 12 de agosto de 2020
acariciou o rosto já ressuscitado de Pedro Casaldáliga
e levemente se afastou.
Como todas as manhãs!

Esta obra foi composta em fonte Palatino Linotype, corpo 10
e impressa em papel Pólen Bold 70g (miolo) e Supremo 250g
(capa) pela Paulinelli Serviços Gráficos.